新编21世纪高等职业教育精品教材
公共基础课系列

社交礼仪

（第三版）

主　编　李　娌　王翼飞　刘　影
副主编　吕佳蔚　齐海英　杨　超

中国人民大学出版社
·北京·

图书在版编目（CIP）数据

社交礼仪 / 李娌，王翼飞，刘影主编. -- 3 版 . --
北京：中国人民大学出版社，2022.1
新编 21 世纪高等职业教育精品教材 . 公共基础课系列
ISBN 978-7-300-30190-7

Ⅰ. ①社… Ⅱ. ①李… ②王… ③刘… Ⅲ. ①社交礼
仪-高等职业教育-教材 Ⅳ. ①C912.11

中国版本图书馆 CIP 数据核字（2022）第 007948 号

新编 21 世纪高等职业教育精品教材 • 公共基础课系列
社交礼仪（第三版）
主　编　李　娌　王翼飞　刘　影
副主编　吕佳蔚　齐海英　杨　超
Shejiao Liyi

出版发行	中国人民大学出版社		
社　　址	北京中关村大街 31 号	**邮政编码**	100080
电　　话	010－62511242（总编室）		010－62511770（质管部）
	010－82501766（邮购部）		010－62514148（门市部）
	010－62515195（发行公司）		010－62515275（盗版举报）
网　　址	http://www.crup.com.cn		
经　　销	新华书店		
印　　刷	北京密兴印刷有限公司	**版　　次**	2014 年 8 月第 1 版
规　　格	185 mm×260 mm　16 开本		2022 年 1 月第 3 版
印　　张	13.25	**印　　次**	2022 年 1 月第 1 次印刷
字　　数	255 000	**定　　价**	38.00 元

第三版前言

2021年7月1日，习近平总书记在庆祝中国共产党成立100周年大会上发表重要讲话指出："未来属于青年，希望寄予青年……新时代的中国青年要以实现中华民族伟大复兴为己任，增强做中国人的志气、骨气、底气，不负时代，不负韶华，不负党和人民的殷切期望!"这是总书记对新时代中国青年提出的要求，也是一份沉甸甸的嘱托。

青年一代的理想信念、精神状态、综合素质，是一个国家发展活力的重要体现，也是一个国家核心竞争力的重要因素。高等职业教育要培养具有良好职业道德和职业精神的高素质技能型人才，教育和引导学生礼貌待人、践行孝道、勤俭节约、吃苦耐劳、自强不息，不断完善当代青年学生的素质品格。

本教材编写组在累积多年的职业教育改革成果的基础上，第三次修编本教材，使本教材具有以下特点：

1."中华优秀传统文化"进教材。"求木之长者，必固其根本；欲流之远者，必浚其泉源。"中华传统文化博大精深，源远流长，兼容并蓄，和而不同。教材中设计了"中国风""知识库"等栏目，将文明礼仪学习与传统文化相融合。

2."课程思政元素"进教材。本教材充分发挥礼仪制度的教化作用，丰富教材中相关实训环节和内容，通过"思政园地"，古为今用，以史为鉴，指导学生形成正确的思想观念、精神面貌、文明风尚、行为规范。

3."新形态一体化资源"进教材。本次修编，教材编写组制作了精美的PPT，对全部示例图片进行了更新，组织拍摄了微课视频，丰富了课后习题、试题等教学资源。同时，与教材同步的精品在线课程在"智慧职教"平台上线，可供广大职业院校师生在线学习使用。

本教材由吉林工程技术师范学院、吉林省经济管理干部学院、长春汽车工业高等专科学校、长春大学光华学院、中山职业技术学院、西南大学、北京师范大学7所院校人员共同编写完成。

本教材由李娌、王翼飞、刘影任主编，吕佳蔚、齐海英、杨超任副主编。刘影负责第一章第一节的编写，王翼飞、杨超负责第一章第二节的编写，吕佳蔚、齐海英负责第一章第三节的编写，王锐、李东阳负责第一章第四节的编写，潘素华、孙黎娜负责第一章第五节的编写，李娌负责第二章至第七章的编写。西南大学国家治理学院的梁新之负责第一章至第三章“思政园地”的编写，北京师范大学哲学学院的李佩轩负责第四章至第七章“思政园地”的编写，吕佳蔚负责全部微课、视频剪辑，李东阳负责图片的设计指导与拍摄。

本教材在编写过程中参阅了大量的书刊及网络资源，在此不能一一列举，特此向相关作者表示感谢，并恳请专家、同行多提指导意见，定会及时修正。

编　者

2021 年 10 月

目录

第一章 礼仪概论

知识目标

了解礼仪的起源
掌握礼仪的含义
掌握礼仪的功能和原则

技能目标

懂得如何学好、用好礼仪
通过实训，掌握社交礼仪的学习方法

思政目标

树立文化自觉和文化自信
养成崇礼、敬礼、知礼的意识

案例导读

清朝政府派驻台湾的总督刘铭传，是建设台湾的大功臣，台湾的第一条铁路便是他督促修建的。刘铭传被任用，有一则发人深省的小故事：当李鸿章将刘铭传推荐给曾国藩时，还一起推荐了另外两个人。曾国藩为了考察三人中谁的品格最好，便故意约他们在某个时间一起到自己家中面谈。可是到了约定的时间，曾国藩却故意不露面，让他们在客厅中等候，自己暗中仔细观察他们的态度。只见其他两位都显得很不耐烦，不停地抱怨，只有刘铭传一个人安安静静、心平气和地欣赏墙上的字画。结果刘铭传被任命为台湾总督。

启示

没有耐性的人，必定缺乏坚毅持久、克服万难的精神，自然成就不了伟大的事业。我们希望将来能有所作为，首先必须磨炼自己的耐心和毅力。这个故事充分体现了礼仪修养的重要性。

作为人类文明和社会进步的重要标志，礼仪在今天人们的生活、工作、社交及各种活动中，发挥着越来越大的作用，它已经成为现代人必须具备的基本素质之一。

同学们，与老师一起开启这扇“礼仪之门”吧！

第一节　中国是礼仪之邦

他山之石

传说明代初期，菲律宾有一位国王来中国朝拜，因病在中国逝世。他临终前要求死后葬在中国，就因为中国是个礼仪之邦。13 世纪初期，意大利旅行家马可·波罗盛赞中国是“东方的天堂”。他的游记发表后，人们开始了解东方，了解中国。在欧洲人眼中，中国既是个物产丰富的国度，更是个文明昌盛、可望而不可即的仙境，是他们心目中的“天堂”。

的确，在世界上许多民族还没有形成的时候，我们的祖先就创造了光辉灿烂的文明。中国曾被外国人称为“君子之国”，其文明礼仪受到世人的敬仰。了解日本的人，肯定知道日本人的鞠躬礼。日本人称这种礼节为“唐风”，也就是说，这个礼节是沿袭了 1 200 多年前我国唐朝的礼制。

资料来源：刘小清．现代营销礼仪．2 版．大连：东北财经大学出版社，2006.

小组讨论

为什么日本人称他们的鞠躬礼为“唐风”？你对此有什么感想？

中华礼仪文化

人类几千年的发展史，是一部由蒙昧走向文明的进步史。礼仪就是人类文明的标志之一。作为社会经济、文化发展到一定阶段的产物，礼仪自产生以来就不断随着社会生产力的发展、人际交往的扩大、人类思维能力的提高和审美观念的变化而发展变化着。

我国的礼仪自成体系，具有浓厚的民族特色，在中华民族传统文化中占有重要地位。在长期的社会历史发展中，它伴随着社会性质的变革也曾发生过多次重大的变革。

“礼”起源于原始社会的祭祀活动。远古时代，人们在自然界觅食和栖身，因为对自然界还没有规律性的深刻认识，所以感到强大无比、神秘莫测的大自然是不可预见与控制的，是令人敬畏的。因此，在“礼”的产生阶段，“礼”的行为指向主要是大自然（也包括人类本身）的自然物或自然现象。

随着人类的进化，在与大自然的斗争中，人们发展了对它的认识，认为自然界中一切恐怖的力量都是由某种神灵主宰着，因此由敬畏自然力量发展到崇拜主宰自然力量的神灵，有了图腾崇拜。“礼”的行为指向成为主宰自然力量的神，敬神成了“礼”的特征。后来，人们又把沿袭下来的一系列传统风俗习惯，当作全体氏族成员在生产、生活各种领域内应遵守的规范，“礼”的内容和形式大大丰富。比如，半坡时期，人们在家族集会议事时，就有男左女右席地就座，长辈坐上边、晚辈坐下边的礼仪。“礼”的变化反映了人类的发展与进步。

国家产生后，“礼”的发展达到了一个新的阶段。社会的进步使人们由对自然力量的崇拜转向对人类自身的关注与崇拜，将对天地神灵的祭祀礼仪导入人际关系。因此，“礼”的内容和形式发生了本质的变化，从原始的图腾宗教意识发展成一整套的伦理道德观念，由个人之间日常交往的礼节延伸到社会生活的各个方面，甚至扩展到政治领域，许多不成文的习惯逐渐演变成具体的条文规定，并打上阶级的烙印。

西周时期，周公集“礼”之大成，提出一系列礼制。通常认为传世的《周礼》和《仪礼》就是周公的遗典，它们与其释文《礼记》合称为“三礼”。周公丰富了“礼”的内容，提高了“礼”的境界，虽然周礼有建立秩序、确立等级，树立君主尊严和绝对权威，以维护政治统治的目的，但同时它也体现了人类希望建立一种和睦的人伦关系、一种稳定的社会秩序的愿望与能力。

春秋时期，孔子以“仁”丰富了“礼”的内容。“仁”的内涵，是德与礼的综合。在中国文化中占主导地位的儒家文化，以“礼”为核心，构建了完整的伦理、道德行为规范和政治行为规范。礼仪发展的意义正如《礼记·曲礼上》所说：“鹦鹉能言，不离飞鸟；猩猩能言，不离禽兽；今人而无礼，虽能言，不亦禽兽之心乎？……是故圣人作，为礼以教人，使人以有礼，知自别于禽兽。”以“礼”作为自我约束的规范，明确人区别于禽兽的特质，体现了中国古代文明的巨大进步。

历史名人故事

子游治武城

【传统故事】春秋末年，吴国有个叫子游的书生拜孔子为师。孔子教导他说：

“当政者要用礼乐教化老百姓，这样他们就会听从政令，安居乐业。”子游学成后，当上了鲁国武城的地方官。他谨遵师训，以礼乐教化百姓，使人们遵从礼仪。这天，孔子带着几个弟子来到武城，听到城里到处有弦乐歌声，他非常高兴。子游见到孔子后，恭敬地说：“我听从老师的教导，用礼乐教化百姓。现在人们不再野蛮粗俗，而是懂得礼貌了，治安自然就好了。”子游学以致用，受到了孔子的赞赏。

【名家介绍】子游，姓言，名偃，字子游，亦称“言游”“叔氏”，春秋末吴国人，与子夏、子张齐名，孔子的著名弟子，“孔门十哲”之一。

【人生感悟】子游学有所成，谨遵师训，以礼乐教化百姓，使人们遵守礼仪，得到了孔子的高度评价。青少年应当学习子游的学以致用，使知识的价值得到充分体现，把学到的知识真正运用到生活中去，这样不但能充实自己，还能造福社会。这就是实现治学明礼的终极意义。

其后，历代封建王朝的统治阶级都崇尚儒家主张的“礼治”，沿袭周礼，并根据自己统治的需要，不断加以修改、补充和完善。礼仪逐渐成为无所不包的社会生活总则，它融思想准则、政治经济制度、道德、习俗于一体，强有力地规范着人们的生活行为、道德追求与是非善恶观念，成为维护等级社会等级秩序的准则。

盛唐时期，礼仪随着文化的兴盛繁荣而更加发达，封建统治者不仅推崇礼教，还把《仪礼》《礼记》等著作升格为《礼经》。宋代是封建礼教发展的又一高峰，出现程朱理学，礼仪也向家庭迅速扩延。明朝时，朱元璋大力推崇礼教，使举国礼化，制定了祭祖、祭天、祈年等仪式规程，明确了君臣之礼、尊卑之礼、交友之礼等社会活动规范，形成了政治统治所需要的一系列礼仪。同时，家礼向深层发展，详细规定了家庭成员及亲属间各种关系的礼仪礼节。清代，统治者很快接受了汉族的礼制，并在广度和深度上有所拓展。

总之，在长期的封建统治下，礼制中的等级观念越来越被强化，“礼”的治国安邦功能越来越被强调，“礼”逐渐成为统治者维护自身地位和权益的有力工具，成为他们制约人性、限制民众自由的统治手段。可见，传统礼仪在陶冶人的道德情操，促进社会稳定、国家统一等方面，的确有不可磨灭的历史功绩。中国古代文明传承几千年而不曾中断，与礼仪文化的强大凝聚力是密不可分的。但是传统礼仪文化的本质是维护等级制，所以它才成为封建统治阶级实行思想专制、巩固统治的理论武器。

礼仪文化从周礼的“礼仪三百”“威仪三千”，发展成“三纲五常”“三从四德”等一系列封建礼仪教条，它的消极作用也越来越突出。我国封建社会的历史如此漫长，封建思想如此顽固不化，和盘根错节的封建礼制不无关系。所以，随着社会的进步，五四时期进步的思想家们激烈抨击礼教，其原因就在于封建礼制从根本上扼杀了中华民族的蓬勃生机和活力。

■ **知识库**

跪拜礼

在一些反映古代历史的戏剧和电影中，我们经常看到古代人行跪拜礼。为什么会产生这样的生活礼节呢？这要从古代人的物质条件和生活习惯谈起。

我国在汉代以前，还没有正式的凳椅。人们在进食、议事、看书时，只是在地上铺一条用芦苇、竹篾等编成的铺垫，即席子，人就坐在席子上，故称“席地而坐”。如果请客人坐正席，则多垫一层席子，表示恭敬。就连朝廷的最高统治者也是“席地而坐”，不过，所坐的东西比普通老百姓好一些。

因此，古代人“坐”的姿势，和我们现代人的“坐”完全不一样。坐时要两膝着地，然后将臀部坐于后脚跟之上，脚掌向后向外。古人的“坐”，实际上就是我们现在的跪。在接待宾客的过程中，每当“坐”着向客人致谢时，为了表示尊敬，往往伸直上半身，也就是“引身而起”，然后俯身向下，就这样，逐渐形成了日常生活中的跪拜礼。

古人认为，不跪不叫拜。拜，在古代就是行敬礼的意思。周代礼仪对跪拜的动作和对象做了严格的规范，共分稽首、顿首、空首，称为“正拜”。

行稽首礼时，行礼者必须屈膝跪地，左手按右手，支撑在地上，然后缓缓叩首到地并稽留多时，手在膝前，头在手后，这是“九拜”中最高的礼节，一般用于臣子拜见君王和祭祀先祖。后来，僧人举一手向人们行礼，也称“稽首”。

行顿首礼时，其他和稽首相同，不同之处是拜时必须急叩头，其额触地而拜。一般用于下对上的敬礼。“顿首”后来也用于书信中的起头或末尾，也有首尾都用的，表示对对方的尊敬。

行空首礼时，双膝着地，两手拱合，俯头到手与心平而不到地，故称“空首”，又叫“拜手”。这是“九拜”中男子跪拜礼的一种。

肃拜是古代女子跪拜礼的一种。拜时跪双膝后，两手先触地，再拱手，同时低下头去，到手为止，故又称“手拜”。肃，手到地的意思。后来在书信往来中，为了表示对对方的尊敬，往往写上“谨肃”。妇女行礼又称“端肃”，即源于此。

后来，随着凳椅问世，人们不再“席地而坐”，因而使原来生活中的“跪坐”发生了很大的变化。但跪拜礼仍然存在，变成了等级差别的标志，如小官拜大官、奴才拜主子等。而民间在祭祀、祝寿时，跪拜礼仍世代相传。后来，又增加了打千（行礼时左膝前屈，右腿后弯，上体稍向前俯，右手下垂）、作揖（两手合抱，拱手为礼）、鞠躬（弯身行礼）等礼节。直到辛亥革命胜利，作为等级差别标志的跪拜礼随着几千年的封建君主制度的覆灭才得以结束，只在拜神、祭祖时仍有沿用。

中华民族礼仪传统中的糟粕，我们应该摒弃，其中的精华，需要我们继承和发扬。中国礼仪文化的核心是“以文化人”，主张“内省”，强调个人道德修养，注重调节人与人之间的关系，重视人的群体价值，将个人的权利与群体的义务、责任联系在一起，主张义重于利。这些伦理观、价值观对于解决现代人的精神困惑、提高文化素养是大有裨益的，而诸如“己所不欲，勿施于人”等则至今仍为人们所津津乐道，正说明了它们的永恒价值。

思政园地

陆陇其孝行感青年

清朝康熙年间，灵寿县知县陆陇其是个远近闻名的孝子。他从小父亲早亡，母亲含辛茹苦将他抚养成人，因此他对母亲十分孝顺。

有一天，一位白发苍苍的老妇人到县衙状告自己的儿子不孝。知县陆陇其对老妇人说：“先让你的孩子留下来，过些日子您再领他回去吧。”随后，陆陇其一刻也不让这个青年离开自己。早晨，陆陇其站在母亲的房外静候母亲起床。然后侍奉母亲洗漱，再进奉茶点。陆陇其办完公事，便到母亲房里，给她讲些有趣的事儿，让母亲高兴。午饭时，他站在母亲饭桌旁，随时听候母亲的吩咐。等母亲吃完饭后，他才开始吃饭，晚饭也是这样。母亲有病时，陆陇其更是伺候周到，送药端水，揉肩捶背，从不嫌累。这样过了九个月，突然有一天，青年跪在陆陇其面前，请求回家探望母亲。青年说：“从前，我不懂得孝敬母亲，想起来很后悔啊!”这时，陆陇其才让人叫来他的母亲。见到母亲，青年痛哭流涕，表示悔改。母亲也感动得掉下泪来。陆陇其便让老妇人领着自己的儿子回家去。从此，这个青年像陆陇其那样孝敬自己的母亲，成了一个当地有名的孝子。

思政启示

中国有句古话：“百善孝为先。”意思是：孝敬父母是人的第一美德。“孝”在中国文化中有着悠久的历史。作为当代大学生，对于传承美德、孝亲敬长有义不容辞的责任。学会照顾自己，减少父母不必要的担心；学会料理家务，减轻父母的负担；学会关心父母，为父母送一句问候、递一杯热茶，给父母揉揉肩、捶捶背，细微的举动足以让他们感到无比欣慰；告别刁蛮和任性，远离危险和伤害，不让父母因我们而烦恼、担心和难过……这就是对父母最大的孝顺。

资料来源：https：//tv. cctv. com/2020/06/21/VIDEKXyd04T8lLww1CY4oUL1200621. shtml.

我国的现代礼仪，摆脱了封建落后的成分，以科学精神、民主思想和现代生活为基础，表现出新的现代社会关系和时代风貌。现代礼仪的许多内容和形式，都是在辛亥革命以后，尤其是新中国成立以后才形成的。其中既有为适应当代社会需要而生成的新的行为规范，又有对传统礼仪的选择继承。现代礼仪生动地体现了礼仪文化的生命力和革新精神。

■ 知识库

握手礼的起源

握手礼最早可以追溯到“刀耕火种”的原始社会。当时，人们不仅在狩猎或战争中，甚至在日常交往时，手上也常常拿着石块、棍棒等武器，以防不测。当人们在路上遇到不属于自己部落的陌生人时，如果双方都没有恶意，就会主动放下手中的武器，双手伸开让对方摸掌心，表示自己手中没有藏着武器，以此来证实自己的亲善、友好。这种习惯逐渐演变成今天的握手礼，并且被大多数国家所认同和接受。

还有一种说法，在中世纪，当骑士格斗势均力敌时，作为和解的表示，双方会把平时持剑的右手伸向对方，证明手中没有武器，相互握手言和。后来便演变为握手礼。

资料来源：闫秀荣．现代人际交往中的实用礼仪．北京：中国物资出版社，2011.

正像有的学者指出的那样：在新文化建设的进程中，礼仪在社会政治秩序和国家建设方面的色彩将会越来越淡化，而侧重于人际交往和思想品德修养过程，并渐次成为一种适用于国际交往、社会交际和道德约束的精神与原则。礼仪正在回归它的本位，充分发挥着积极作用。

第二节　礼仪的含义

他山之石

张良在博浪沙袭击秦始皇未成，逃亡到下邳。一天走在桥上，见一穿着十分寒酸的老人挡道，张良出于尊老而欣然让路。老人故意将鞋掉落桥下，叫张良下桥拾鞋。起始张良未免恼怒，但转而一想对方年纪长，应尊敬而礼让，所以他下桥拾鞋，擦去灰尘，跪下给老人穿好。老人有些感动，约张良五天后一早在原地见面。五天后，张良天不亮就去赴约，老人已在桥头。老人愤愤地把张良指责了一通，约张良过五天再来。五天后，张良三更鸡鸣就去了，无奈还是在老人之后，又遭到一顿骂。第三次，张良半夜就等在桥头，终于比老人早了一点，老人见后欣欣然：“孺子可教矣。”于是送给张良兵书《太公兵法》。张良觉得这部书非同寻常，经常学习、诵读它。张良后来辅佐汉高祖刘邦，立下了汗马功劳。

小组讨论

张良成为历史名人有诸多原因，从这个案例看，其中最重要的是什么呢？

一、礼仪

甲骨文中即有“礼”字，其本意是“敬神”，引申为尊敬、崇敬。所以说，“礼”源于祭，立于敬，目的是祈福。“仪”，本义指“竖立的木柱”，引申为形式，包括礼节、仪式以及容貌、举止等。“礼仪”二字合起来的本义就是指敬神祈福的法度、准则、方式，引申为以审美的方式表达尊敬之意。人们在不同的场合，针对不同对象，以不同的形式和程度，把内心对他人、工作、组织、社会、自然、民族、国家的尊敬之情，通过美好的仪容、仪式表达出来，就是礼仪。

礼仪从祭祀起源，逐渐演化成人们交往中的礼节、仪式。随着社会的发展和时代的进步，礼仪的内容也在不断丰富着、变化着，以适应新形势的新要求。今天，中华传统礼仪融合西方礼仪形成了中国现代礼仪。它是人与人之间、人与社会集体之间、社会集体与社会集体之间，在交往中约定俗成的，表达相互间尊重、敬意和友善等情感，以建立和谐关系为目的的行为准则、仪式程序和各种要求的总和。

简言之，礼仪从广义上讲，指的是一个时代的典章制度；从狭义上讲，指的是人们在交往中的秩序、方式以及实施交往时外在表象方面的规范。

二、礼仪与礼貌、礼节

了解礼貌、礼节的含义和礼仪、礼貌、礼节之间的关系，能够更完整、更准确地把握礼仪的概念及本质属性。

礼貌是指人们的言语和动作谦虚、恭敬、友好的表现。它体现在遵守秩序、言必有信、尊老敬贤、待人和气、仪表端庄和讲究卫生等方面。礼貌的主要内容和基本要求总是与一定时期内社会所倡导的道德准则相一致，它体现了时代的风格与道德水准，反映着人们的文化层次与文明程度。礼貌是礼仪的基本内容和重要表现，是文明交往的起码要求。

礼节是指人们在日常生活中，特别是在社交场合中，相互间表示问候、致意、迎送、祝颂、尊敬、慰问、哀悼等所惯用的规则和形式。礼节是礼貌的具体表现形式，它渗透在社会生活的各个方面，是约定俗成的。

礼仪、礼貌、礼节具有共性，都与“礼”有关，本质上都是尊敬、友好地待人，但它们又有差异：礼貌是礼的静态风范，多指个人的言语、行为，侧重于表现个人的品质与素养；礼节是礼的具体表现形式，具有操作性和程式化的特点；礼仪的内涵则更深、更广，它不像礼节那样只是一种做法，而是一个表示礼貌的系统、完整的过程。礼仪、礼貌、礼节之间有相互联系、相辅相成的关系。

知识库

鸣放礼炮的礼节

鸣放礼炮源于英国。400 多年前英国海军用的是火炮，战舰进入友好国家的港口之前，或在公海上与友好国家的舰船相遇时，为了表示没有敌意，便把船上大炮内的炮弹都放掉，对方也同样做以表示回报。这种做法后来就逐渐成为互致敬意的一种礼仪。由于当时最大的战舰装有大炮 21 门，所以鸣炮 21 响就成了一种最高礼节。鸣放次数与战舰级别（装炮门数）相当。21 响为最高，以下次数为 19、17、15、13 响。据说当时认为双数不吉利，因此，舰炮都是单数，而现在已没有这样的忌讳。

21 响是国家元首享有的礼遇，1875 年美国对总统首次正式采用这一礼仪。我国从 1961 年 6 月正式采用这种外交礼仪，当时是为欢迎印度尼西亚总统苏加诺第二次来我国访问。后来，我国多年停止鸣放礼炮。自 1984 年 3 月起，恢复为外国国家元首和政府首脑举行欢迎仪式时鸣放礼炮。

资料来源：https：//baike. baidu. com/item/%E9%B8%A3%E6%94%BE%E7%A4%BC%E7%82%AE/227604？fr=aladdin.

百年庆典的“100 响”礼炮

2021 年 7 月 1 日，天安门广场，56 门礼炮，鸣放 100 响，致敬党的百年光辉历程。1949 年，诞生 28 年的中国共产党，用 28 响礼炮为新生的共和国奠基。如今，这 100 响礼炮昭示着新时代的中国以更加雄伟的身姿屹立在世界的东方。

礼炮轰鸣，脚步铿锵。金色的党徽，熠熠生辉。一条红色之路，穿越鲜红的拱门，象征着我们奋斗的道路。长河奔涌，弹指百年，沿着党开辟的这条道路走到今天，我们志气更高，骨气更硬，底气更足！

资料来源：http：//www. xinhuanet. com/politics/leaders/2021-07/01/c_1127615310. htm.

第三节 礼仪的功能

他山之石

一家公司招聘总经理助理，经过多次筛选，最后剩下 5 位竞聘者。决定胜出者的最后一轮考试，让他们终生难忘。

考场设在一座 5 层的办公楼里，5 位竞聘者由工作人员带进考场。当他们沿着楼梯逐级而上，最后进入办公室时，只见总经理和主考人员已经坐在那里等候了。

当5位竞聘者坐下后，总经理宣布：“考试已经结束，受聘者就是走在最后边的这位先生。”5位竞聘者大惑不解，总经理接着解释道：“你们进入办公室的过程就是考试。请看录像：你们走到第二层楼的楼梯途中，地上有一枚一角钱的硬币，前四位先生无动于衷，最后这位先生捡了起来。进办公室后，他就交给了我。在你们走到第三层楼的出入口时，有位员工捧着一大摞资料出来，不小心滑了一下，资料撒了一地，前四位先生视而不见，还是最后这位先生帮忙捡起来。这两件事虽小，却反映了一个人的修养。修养是一种宝贵的财富，也是一种竞争优势。”

小组讨论

为什么说这两件小事能够反映一个人的修养呢？

古人云：“不学礼，无以立。”礼仪在人们的自我完善和社会交往中起着重要作用，并具有如下功能。

一、规范行为

礼仪具有规范和约束的功能。孔子说，“非礼勿视，非礼勿听，非礼勿言，非礼勿动”，即强调了礼仪的规范性。

礼仪作为社会确定的行为规范，支配或控制着人们的交往行为。在一切交际活动中，每一位参与者不仅自觉、自愿地用它来约束自己的言行举止，而且用它来衡量和判断他人。任何人，不论身份高低、职位大小、财富多寡，其行为符合礼仪要求，就被人们所认可，反之就会受到否定，甚至指责。因此，一个人要想在交际场合表现得彬彬有礼，赢得他人的好感和尊重，就必须无条件地按照礼仪规范去做。如果别出心裁，另搞一套；或根据个人好恶，遵守这部分而不遵守那部分，则难以为他人理解和接受。因此，当我们要进入某一地域时，必须首先了解那里的习俗和行为规范——毕竟一个国家有一个国家的风俗，一个民族有一个民族的习惯，一个行业有一个行业的礼节仪式，并按照某种习俗和规范来约束自己的言行。

礼仪作为一种规范，在社会生活中起着越来越大的作用。它帮助人们约束自我、尊重他人，互相理解与合作，正确地认识和处理个人与他人以及社会的关系，自然地表现出良好的社会道德和职业道德，从而创造出和谐温暖的人际关系和社会环境。

二、协调关系

礼仪以建立和谐的人际关系为目的，具有协调人际关系的功能。

礼仪是人们社会交往的产物，反映着人需要交往也离不开交往的社会属性，并以自己特有的功能维系、深化和推动着交往，使人与人的交往日趋进步和文明。作为一种润滑剂，礼仪除了可以使个人在交往活动中充满自信、胸有成竹、处变不惊外，还能帮助个人艺术地处理各种复杂关系，更好地向对方表达自己的尊重、敬佩、友好与善意，增进彼此的了解与信任，密切和升华情感。所以，礼仪能使已有的往来继续保持和发展，还能让人们结交更多的朋友和合作伙伴。无数事实证明：重礼仪的人会获得更为和谐而完美的人际关系，得到别人更多的关心、爱护、温暖、友情与尊重。这对一个人的一生显然是大有助益的。反之，不谙礼仪则会影响相互关系，带来误解、麻烦或不好的影响。

三、提高修养

礼仪是一种修养，是道德的外在表现形式，具有提高修养的功能。

礼仪修养是指人们为了达到一定的社交目的，按照礼仪规范要求，并结合自己的实际情况，在礼仪品质、意识等方面所进行的自我锻炼和自我改造。在礼仪的学习和运用中，人们通过自身的努力，把良好的礼仪规范内化为个人的一种自觉自愿的能动行为，就是一个不断提高自身修养的过程。在这个过程中，人们会自觉克服自身不良的行为习惯，不断修身养性，提高个人素质，体现自身价值。

正如英国哲学家约翰·洛克所说的那样，礼仪使美德变得对人更有效用，没有礼仪，无论什么美德都会变样。在人际交往中，礼仪也是衡量一个人文明程度的准绳。我们从一个人运用礼仪的程度，可以体察到其修养的好差、素质的高低。因为一般而言，人们的修养反映其素质，而素质又体现于细节。也就是说，一个人的修养怎样、素质如何，完全能通过他在不同场合的仪容仪表、言谈举止淋漓尽致地反映出来。所以，从这个意义上讲，我们要表现出自己较高的素质和良好的修养，就必须学好和用好礼仪。

思政园地

程门立雪

北宋时有个著名的学者叫杨时。他年轻时非常好学，经常拜师访友，向别人请教问题。寒冬的一天，杨时在学习中遇到了不明白的问题，就和同学游酢一起去向当时著名的理学家程颐求教。当他们来到程家时，恰巧程颐正在睡午觉。为了不打扰老师，他们就在大门口静静地站立等候。这时阴沉沉的天空飘起了雪花，雪花落在他们的头上、身上，一丝丝寒意袭来，让他们冷得发颤。他们怕吵醒老师，仍不肯进屋，就一直这样站在门外的雪地里。雪越下越大，天也越来越冷，他们的手脚都冻得生疼，可是他们谁也没有活动活动，跺跺脚、搓搓手。就这样，他们不知在雪地里站了多长时间，程颐终于醒了。他打开门出来赏雪，看见两位学生正恭恭敬敬地站在门外，都要成雪人了。程颐大吃一惊，问道："看你们身上和脚下的雪，就知道你们已经来很久了，为什么不进屋呢？”杨时连忙上前施礼，对程颐说明来意：“我们是来向老师请教问题的，中午到时您在睡午觉，我们怕吵醒您，没敢进门。”程颐听了大受感动，连忙请二人进屋。二人这才进屋，向老师请教问题。后来，“程门立雪”的故事广为传颂。

思政启示

这个故事告诉我们，求学一定要坚持，千万不可以半途而废，还要学会尊师重道。尊重师长是一种美德，是受到人们赞扬的。我们从小就要尊重老师、尊重长辈。杨时程门立雪的可贵，在于他表现出的对老师、对学术的尊重，也传递出身为学子应该对学习抱有的真诚态度。礼仪修养体现于细节，细节展示素质，从待人接物到一颦一笑，都影响到个人的形象。在与人交往中，个人形象代表着自己的涵养和素质。

中国自古以来就是礼仪之邦，古人尚且这样尊敬老师，而在科技日新月异的今天，我们更应该尊敬老师，虚心求教，努力学习，将来成为国家的栋梁之材。

资料来源：http：//tv. cctv. com/2019/12/30/VIDEtm672LNpDmuTIjLPsziv191230. shtml.

四、道德教育

礼仪具有道德教育的功能。除了以上所涉及的自我教育外，礼仪还是社会教育的手段。

礼仪是人际交往中互相尊重、联络感情、增进友谊的行为，也是一种道德。我国大力加强公民道德建设，“明礼”就是其中的重要内容之一。约翰·洛克在《教育漫话》中也说，对于人来说，首要的品德是礼仪，礼仪使品德能够放射出耀目的光彩。的确，礼仪修养作为道德养成的重要内容，不仅反映着一个人的交际技巧与应变能力，更反映着一个人的气质风度、阅历见识、道德情操、精神风貌。

礼仪的教育功能在于它能够把某种公认的价值体系、行为准则灌输到个人的意识与行为中，使其形成相应的礼仪观念与礼仪习惯，形成讲求礼仪的精神品质与人格。近些年来，由于在一定程度上忽视了礼仪教育，以及受一些不良风气的影响，不少青少年，其中也包括一些本应知书达理的大学生，缺乏礼仪常识，以致在社会中，甚至在大学校园里出现了不少与礼仪相悖的现象。这些现象如果任其发展下去，不仅会影响青少年本人的生活和事业，更会影响良好的育人环境，所以让礼仪教育走进校园是非常必要的。因为礼仪教育也是一种素质教育，一种人格教育，它在教育体系中应该也必须占有重要的地位。

五、塑造形象

礼仪具有塑造形象的功能。它不但能塑造良好的个人形象，而且能通过塑造个人形象进而塑造组织形象。

礼仪的基本目的就是树立和塑造个人形象。简单地说，个人形象是指通过自己的仪容、着装、言谈举止、为人处世等给别人留下的总体印象。个人形象如何对一个人的社会交往会产生很大的影响。如果你在各方面做得都符合礼仪要求，给人的印象就是美好的，别人就乐于与你交往；反之，不讲礼仪，给人的印象不好，别人就不愿意与你交往。必须强调的是，在社交中有“首因效应”一说，即人们在初次接触某人的时候，会即刻产生一种印象。这种印象的好坏，不但直接左右着人们对此人的评价，而且还将在很大程度上决定着交往中双边关系的好坏。所以，在社交中，必须注意自己留给别人的第一印象，尤其是在求职应聘和商务往来中更应如此。在现实生活中，懂礼仪的人往往会给别人留下完美的第一印象。这也正是在同一个择业机会面前，面对同等条件的竞争对手，受过礼仪教育的人往往能战胜对手的重要原因。因此，礼仪教师丁兆吉说：“当前的社会是一个开放、竞争的社会。人与人的交往范围日趋广泛，人们的机会在增多，但同时人与人的竞争强度也在加大。在这种条件下，礼仪甚至作为把目标、机会变成现实的自身推荐手段而存在。”

礼仪也能通过塑造完美的个人形象来塑造组织形象。彬彬有礼的员工，会使人产生一种对其所在组织的很强的信任感，这就是礼仪的魅力。因为，个人形象是组织形象的基础，组织中个人的仪容、着装、言谈举止、服务质量等是一个组织总体特征与风格的重要组成部分，反映着员工的素质，代表着组织的形象，而一个组织的形象则直接关系着它的效益。所以，社会组织要想在日益激烈的竞争中占有一席之地，必须重视对自己的员工进行礼仪知识教育和礼仪规范训练，通过员工良好的仪容风范、言谈举止来为组织赢得知名度、美誉度。

六、净化风气

礼仪是社会文明的重要载体和标志，有助于淳风化俗、推动整个社会的精神文明建设，故而具有净化社会风气、美化人们的生存环境的功能。

历史上许多思想家都把礼仪上升到治国安邦、济世安民的高度。荀子说：“人无礼则不生，事无礼则不成，国家无礼则不宁。”（《荀子·修身》）事实也是如此，礼仪作为衡量社会文明和进步的尺度，不仅体现着人们的道德理想和精神追求，而且代表着人们的社会价值观和健康的生活方式，是形成互相尊重的人文氛围、推动精神文明建设的有效保证。梁启超在《论公德》中指出，“我国民所最缺者，公德其一端也”，“吾中国道德之发达，不可谓不早，虽然，偏于私德，而公德殆阙如”。现在一百多年过去了，不讲公德的现象仍然屡见不鲜。不可轻视那些所谓的“小节”，它不仅折射出一个人的文化修养和文明程度，也反映着一个社会的风气。一位哲人说过：“一个没有社会公德的民族是个危险的民族，而一个拥有良好社会公德的民族肯定是个充满希望的民族。”当前，我国正大力加强社会主义精神文明建设，“明礼”是其中一项重要内容。可以说，提倡学习礼仪、遵守礼仪，使公民从衣着容貌到言谈举止都尽可能地给人以美感，将有助于提升个人乃至全社会的精神品位，净化社会空气，创造文明的生活环境。

人人都渴望美好的生活环境、良好的社会风气，那么就应从“我”做起，以自己学习礼仪、运用礼仪的实际行动，重振华夏礼仪之邦的雄风。

中国风

诫子书

诸葛亮

夫君子之行，静以修身，俭以养德。非淡泊无以明志，非宁静无以致远。夫学须静也，才须学也，非学无以广才，非志无以成学。淫慢则不能励精，险躁则不能治性。年与时驰，意与日去，遂成枯落，多不接世，悲守穷庐，将复何及！

【释义】德才兼备者的操行，要静心以修炼性情，要恭俭以涵养品德。做不到恬淡寡欲就不能表明志向，做不到平和宁静就不能实现远大理想。学习需要心静，成才必须学习，不学习就无法增长才干，没有志向就不可能学有所成。追求过度享乐和怠惰散漫就不能振奋精神，轻浮暴躁就不能陶冶性情。年华会同时光一起逝去，意志会随岁月被一天天消磨，最后精力衰竭而学识无成，大多不被社会所用，到那时悲伤地守在破房子里，即使后悔也来不及了。

第四节　礼仪的原则

他山之石

某企业招聘了10名应届大学毕业生，他们是从几百名应聘者中严格挑选出来的。但是王总经理发现，新员工在待人接物、交往礼仪方面有一些不足，甚至对于着装、就餐、接打电话等最基本的礼仪都不注意。企业文化建设是王总十分看重的事情。员工就是企业的形象，与企业发展有着密不可分的关系。为此，王总特别为新员工准备了“社交礼仪”培训课程。

小组讨论

王总为新员工开设“社交礼仪”培训课程告诉我们什么道理？

为了学好、用好礼仪，有必要了解礼仪的原则，从宏观上掌握这些具有普遍性、共同性、指导性的礼仪规律。

一、尊重他人

古人云：“恭敬之心，礼之端也。”尊重是礼仪的第一原则，也是最根本的原则，是礼仪的灵魂。

尊重是礼仪的情感基础，礼仪要求尊重他人，包括：尊重他人的人格，这是尊重原则的第一要义；尊重他人的个人爱好、性格特质和风俗习惯，不把自己的意志和意愿强加于他人；尊重他人的人身自由及其他各种权利；等等。从本质上讲，尊重他人实际上就是时时处处为他人着想，做到“己所不欲，勿施于人”。

在社会交往中，尊重是相互的。人与人之间的和谐关系，只有在相互尊重的过程中，才能逐步建立起来。大家知道，自尊是人的基本需求，每个人都希望被人尊重、被人肯定。那么，人人就都应该懂得尊重别人。因为你尊重别人，别人自然就会尊重你；你不尊重别人，你也就不会被别人尊重。正所谓“爱人者人恒爱之，敬人者人恒敬之”。所以，尊重他人就是尊重自己。一个人如果只要求别人尊重自己，而自己一点也想不到应该尊重别人，这是自私自利、不懂得礼仪常识的表现。因此，请记住歌德的话：你想赢得别人的尊重吗？那么请你首先学会尊重别人。

二、平等待人

平等是人与人之间建立良好关系的首要前提。现代礼仪不同于传统礼仪的根本点就在于，它是建立在平等的基础之上并以平等作为自己的基本原则的。

礼仪所涉及的平等，主要是指人格和道德的平等。每一个人都生而有人格，人格是平等的，都应当受到尊重，任何人都没有凌驾于他人之上的任何特权。所以在与人交往时应该做到：彬彬有礼又不低三下四，热情大方又不轻浮谄谀，谦虚谨慎、尊重他人又要自尊自爱、不卑不亢。道德上的平等要求对一切人一视同仁，同等对待。即不管什么情况下，都不能因交往对象在年龄、性别、文化、职业、身份、地位、种族、财富以及与自己关系亲疏的不同而厚此薄彼，看客施礼。显然，社会上一些人看对方地位显赫就曲意逢迎、地位低下就冷淡漠视的表现是不符合礼仪规范的。当然，在具体运用礼仪时，可以根据不同的交往对象采取不同的方法，这与违背平等和尊重原则的“看人下菜碟”不是一回事。

小故事

萧伯纳与小女孩

英国著名的剧作家萧伯纳到莫斯科旅游，在街上遇见了一位小女孩，两人十分投缘，站在街头天南地北地聊了很久。临分别时，萧伯纳对小女孩说："回去告诉你妈妈，今天你在街上和世界名人萧伯纳聊了很久。"小女孩抬头看了萧伯纳一眼，也学着他的口气说："回去告诉你妈妈，你今天和漂亮的苏联小姑娘安娜聊了很久。"这回答让萧伯纳大吃一惊，他马上就意识到自己的自傲是不当的。

【启示】

萧伯纳颇有感触地说："一个人不管有多大的成就或地位，对任何人都应平等对待，要保持谦虚。这是苏联小女孩安娜给我的教训，我会一辈子都记得。"名位、身份只是暂时的标记，不一定永远跟着我们，没什么好值得骄傲的。一个真正成功的人，必是谦冲为怀，绝不会因名位而骄狂自大。

资料来源：http：//www. ruiwen. com/zuowen/zheligushi/472384. html.

三、真心诚意

礼仪所讲的真诚原则，就是要求人们在交往中应该发自内心地尊重别人，并在行为上表现出来。即内心和言行要协调一致，表里如一。

真诚是立身之本、待人之道。礼仪就其本质而言，是人们对遵守宗法等级差别的自觉意识，即仁爱之心。孔子早就说过，"礼"基于"仁"，"仁"源于"孝悌"，"孝悌"始于内心。心中没有对他人的敬意，表面的一切都是虚假的。戴尔·卡耐基也强调待人以诚，把对人真诚视为交往和礼仪的通则。他十分欣赏中国古训"交友须带三分侠气，做人要存一点素心"。我们学习礼仪倘若缺乏真诚之心，只学了礼仪的形式，这种所谓的礼仪就变成了矫揉造作的客套或周旋逢迎的虚情假意，变成了一种欠缺诚意的装腔作势或卖弄自己教养的行为。

礼仪是内在的恭敬之心与外在的礼节仪式的统一。所以在社会交往中，要牢固树立真诚的观念，并以此统帅自己外在的举手投足、接物应对。只有这样，才能使自己所要表达的尊敬和友好之意，更好地被对方所理解、所接受；才能真正体现出礼仪的层次和水平，使礼仪含有更多的文明因素和伦理因素，为促进人类的精神文明做出更大的贡献。

中国风

古人论交友

《诗经·小雅·伐木》曰："嘤其鸣矣，求其友声。"用山林中孤鸟鸣叫来寻求同伴的例子，说明朋友的重要性。孔子告诫弟子："益者三友，损者三友。友直，友谅，友多闻，益矣。友便辟，友善柔，友便佞，损矣。"意指同正直、诚实守信、见闻博广的人交朋友，久而久之，自己也会近朱者赤；相反，亲近奸佞小人，就会近墨者黑，深受其害。清末重臣曾国藩在家书中说道："盖求友以匡己之不逮，此大益也。"指出求朋友用以匡正自己的不足，是大有益处的。

关于如何交友，古人自有其道。孔子认为，择友首先要考察他的人品，了解他的经历，分析他和你结交的目的。孟子认为，交朋友应该"友其德也，不可以有挟也"。庄子则认为"君子之交淡若水，小人之交甘若醴"，君子之交坦坦荡荡却心心相印，小人之交则是以利益为基础。明代苏浚在《鸡鸣偶记》中把朋友分成四类，告诫世人要交那些能够互相砥砺品行、直言规劝过失的"畏友"和以心相交、生死与共的"密友"，而不要交巧言令色、只讲吃喝玩乐的"昵友"和只可同甘、危难时却落井下石的"贼友"。

由此看来，古人交友非常谨慎，因为朋友是进益和互助的。朱熹在家训中指出："有德者，年虽下于我，我必尊之；不肖者，年虽高于我，我必远之。"告诫子孙，道德品格好的人，即使比我年龄小，我也一定会尊重他；品格不好的人，即使比我年长，我也一定会远离他。曾国藩云："一生之成败，皆关乎朋友之贤否，不可不慎也。"朋友是否贤明，可以影响一个人的成败。

四、宽容大度

宽容，就是宽宏大度，能容忍、原谅别人的个性、行为，甚至过失。中国传统文化历来重视并提倡宽容的道德原则，并把宽以待人视为一种为人处世的基本美德。

宽容也是礼仪的基本原则。它要求人们在交往活动中，设身处地地为他人着想，以宽厚、宽宏、宽待的精神，对待和处理同他人的关系。对别人不同于己的行为、习惯及处世方法等，给予谅解，不予计较；当别人的行为出现过失或错误时，宽大为怀，不予追究。总之，宽容就是不让他人产生不愉快，不使人难堪，它可以使人们相互谅解、和睦相处。所以，真正懂礼仪的人，不论和什么阶层的人在一起，不论身边的人懂不懂礼仪，他都能以自然、得体的态度与他们和谐共处。有些时候，宽容别人不但能显示出自己的良好修养，而且能使行为不良的人受到感化。

当然，宽容绝不是纵容，不是放弃原则的姑息迁就，当"老好人"。对于邪恶行为和故意寻衅滋事者，我们要坚持有理、有利、有节的说理和斗争。

五、自律自觉

礼仪是为了维护社会生活的稳定而形成和存在的。作为必须遵守的行为规范，它要求社会的每个成员都能够自觉地去遵守和执行。

“自律”是礼仪的重要原则之一，简言之，就是要“慎独”，要严于律己。按照自律的原则，每个人应该首先把学习和运用礼仪当作自己的自觉要求；然后通过学习，在心中树立起道德信念和行为准则，并以此来约束自己在社会交往中自觉地按照这些去做；再则应该“吾日三省吾身”，经常不断地用礼仪规范对照检查自己，自觉地养成良好的礼仪习惯。可以这样说，一个人培养和提高礼仪修养的过程，就是在高度自觉的前提下，提高自己的整体素质的过程。在这个过程中，“高度自觉”非常重要。

生活中，有人在某种场合能做到讲文明、懂礼貌，而在另一种场合却显得粗俗、放肆。虽然环境对人的影响很大，但自律原则要求我们，应该时时处处严格地以礼仪标准规范自己的言行，无论何时何地，都要用自己的言行去影响环境，而不受环境的影响。能做到这一点，才是一个真正讲礼仪的人。

六、适度从俗

在礼仪的具体运用中，还要遵循适度的原则。也就是说，人与人之间的交往，要把握尺度，得体适当。

凡事过犹不及，礼仪的运用也是这样。我们待人接物时，应该真诚热情、得体到位地把自己的自律和敬人之意，恰如其分地表达出来。所以，真正待人处事有方的人，能够把握在不同环境中交往双方彼此之间的情感尺度，注意保持在各种情况下自己与他人的社交距离。

俗话说：“十里不同风，百里不同俗。”由于国情、民族、文化背景的不同，人们在交往时必须做到入乡随俗，遵守当地的习惯，与绝大多数人的习惯做法保持一致，切勿目中无人、自以为是、指手画脚、随意批评，否定其他人的习惯做法。这也是礼仪的重要原则之一。

中国风

“择善而从之，其不善者而改之”

《沈氏家训》

交友不可不审也。择善而从之，其不善者而改之。否则，必至失身匪类，将犯朝廷之法纪，危累父母兄弟者有之，可不慎于择交者哉！

【释义】结交朋友不可不审慎。与人结交，应当选择他们的优点去学习，对他们的缺点要注意改正。如果不这样，必将使自己丧失节操而依附于邪恶之人，还有可能触犯朝廷的法律纲纪，有些人甚至会危害、连累自己的父母兄弟，故不能不谨慎地选择结交的人！

第五节 礼仪的学习

他山之石

某大学开设了为期10周的“世界礼仪”课程之后，要进行一次考试。有趣的是，考试地点设在一家西餐馆，考生无须答题，也不必写论文，只需要演练用餐的礼仪，以及展示在不同国家或地区交谈或者行动时应遵守的种种“特殊规矩”。

主讲此课的教师说，开设“世界礼仪”课的目的是帮助大学生重视礼仪，以便学生在毕业后能更容易找到工作，并在今后更能赢得上司的赏识，从而能更快地获得晋升。该课程要求学生研究世界各国不同民族不同的“职业行为”，并学会如何在不同国家举办各类活动。

小组讨论

大学里如此重视礼仪的学习说明了什么问题？

礼仪的功能使我们懂得了学习礼仪的意义，礼仪的原则使我们掌握了运用礼仪的要求。下面介绍怎样学习礼仪。

一、丰富内涵

礼仪是一种形式，它是人的心灵的必然外化。一个人自身道德修养和文化层次的提高，是学好礼仪的关键。所以，我们学习礼仪要同其他科学文化知识结合起来，要多读书、多学习，不断丰富自己的内涵。

孔子说：“质胜文则野，文胜质则史。文质彬彬，然后君子。”（《论语·雍也》）意思是，一个人品格质朴，不注重礼节仪表，就会显得粗野；只注重礼节仪表，缺乏质朴的品格，就会显得虚浮。只有礼节仪表同质朴的品格相结合，才是真正有教养的人。英国著名哲学家弗兰西斯·培根说：“行为举止是心灵的外衣。”现实生活也告诉我们，一个道德和文化修养高的人，往往就是一个知礼、遵礼的人，他必然会注意让自己的行为合度，举止谦和，不违反礼仪规范。可见，有道德、有修养、有文化、有学识，才能“知书达理”。我们要做一个“知书达理”的人，就要通过读书学习，提高自己的道德修养和人文知识水平，了解更多的礼仪知识，并在日常生活中注意自己的仪表言行，使自己有高雅的气质、潇洒的风度。

二、学以致用

礼仪本身就是一门应用科学，因此，学习礼仪要学用结合，把书本知识与社会实际及个人的实践很好地联系起来，坚持知与行统一。

学用结合，就要一边学习礼仪知识，一边将所学到的知识应用于实践中，从日常的点滴做起。因此，要注意避免两种倾向：一是畏难情绪。有的人认为自己这么大了，待人接物的习惯都已经养成，现在再按礼仪规范去纠正比较困难，要付出不少辛苦。所以他们虽然在思想上认为礼仪是好的，但却不愿付诸行动。二是怕人笑话。有的人有一些顾虑，认为周围的人都没有学过礼仪，如果自己运用礼仪，会不会遭人笑话，说自己在“玩虚的”，尤其是在熟悉自己的人中间，不好意思运用礼仪。这两种倾向都是不对的。其实不管年龄多大，只要意识到礼仪在现代社会的重要性，下决心去学、去用，就一定会逐步掌握的。在没学过礼仪的人中更应该有率风气之先的勇气，不但要运用礼仪，更应当宣传礼仪，引导周围的人按礼仪要求去做。还有的人看别人如何再决定自己怎样，你讲礼仪，我就运用礼仪；你不讲礼仪，我也不用礼仪规范对待你。这也是要不得的。学过礼仪的人在任何时候都不应该忘记自律，一定要自觉地运用礼仪。

三、灵活运用

学习礼仪要树立根据具体情况灵活运用的观念。现代礼仪不是死死束缚人们行为的繁文缛节，不能脱离实际，死抱着条条框框不放。比如在下漆黑的地下室楼梯时也讲“女士优先”，让女士走在前面，而男士拿着手电筒走在后面，这就很可笑了。所以，讲礼仪规范时，不分情况地一律生搬硬套是不正确的。

其实，运用礼仪时最重要的是遵循尊重的原则，只要是从尊重别人、关心爱护别人的角度去做，即使在某些场合的做法与礼仪规范中的条条框框相左也是没有关系的。

四、反复渐进

礼仪习惯的养成不是一朝一夕的事情，不可能一蹴而就。它具有反复性和渐进性。因此，在学习礼仪时就应当抓住重点、分清主次。要先从与自己生活最密切的方面开始，一点一滴地做，一个方面、一个方面地注意，这样才会收到事半功倍的效果。

礼仪不会在学习之后一下子就全掌握，掌握它需要一个循序渐进并且不断反复的过程。因为不少人已经养成了一些不符合礼仪的习惯，这些习惯是不容易一下子就完全改掉的。在这个过程中，要有意识地纠正自己不符合礼仪规范的言行。

在不是很急迫的时候，可以先想一下，在这种情况下礼仪规范要求我们应该怎样说、怎样做，然后再按照礼仪规范去说、去做；在需要人快速做出反应的时候，人们常常容易按照自己的习惯去做，事后应及时反省自己，检讨自己哪些地方不对，下次应该怎样做。这样日积月累，一定能够逐步提高自己的礼仪修养，纠正不合礼仪要求的行为习惯，使自己的言谈举止符合礼仪要求。只要你有提高礼仪修养的决心和持之以恒的毅力，你就一定会成为一个彬彬有礼的人，成为一个受社会、组织和他人欢迎的人。

本章回顾

- 礼起源于原始社会的祭祀活动，后从原始的图腾宗教意识发展成一整套的伦理道德观念，并打上阶级的烙印。
- 礼仪指的是人们在交往中的秩序、方式以及实施交往时外在表象方面的规范。礼貌是指人们的言语和动作谦虚、恭敬、友好的表现。礼节是指人们在日常生活中，特别是在社交场合中，相互间表示问候、致意、迎送、祝颂、尊敬、慰问、哀悼等所惯用的规则和形式。
- 礼仪具有规范行为、协调关系、提高修养、道德教育、塑造形象和净化风气等功能。
- 礼仪的原则有：尊重他人、平等待人、真心诚意、宽容大度、自律自觉、适度从俗。
- 要学好用好礼仪，就要注意丰富内涵、学以致用、灵活运用、反复渐进。

中国优秀传统文化传承

中国传统礼仪 "礼乐文明"

中国古代的"礼"和"乐"起源于远古的原始崇拜。《礼记・礼运》曰："夫礼之初，始诸饮食，其燔黍捭豚，污尊而抔饮，蒉桴而土鼓，犹若可以致其敬于鬼神。"其贡献的礼品、击土鼓而作乐，便是最早的礼乐仪式。到了传说中的五帝时期，虽然帝王的领袖地位和递相禅让产生了"礼"的意识，但是礼的制度还未产生。到了夏朝，由于"天下为家，各亲其亲"，于是"大人世及以为礼""礼义以为纪"，礼仪制度才逐渐建立起来。夏礼因文字记载和考古材料的缺乏，已难知其详。商礼由于殷墟考古的大量发现，以及《史记・殷本纪》有较多的记载，则已彰彰可考。到了周代，礼制集前代之大成，逐渐完备和成熟起来。"乐"在周之前已有不少歌舞产生。《庄子・杂篇・天下》说，"黄帝有《咸池》，尧有《大章》，舜有《大韶》，禹有《大夏》，汤有《大濩》"。到了周代，"乐"的内容不断丰富，形成了相应的制度，当时除了代表性的《大武》之外，按《左传・襄公二十九年》记载，周乐有数十种之多。周代还设有专门的机构"春官"规范和管理乐舞，并在春官下设大司乐授“乐”，教国子“乐德”、“乐语”和“乐舞”（《周礼·春官》）。

《左传·文公十八年》记：“先君周公制《周礼》曰：‘则以观德，德以处事……’”在礼乐文明形成的过程中，周公是一个重要的人物。他制礼作乐，不仅将远古至殷商的礼乐加以改造和发展，形成系统化的典章制度和行为规范，而且注入“德”的因素，使其具有道德伦理的深刻内涵。孔子是发展中国古代礼乐文明的另一个重要人物，他的贡献：一是继承、推广和宣扬礼乐文明，整理、传播了记载古代礼乐文明的儒家经典“六经”；二是以礼乐为解说对象，着力彰显礼乐文明的精义，强调礼乐文明的人伦教化和治世功能。

课后任务

为了更好地传承和践行中国优秀传统文化，请同学们以小组为单位，策划并进行“我是中华礼仪之星”学生风采大赛，期待同学们的精彩表现！

第二章 个人礼仪

知识目标

了解仪容礼仪的基本要求

掌握如何运用目光语及如何自然地微笑

掌握站姿、坐姿、走姿的基本要领

技能目标

通过实训，掌握站姿、坐姿、走姿的具体要求，养成好习惯

掌握服饰礼仪规范，得体着装

思政目标

培养良好的礼仪习惯

增强尊重他人、践行社会文明的意识

案例导读

小李的口头表达能力不错，对公司产品的介绍也很到位，人既朴实又勤快，在业务人员中学历最高，总经理对他抱有很大期望。可做销售代表半年多了，小李的业绩总上不去。问题出在哪儿呢？原来，小李是个不修边幅的人，喜欢留着长指甲，身上的衬衫也不经常换洗，有时候手上还记着电话号码。

启示

个人礼仪是对个体在仪表仪容、表情举止、衣着打扮等方面的具体规范，它是交际礼仪的基础，正如《礼记·冠义》中所说："礼义之始，在于正容体、齐颜色、顺辞令。容体正，颜色齐，辞令顺，而后礼义备。"

个人礼仪也被称为“仪表礼仪”。仪表是指人的外表，包括人的容貌、仪态、服饰和个人卫生等方面，它是人的精神面貌的外观。人们常说的“第一印象”，多半来自一个人的仪表。讲究仪表，不仅能塑造和维护个人的社交形象，而且能通过良好的个人形象塑造组织形象，同时对整个社会风貌的净化与美化也能起到积极的作用。

第一节　仪容礼仪

他山之石

吴先生和他的朋友到一家餐厅用餐，接待他们的是一位五官清秀的服务员。服务员的接待服务工作做得很好，可是显得无精打采，仔细留意才发现原来这位服务员没有化工作淡妆。当开始上菜时，吴先生又突然看到传菜员涂的指甲油缺了一块。吴先生第一个反应就是：“是不是掉入菜里了？”为了不惊扰其他客人用餐，吴先生没有将他的怀疑说出来，但心里很不舒服。最后，他们唤柜台内的服务员结账，而服务员却一直对着反光玻璃墙面修饰自己的妆容，丝毫没有注意到客人的需要。吴先生对该饭店的服务十分不满。

小组讨论

结合本案例说明注意仪容的重要性。

仪容主要指包括五官在内的整个面部，它是仪表之首。对仪容的基本要求是整洁、卫生。

一、头发

整洁的头发、得当的发型会使人显得精神抖擞、容光焕发。

（一）保养与清洁头发

1. 注意保养头发

理想的发质应色泽统一，有光泽和弹性，不分叉。保养头发可从调理饮食入手，多食含有维生素、微量元素、蛋白质的食物。如果头发枯黄或过早变白，应多吃动物肝脏、黑芝麻、核桃、葵花子、黄豆等；头发脱落过多，则多吃黑豆、蛋、奶、松仁等；头皮屑过多，可吃海带、紫菜、海鱼等含碘多的食物。

2. 保持头发整洁、发型美观

及时理发，经常梳洗头发，做到无头屑、无油垢、不凌乱。应根据发质选择洗发水，油性头发宜选择去油功能强的洗发水，干性头发则选择含有蛋白质的营养型洗发水。洗发时，水温以 40℃左右为宜。

（二）选择适当的发型

发型的选择既要符合美观、大方、整洁和方便工作的原则，又要与自己的发质、脸型、体型、年龄、气质、四季服装以及周围环境相协调，这样才能给人以整体的美感。

男性的头发长度以 5～7 厘米为宜，不能过短或剃成光头，也不宜留长发、大鬓角，否则容易给人留下性格粗鲁、办事拖沓的印象。女性的发型以端庄、简洁、秀丽为好，注意别让头发遮住眼睛。

要根据自己的脸型选择一个你喜欢而又适合你的发型。方脸型男性最好采用不对称发缝，不要理寸头；方脸型女性可尽量增多顶发，发缝侧分，并把蓬松卷曲的刘海往两边太阳穴梳，或在颈部结低发髻，或留披肩发，让头发披在两颊，减小脸的宽度。长脸型男性头发宜稍长；长脸型女性适合采用自然而又蓬松的发型，可加厚面部两侧的头发，削出层次感，并用刘海遮盖住部分前额。圆脸型的人可选择垂直向下的发型，最好侧分头缝，顶发适当隆起，两侧头发适当遮挡面部，女性尽量不要留刘海。“由”字脸型的人额窄腮宽，发型应上厚下薄，顶发丰隆，前额尤其是鬓角用头发遮盖一下。“甲”字脸型的人额宽颚窄，头发宜侧分，应选择不对称式短发型，露出前额，并适当增多双耳以下的发量。

二、面部

面部各部分的清洁与修饰也是仪容的重要方面。

（一）眼部

“眼睛是心灵的窗户”。注意眼睛的保洁，及时清除眼角的分泌物。当然，清洁时要避开他人，不能当人面用手绢、纸巾擦拭或用手去抠。注意用眼卫生，预防眼病。

眉毛的形状是容貌的重要组成部分，适当修剪可以让整个面部显得平衡、清晰。

（二）鼻部

养成每天洗脸时清洁鼻腔的好习惯。切忌当众清洁鼻孔，当着他人的面挖鼻孔或擤鼻涕，既易引人反感，又影响个人形象。另外，用手挖鼻孔的动作既不雅观，也不卫生，有此坏习惯的人应注意纠正。

毛发重的男性，如果鼻毛长出鼻孔，应注意及时修剪。

（三）嘴部

1. 保持干净

吃东西后，应马上擦嘴，并及时清除牙缝中残存的食物，但不能当众剔牙、嘬牙。

2. 口气清新

早晚刷牙，饭后漱口。口中不能有烟、酒、葱、蒜、韭菜、腐乳等气味。不得已的话，与人接触前可咀嚼口香糖或茶叶来清除口中异味。因口腔疾病或其他疾病造成口中有异味的，应及时治疗。

3. 避免“异响”

咳嗽、打嗝、打哈欠时应尽量避开他人，一旦忍不住当众出现这些情况，要用手绢捂住嘴，并向他人道歉；不要随地吐痰。

4. 修面剃须

男性要每天剃胡须。胡子浓的，在会客或其他社交活动前还应当再剃一次。不要当着外人的面使用剃须刀。

5. 保护嘴唇

防止嘴唇干裂爆皮，避免唇边残留分泌物。

（四）颈部

颈部与头部相连，属于面容的自然延伸部分，也是人体最易显现年龄的部位，因此应重视修饰颈部。要从年轻时开始对颈部进行护理，防止皮肤老化，与面容产生较大反差。还要经常保持颈部的清洁卫生，不能脸上很干净，而颈部特别是颈后、耳后却藏污纳垢。

（五）化妆

女性应适度化妆。在正式场合，女性不化妆是不礼貌的。在崇尚自然美的基础上，加一点人工修饰，可以使人焕发青春的光彩，并增强自信心。

化妆的浓淡要掌握好。一般工作和白天化淡妆，社交和晚上化浓妆，并注意与场合相适应，与个人衣着、周围环境相协调，切不可不分时间、场合地浓妆艳抹。女性化妆的最佳境界是清新、淡雅，既显得楚楚动人，又不留人工雕琢的痕迹。

化妆时要用“三庭五眼”的标准，找出自己面部的缺陷加以弥补。“三庭”，指标准脸长应为三等份：眉毛以上天庭部分一份、鼻部一份、鼻下一份。“五眼”，指标准脸型应为五个眼睛宽。化妆时，哪一部分不合比例就在哪里弥补一下，如额部较长，鼻部较短，可将眉毛画得向上高挑些，以产生额部变短的感觉；鼻部较长，额部较短，可将眉头向下画一些，给人鼻部变短的感觉。

年轻的女性适宜用亮色的口红，中老年女性则以涂浅色的唇膏为宜。不要在公共场所化妆或补妆，也不要在男性面前化妆。若需要化妆或补妆，应到洗手间去。在人员密集处，也不宜使用浓香型化妆品。一般不要借用他人的化妆品。

三、手部

手的洁净在某种程度上也反映着一个人的精神风貌。和面部一样，手露在外面，容易被人注意到，又是接触其他人和物最多的部位，所以要保持手部清洁，饭前便后以及接触脏物以后要马上洗手。

要勤剪指甲，不留长指甲。长指甲既不容易保洁，又不方便做事，有时还会伤着别人或自己。有人喜欢一个手指留长指甲，以便掏耳朵、挖鼻孔、搔痒，其实这样既不卫生，又不雅观。修指甲要避开他人，在工作场合修剪指甲，会给人留下缺乏责任心、无所事事的印象。

女性涂指甲油要注意场合。上班不能涂红色指甲油，可涂无色透明的；社交场合方可涂红艳的指甲油。

课堂实训

1. 准备用具：化妆品、梳子、梳妆镜。
2. 实训要求：实训小组成员互评互议，帮助同学纠正不足。
3. 实训过程：

实训内容	操作标准	基本要求
基本化妆	1. 涂化妆水，用化妆棉蘸取在面部点按。 2. 涂面霜，用手指或手掌在脸上点染晕抹。 3. 上粉底，用手指或手掌在脸上晕染、涂抹，不宜过厚。 4. 扑散粉，用粉扑自下而上扑均匀。	1. 眼妆要自然，双颊宜轻匀。 2. 实训内容可酌情舍弃或变动顺序。 3. 此操作仅适合简单的淡妆或工作妆，用时10分钟左右。
眼部化妆	1. 涂眼影：用棉签或化妆刷蘸眼影在眼周、眼尾、上下眼皮、眼窝处点抹。 2. 描眉：用蓝灰色眉笔打底，棕色或黑色眉笔描出适合的眉型。直线型使脸显短，弯型使人显得温柔。 3. 描眼线：用眼线笔沿眼睫毛根部描画。	
抹腮红	用腮红刷蘸腮红轻扫两颊，以颧骨为中心向四周涂匀，长脸横打，圆脸和方脸竖打。	
画口红	1. 用唇笔描上下唇轮廓，起调整色泽、改变唇形的作用。 2. 用口红填满唇线轮廓。	
检查	1. 检查发际和眉毛是否沾上粉底。 2. 检查双眉是否对称。 3. 检查腮红是否涂匀。 4. 检查妆面是否平衡。 5. 检查妆容与穿着是否协调。 6. 适当调整修改。	

第二节 表情礼仪

他山之石

被日本人誉为“推销之神”的原一平，原来只是一个普普通通的年轻人。后来，他悟出了一个重要的道理："容貌"和"长相"不是一回事。一个人会不会笑，笑得美不美，这属于"容貌"问题，而不是"长相"问题。想通了这个道理，他就下决心要通过学习来"掌握"一种最纯真、最甜美、最动人的微笑，使别人一见到自己就有一种好感，就愿意听自己说话，愿意和自己交谈。原一平先照着镜子，做了一番"调查研究"。他发现，虽然自己能做出30多种不同的笑，但这30多种笑都达不到"最纯真、最甜美、最动人"的标准。于是，他无论是走在马路上还是坐在地铁里，时时都在寻找可以效仿的对象。最后，他终于找到了一种最纯真、最甜美、最动人的笑，那就是婴儿的笑。又经过一段时间的揣摩和练习，他也能笑得像婴儿那样纯真、甜美、动人了。这为他取得事业上的成功创造了极为有利的条件。

小组讨论

微笑重要吗?

表情，即面部表情，是人内心的思想感情在面部的外化。罗曼·罗兰说："面部表情是多少世纪培养成的语言，它比嘴里讲的要复杂千百倍。"在人际交往中，表情真实可信地反映着人们的心理活动与变化。传播学认为：在人们接收的信息中，7%来自词汇，38%来自音调，55%来自面部表情。可见，面部表情在人际交往中起着重要的作用。

表情礼仪总的要求是：理解表情，把握表情，以自己轻松、自然、热情、友好的最佳表情示人。构成表情的主要因素有二：一是目光，二是微笑。

一、目光

目光，也称眼神，是面部表情的核心。泰戈尔说："（任何人）一旦学会了眼睛的语言，表情的变化将是无穷无尽的。"

眼睛被称为人类的心灵之窗，它能够自然、明显、准确地表现人的心理活动。

（一）目光的作用

1. 传递真实信息

目光是一种真实、含蓄的语言。人们的喜怒哀乐、爱憎好恶等思想情绪，都能从眼睛中表现出来。专家研究表明，眼睛的瞳孔受中枢神经控制，能如实地显示大脑正在进行的一切活动。当人们看到有趣的或心中喜爱的东西时，瞳孔就会扩大；而看到不喜欢的或厌恶的东西时，瞳孔就会缩小。可以说，瞳孔是人兴趣、偏好、动机、态度、情感和情绪等心理活动的高度灵敏的显像屏幕。所以早在2 000多年前，孟子就说："听其言也，观其眸子，人焉廋哉。"（《孟子·离娄上》）

目光接触时间的长短，也传递着一些信息。心理学实验表明，人们视线接触的时间，通常占交往时间的30%～60%。如果超过60%，则表示彼此对对方的兴趣可能大于谈话的内容；低于30%，则表明对对方本人或交谈的话题没有兴趣。

2. 展示交际形象

在与人交往中，不同的目光会给人留下不同的印象。目光亲切、友善，给人以平易近人的印象；目光炯炯，给人以精力旺盛的印象；目光坦然，给人以值得信任的印象；目光如炬，给人以富有远见的印象。反之，目光迟钝，给人以衰老、虚弱的印象；目光闪烁，给人以神秘、心虚的印象；等等。

3. 表达相互尊重

在人际交往中，用自信、坦率的目光正视交际对象，将视线停留在对方双肩和头顶所构成的这个区域内，能够表达出诚恳与尊重。在来宾众多或不方便逐一打招呼的情况下，用目光向其他客人示意，能消除他们的被冷落感，使其感到受到尊重和欢迎。

（二）运用目光的礼仪

目光是一种重要的礼仪。在目光接触中，注视的部位、角度和时间的不同，表明双方的关系也不同。

1. 注视的部位

注视的部位分以下三种：公务注视，即人们在洽谈业务、磋商交易、交办任务和商务谈判时所使用的一种注视，位置在对方双眼或双眼与额头之间的区域。社交注视，即人们在社交场合所使用的一种注视，位置在对方下颌到双眼之间的三角区域。亲密注视，即亲人或恋人之间使用的一种注视，位置在对方双眼到胸之间的区域。

2. 注视的角度

注视的角度不同，目光的含义也不同。俯视，一般表示“爱护、宽容”或“傲慢、轻视”；正视，一般多为“平等、公正”或“自信、坦率”；仰视，一般体现“尊敬、崇拜、期待”；斜视，表示“怀疑、疑问、轻蔑”。初次见面，视线左右扫视，表明已占据优势。交往中视线朝下，手扶着头，眼皮下垂，是“不耐烦”的表现。在与人交谈的过程中，目光以温和、大方、亲切为宜，多用平视的目光，双目注视对方的眼鼻之间，表示重视对方或对其发言颇感兴趣，同时也体现出自己的坦诚。

3. 注视的时间

注视对方时间的长短也传递着信息。注视对方的时间少，表示冷落、轻视或反感；长时间注视对方，特别是对异性盯视和对初识者上下打量，也是失礼的行为，往往会使对方把目光移开，以示退让，也会引起对方心里不快，从而影响交际效果。

在交往中，目光注视时间的长短，要视关系亲疏和对对方的重视程度而定。

一般而言，对初次接触的人，不能直视对方，应先平视一眼，同时微笑、点头、问候或握手，然后转视他人或四周，避免相互长时间对视。对于熟人、故交，或为了对交往对象表示友好、重视，注视对方的时间则长一些。在谈话中，目光与对方接触的时间累计应达到整个谈话过程的50%～70%，而听的一方注视的时间比说的一方要长一些。有时双方目光会出现对视，此时不要迅速躲闪，而应泰然自若地缓慢移开。当然，注视不是凝视，如果盯住对方脸上的某一部位，会使其感到不自然，应该用“散点柔视”。

4. 其他要求

要想达到最佳交际效果，必须学会巧妙地使用目光。比如，见面握手、问候时，要亲切、热情地看着对方；与人交谈时，要善于对对方的目光做出积极的反应；当询问对方身体及家人近况时，用关切的目光；征询对方意见时，用期待的目光；在对方表示支持、合作意向时，用喜悦的目光；在得知对方带来好消息时，用惊喜的目光；对对方谈话内容感兴趣时，用关注的目光；听到有启发性的意见时，用赞赏的目光；中间插话、转移话题或提问时，用歉意的目光；要给对方一种亲切感，用热情而诚恳的目光；要给对方一种稳重感，用平静而诚挚的目光；要给对方一种幽默感，用俏皮而亲切的目光；送别客人时，要“目送”客人远去，以示尊敬友好。那种故意回避对方或闪烁不定的目光，会造成交流的障碍。但当双方缄默不语或别人失言时，不应再注视对方，以免加剧已有的尴尬。总之，应最大限度地运用目光的表现力，创造最佳交际氛围。

二、微笑

微笑礼仪

在人的面部表情中，除目光之外，最动人、最有魅力的就是微笑。它是沟通双方心灵的润滑剂，是最能打动人的无声语言，被称为“世界语”。

（一）微笑的作用

微笑是人际关系的黏合剂，是“参与社交的通行证”，也是待人处世的法宝。在人际交往中，微笑起着重要的作用。

1. 融洽气氛

微笑有一种天然的吸引力，是人际交往中的轻松剂和润滑剂。它能使人相悦、相亲、相近，能有效地缩短双方的心理距离，打破交际障碍，为深入的沟通与交往创造真诚、融洽、温馨的良好氛围。

当你第一次踏入社交场合，或第一次与客人交往时，不免会感到紧张、羞怯，微笑可以帮你摆脱窘境——对方的友好微笑可以化解你的局促；你的微笑可以使自己镇定。所以在交谈中，表示友善、欢迎、亲切，要面带微笑；表示请求、道歉、拒绝，更应面带微笑。如让人久等了，边微笑边说“对不起”，可以消除对方的怨气。通常人们总习惯以消极的表情语来表达否定的意思，其实若在人际交往中用积极的表情语——微笑来表达拒绝，会免去对方的尴尬，更容易使人接受。

2. 减少摩擦

微笑是一种特殊的情绪语言，它可以起到有声语言所起不到的作用。它是一个人对他人态度诚恳的一种表现，能给人以亲切、友好的感受，帮助对方驱散笼罩在心头的阴云，消除误解、疑虑和隔阂。

微笑是善意的标志，友好的使者，礼貌的表示。当遇到他人向你提出不好满足的要求时，若板起脸来拒绝，往往会招人反感，微笑不但可以为你赢得思考的时间，而且可以使你的拒绝让人容易接受，不伤和气地解决问题。

3. 美化形象

微笑给人以亲切、甜美的感受，是一个人最美的神态。微笑作为一种表情，不仅是人的形象的外在表现，也是人的内在精神的反映。一个善于微笑的人，心理一定是健康的，因为笑口常开的人，一定是一个心地善良、心胸豁达、乐观向上的人，是一个热爱工作、奋发进取、充满自信的人。可以说，微笑是礼仪的基石，也是一个人礼仪修养的展现。因此，善于微笑的人，往往会赢得他人的好感和信赖。

（二）微笑的要求

微笑是社交场合最富有吸引力的面部表情。

1. 基本要求

微笑的基本要求是：真诚、自然、亲切、甜美。微笑时，面部肌肉放松，嘴角两端微翘，适当露出牙齿，不发声。

2. 其他要求

微笑要发自内心，要真诚、得体，不能强作欢颜。服务行业有的机构要求服务人员微笑时露出八颗牙齿，其实每个人笑得最美的时候，露多少颗牙是不一样的。所以，应该照着镜子找到自己最漂亮、最生动、最迷人的微笑。

有一首诗说得好："微笑一下并不费力，但它却产生无穷的魅力。受惠者变得富有，施予者并不会变得贫穷。它转瞬即逝，却往往留下恒久的回忆。富者虽富，却无人肯抛弃；贫者虽贫，却无人不能施予。它带来家庭之乐，又是友谊绝妙的表示。它可使疲劳者解乏，又可给绝望者以勇气。如果偶尔遇到某个人，没有给你应得的微笑，将你的微笑慷慨地给予他吧，因为没有人比那不能给予别人微笑的人更需要它！"

总之，人们使用微笑的表情，再配以得体的文明用语，就会使无声语言与有声语言相得益彰。

中国风

巧笑倩兮　美目盼兮

在多情、善感的古人笔下，一个"笑"字能达千意、抒万情："谈笑间，樯橹灰飞烟灭”，雄姿英发的周瑜，谈笑自若，年纪轻轻便建功立业，他的笑淡然、自信；“仰天大笑出门去，我辈岂是蓬蒿人”，李白的豪迈、洒脱，世人皆知，怀着无限才情，他放声大笑，笑出了气度与胸襟；“壮志饥餐胡虏肉，笑谈渴饮匈奴血”，战争残酷，胆小者瑟瑟发抖，真英雄却用视死如归的勇气笑傲沙场。

笑是人类最古老的交流方式之一。在不同的国家和文化里，语言文字可能不相通，身体姿势的含义也千差万别，但无论何时，真诚的笑容都代表着快乐与友好。

愿人人都能笑靥如花。

课堂实训

1. 准备用具：梳妆镜。

2. 实训要求：自然、亲切的目光和微笑。

3. 实训过程：

（1）目光。

实训内容	操作标准	注意要点
注视的部位训练	1. 注意对方的眼神，表示自己对对方全神贯注。在问候对方、倾听诉说、征求意见、强调要点、表示诚意、向人道歉、与人道别时，都应注意对方的双眼，但时间不宜过长，一般以 3～5 秒为宜。 2. 注视对方的面部，最好是对方的眼鼻三角区，而不要聚集于一处，以散点柔视为宜。 3. 注意对方的全身。同服务对象距离较远时，服务人员一般应当以对方的全身为注意点，尤其是站立服务时。 4. 注意对方的局部。应根据需要，注视客人的某一部位，例如在递送物品时，应注视对方手臂。	1. 对方沉默不语时，不要盯着对方，以免加剧对方的不安。 2. 在为多人提供服务时，要巧妙地运用自己的眼神，兼顾每一位服务对象，既要按照先来后到的顺序对先来的客人多加注视，同时又要以略带歉意、安慰的眼神去环视一下等候在身旁的其他客人，这样既表现出善解人意与一视同仁，又可以让后到的客人不致产生被疏忽、被冷落的感觉。
注视的角度训练	1. 正视对方。在注视他人时，与之正面相对，同时还须将上身前部朝向对方，以表示尊重对方。 2. 平视对方。在注视他人时，身体与对方处于相似的高度，表示双方地位平等及本人的不卑不亢。 3. 仰视对方。在注视他人时，本人所处位置比对方低，需抬头仰望对方，可给对方重视、信任之感。	1. 在注视对方时，视觉要保持相对稳定，即使需要有所变化，也要注意自然，切忌对对方上上下下、反反复复地进行扫视。 2. 在接待过程中，要特别注意不能使用向上看的目光，这种目光给人以目中无人、骄傲自大的感觉；更不能东张西望，给人以缺乏教养、不懂得尊重别人的印象。

（2）微笑。

实训内容	操作标准	注意要点
微笑的训练	1. 嘴角微微向上翘起，让嘴唇略呈弧形，在不牵动鼻子、不发出笑声、不露牙齿的前提下轻轻一笑。 2. 强化训练可以运用“咬筷子”的方法。	1. 面带笑意，但笑容不可太明显。 2. 目光柔和，双眼略为睁大，眉头自然舒展。 3. 表里如一。微笑需要发自内心，做到表里如一，否则就成了“皮笑肉不笑”。微笑一定要有一个良好的心境与情绪作为前提，否则将会陷入勉强尴尬而笑的境地。 4. 必须兼顾场合。在下列情况下，微笑是不被允许的： （1）进入气氛庄严的场所时； （2）对方满面哀愁时； （3）对方有某些先天的生理缺陷时； （4）对方感到极其尴尬时。 在上述情况下，如果面露微笑，往往会使自己陷入十分不利和被动的境地。

第三节　仪态礼仪

他山之石

会议结束了，董事长与员工走出了会议室。等候电梯的人很多，一位员工倒背着双手，面带微笑，向董事长问好。董事长却带着一种不满意的表情看了他一眼。这位员工也看出了领导的不满，但他不知道自己面带微笑，亲切地向董事长问好有什么不对。

小组讨论

这位会微笑的员工哪里出了错？

仪态是对人的举止行为的统称，包括站姿、坐姿、走姿、气质和风度等。仪态是无声的语言，它可以表现出你的修养水平，也可以表明你对他人的态度。

一、站姿

站姿是最容易表现人的特征的姿势。不同的站姿有时会传递出不同的信息。

（一）基本站姿

头正，颈直，下巴内收，双目平视前方；嘴微闭，肩平并保持放松，挺胸收腹；双臂下垂，手指并拢、自然微屈，男士双手放在身体两侧，中指压裤缝，女士双手相交轻握放在小腹处；两腿挺直，男士脚掌分开呈“V”字形，脚跟可并拢或分开，女士双脚可站成“V”字形或“丁”字形；身体重心落在两脚正中，整体形成优美挺拔、精神饱满的体态。在接待服务中，基本站姿如图 2-1 至图 2-4 所示。

图 2-1　女士前腹式站姿

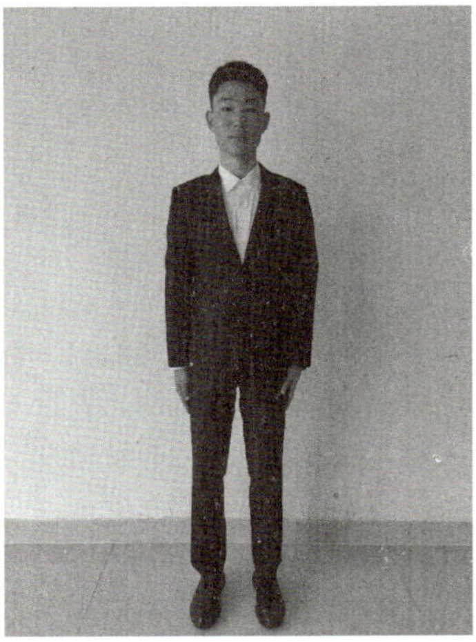

图 2-2　男士侧立式站姿

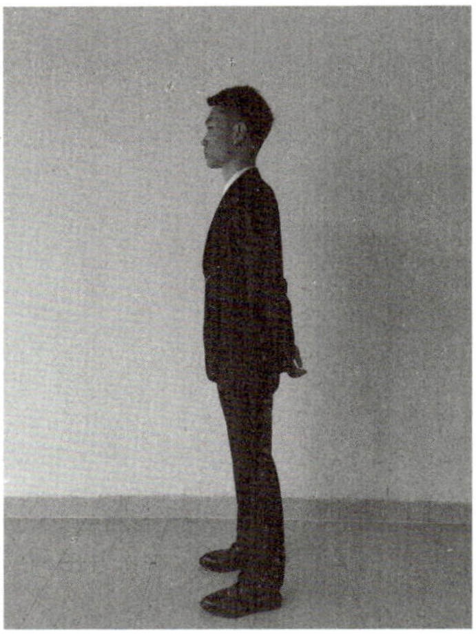

图 2-3　男士后背式站姿

图 2-4　男、女标准迎宾站姿

（二）其他站姿

站立时可以保持两脚分开 15 厘米左右，与髋同宽，和肩膀平行。

两手也可以自然下垂，在腹部交叉相握。

（三）不良站姿

头下垂或上仰，收胸含腰，背曲膝松，肩一高一低，臀部后突，两脚分得很开或交叉站立，手插在衣裤口袋里或搓脸、弄头发、抱肘于胸前，玩弄衣带、发辫、衣角、手指等，双臂胡乱摆动，用脚打拍子，一条腿弯曲或抖动，身靠柱子、桌子、柜台或墙歪斜站立。

课堂实训

1. 实训环境：形体实训室。

2. 实训要求：站姿自然、端正、自信、落落大方。

3. 实训过程：掌握规范的站姿，牢记要求和要领。

实训内容	操作标准	基本要求
侧立式站姿	1. 抬起头，面朝正前方，双眼平视，下颌微微内收，颈部挺直，双肩放松，呼吸自然，腰部直立。 2. 脚掌分开呈“V”字形，脚跟稍分开，双手放在腿部两侧，手指稍弯曲。	站姿应端正、自然、大方、稳重，要做到“站如松”。
前腹式站姿	1. 同“侧立式站姿”1。 2. 脚掌分开呈“V”字形，脚跟靠拢，双手相交轻握放在小腹处。	
后背式立姿	1. 同“侧立式站姿”1。 2. 两脚分开呈“V”字形，比肩宽略窄些，双手在后背轻握放在腰处。	
丁字式站姿	1. 同“侧立式站姿”1。 2. 一脚在前，将脚尖向外略展开，两脚形成斜写的一个“丁”字，双手在腹前相交，身体重心在两脚上。此姿势限女性使用。	
自行调节	站得太累时，自行调节：两腿微微分开，将身体重心移向左脚或右脚。	

二、坐姿

坐姿是日常工作中使用最多的，也是最重要的人体姿势，它包含的信息非常丰富，同样也有美与丑、优雅与粗俗之分。正确的坐姿，能给人稳重端庄的印象；不正确的坐姿，会显得懒散无礼。

坐姿

（一）基本坐姿

基本坐姿亦称为“正坐”。坐下后，腰背挺直，稍向前倾，双肩放松；小腿与地面垂直，双脚自然着地；臀部坐椅子的2/3，背部不要靠在椅背上。如果不是坐在桌前办公，男性膝部可分开，不超过肩宽，双手自然弯曲，置于大腿中前部，或双手相握置于下腹部，体现出自信、豁达；女性膝盖以上并拢，表现出庄重与矜持，右手搭在左手上，置于大腿中部（见图 2－5、图 2－6）。女性穿裙装入座时，应用手将裙后摆稍稍拢一下，再慢慢坐下。如果坐在桌前办公，上身挺直前倾，前臂自然伏于桌上。

（二）其他坐姿

坐姿应与环境相适应，不同场合可以采用不同的坐姿。

1. 侧坐

女性双膝并紧，上身挺直，两脚同时向左放或向右放，双手叠放置于左腿或右腿上；男性小腿垂直于地面，上身左倾或右倾，左肘或右肘关节支撑于扶手上。

图 2-5　女士正面坐姿

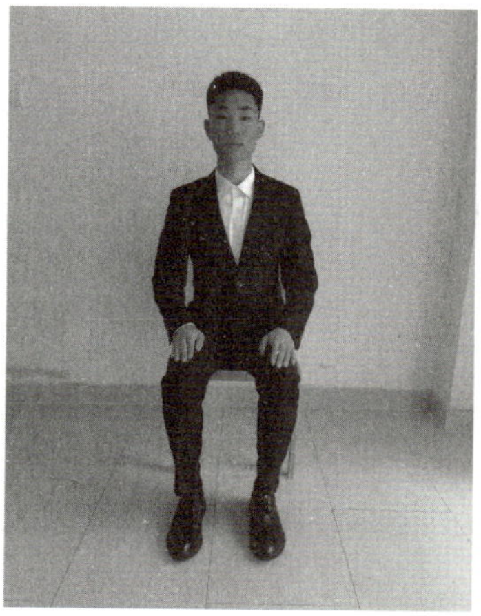

图 2-6　男士正面坐姿

2. 开关式坐姿

女性双膝并紧，两小腿前后分开，两脚前后在一条线上；男性既可两小腿前后分开，也可左右分开，两膝并紧，双手交叉于双膝上。

3. 重叠式坐姿

在标准式坐姿的基础上，腿向前，一条腿提起，腿窝落在另一条腿的膝关节上边。要注意上边的腿向里收，贴住另一腿，脚尖向下收起（见图 2-7）。

4. 交叉式坐姿

两脚前伸，一脚置于另一脚上，在踝关节处交叉成前交叉坐式（见图 2-8）。也可小腿后屈，前脚掌着地，在踝关节处交叉或采用一脚挂于另一脚踝关节处成后交叉坐姿。

图 2-7　重叠式坐姿

图 2-8　交叉式坐姿

落座时动作要协调，声音要轻。通常是从椅子的左边入座和退席。多人入座时，除有上座的专门规定外，通常是由左边开始坐，站立时也要站在椅子的左边。女性起立时，可一只脚向后收半步，然后站起。

思政园地

“孟子欲休妻”为什么是“无礼”的?

孟子提倡尊“礼”，讲究礼节。有一次因为妻子的坐姿不端，竟要与之离婚。

据记载，孟子的妻子田氏独自一人在内室，随意坐着休息。突然进屋的孟子看见妻子叉开两腿的坐相，就退了出来。

然后，孝顺的孟子对母亲说：“这个妇人不懂礼仪，请准许我把她休了。”

孟母说：“为什么呢?”

孟子说：“她叉开两腿坐着。”

孟母问：“你怎么知道的?”

孟子说：“我一进房间就看见了。”

孟母说：“那是你不懂礼仪，不是你媳妇不懂礼仪。《礼经》不是说，进门时，应该先问问谁在房间；进客厅时，应该先高声招呼，让里面的人知道；进了房间，眼睛应该往下看，避免看见别人的隐私。《礼经》讲的这些，都是为让人有准备，以免尴尬。现在你趁人不备去你媳妇休息的房间，进屋也不打招呼。她因为不知道你进去，没有准备，才被你看到了不合礼仪的坐相。你要求别人守礼，但你首先要尊重别人。是你失礼无礼在先，怎么反而责怪别人呢?”

母亲的一番话深明大义，使孟子心服口服，深感惭愧，于是打消了休妻的念头。

思政启示

孟子的妻子在自己的房间随意的坐相叫“箕踞”，即臀部坐地，两腿叉开，双膝屈起，像个簸箕，这在周代是不尊重人的姿势。尊“礼”的孟子知行合一，所以对妻子的行为不能容忍。所幸孟母不愧是教子有方的贤母，通情达理，指出不合礼法的是孟子自己，避免了儿子的一场婚姻危机。

中国古代讲究坐有坐相、站有站相，不同的场合，人都应该具备不同的姿势和表情。即使夫妻之间，也有居家礼仪。夫妻在日常生活中要以礼相待，做到相敬如宾。

遵守“礼”，是要明白礼的内涵、道理。礼的本质是诚，有敬重、友好、谦让，还有关心和体贴。礼之用，和为贵，尊“礼”的目的是使人在相处中能进退有据，终达和谐。

建立在自律基础上的相互尊重，才不失礼。从孟子身上看，自律的人首先是能够自我认识的人，只有通过自己认识和自我检查，才能够知道自己的问题在哪里，才能够谈到改正，从而成为自律的人。这些伟大的先贤们给我们树立了榜样，我们要自我认识、自我改进。

资料来源：https：//baike. so. com/doc/5385685 - 5622134. html.

（三）不良坐姿

1. 叉开双腿

女性落座后，两膝以上应完全并拢，斜放时也向同一个方向斜。男性两膝也不能分得太开，两脚并拢而两膝外展是不美观的。

2. 伸腿、摇腿和抖腿

两腿笔直前伸，或一腿盘在另一腿上，腿脚摇晃，或不断抖动等，均显得粗俗无礼。

3. 身姿不正

东趴西歪，弯腰弓背，或手托下巴，或把脚放在桌子或椅子上。

4. 女性掀起裙子，露出大腿

女性落座时一定要用手抚裙子，而不能撩起裙子。

5. 双手乱动

两手叉腰，两臂交叉在胸前或摊开在桌上，摆弄手指头，或将手里的扇子不停晃动，把手中的茶杯转来转去，一会儿拉拉衣服，一会儿整整头发，这些动作都不美观。

6. 跷二郎腿

有时把一条腿跷在另一条腿上，会给人一种高贵大方的感觉，但女性要注意不能把衬裙露出来。二郎腿不能跷得太高，跷得很高且摇晃很不雅观。在东南亚国家，让别人看到鞋底或脚尖指向别人都是对别人的严重不敬。

7. 落座不稳

落座声音要轻，不要猛地蹲坐，噼啪作响。特别忌讳忽然坐下或起立，容易造成紧张气氛。

中国风

古人怎么坐？

坐姿一：跪

清代，皇帝在养心殿召见高级大臣时，一声“赐座”，大臣立即叩谢圣恩，然后战战兢兢地跪到设在御前的那些毡垫子上。唯皇者尊，大臣跪谢之后还是跪。毡垫子是皇帝体恤高级大臣而赏赐的，品级低的官员就直接跪在殿内铺设的冷硬金砖上，甚至有些官员只有跪在殿外的份儿。在古代，最恭谨的“坐”就是跪，这种双膝着地、上身重量落在脚跟上的坐姿，在物理上最省空间，在精神上是最大的自我约束，在形式上表示最高的敬意，是名副其实的臣服。

坐姿二：跽

跽就是挺直上身，两膝着地。宫殿内君臣商议，机灵的大臣会按皇帝说话的内容，将腰板挺直，既稍舒关节，同时也是对圣训各重点作殷切关注、尊敬和赞叹的身体语言。但跽又有准备站起来的意思。大臣跪、跽交替要拿捏得准，否则会让皇帝误会是不耐烦。

坐姿三：盘踞

古人除跪坐外，较轻松的是盘膝而坐，“盘踞”在地上、床上，都不算失礼。唯“踞”而不“盘”就于礼不合了。前面提过孟子夫妇之间因“踞”闹出一场风波。历史上在大场面中傲踞而坐的，只有荆轲，他在刺秦王失败后，负伤“倚柱而笑，箕踞以骂”（《史记·荆轲传》），后人都认为这是他英雄气概的表现。

课堂实训

1. 实训环境：形体实训室。
2. 实训要求：坐姿自然、端庄、稳重。
3. 实训过程：掌握规范的坐姿，牢记要求和要领。

<table>
<tr><th>实训内容</th><th>操作标准</th><th>基本要求</th></tr>
<tr><td>基本坐姿</td><td>1. 入座时要轻而缓，走到座位前面转身，右脚后退半步，左脚跟上，然后轻轻地坐下。
2. 女性穿裙子时需要用手将裙摆向前拢一下。
3. 坐下后，上身挺直，头正目平，嘴巴微闭，面带微笑，两手相交放在腹部或两腿上，两脚平落在地面。男性两膝间的距离以一拳为宜，女性则应双膝并拢。</td><td rowspan="6">坐姿的基本要求是“坐如钟”。具体要求是：坐得端庄、稳重、自然、亲切，给人一种舒适感。</td></tr>
<tr><td>两手摆法</td><td>有扶手时，双手轻搭或一搭一放；无扶手时，两手相交或轻握放于腹部；左手放在左腿上，右手搭在左手背上，两手呈“八”字形放于腿上。</td></tr>
<tr><td>两腿摆法</td><td>1. 凳面高度适中时，两腿相靠或稍分开，但不能超过肩宽。
2. 凳面低时，两腿并拢，自然倾斜于一方。
3. 凳面高时，一腿略搁于另一腿上，脚尖向下。</td></tr>
<tr><td>两脚摆法</td><td>脚跟与脚尖全靠或一靠一分，也可以一前一后或右脚放在左脚外侧。</td></tr>
<tr><td>“S”形坐姿</td><td>上体与腿同时转向一侧，面向对方，形成一个优美的“S”形坐姿。</td></tr>
<tr><td>叠膝式坐姿</td><td>两腿膝部交叉，一腿内收与前腿膝下交叉，两腿一前一后着地，双手稍微交叉于腿上。</td></tr>
</table>

三、走姿

走姿是最能体现一个人精神面貌的姿态。从一个人的走姿，就可以了解他是欢乐还是悲痛，是热情而进取还是失意而懒散，以及是否受人欢迎等。良好的步态应该是自如、轻盈、矫健、敏捷的。

（一）基本走姿

走路时，目光平视，头正颈直，挺胸收腹，两臂下垂，前后自然摆动，前摆稍向里折，身体要平稳，见图 2-9。两肩不要左右晃动或不动，或一只手臂摆动而另一只手臂不动。走路出脚和落地时，脚尖都应指向正前方，步幅为 1.5～2 个自己的脚长。步履要均匀而有节奏，着地重力一致。脚不宜抬得过高，也不宜过低使鞋底擦地。

图 2-9　男士走姿

（二）注意事项

走路姿态应该是优雅、自然而简洁的，同时要保持身体挺直，不要摇晃。男性走路要显示出阳刚之美；女性走路则要轻盈，显出阴柔之美。女性穿裙子或旗袍时要走一条直线，使裙子或旗袍下摆与脚的动作显示出优美的韵律感。穿裤装时，宜走成两条直线，步幅稍微加大，显得活泼潇洒。

纠正内、外八字步；多人一起时，不要并排行走或搂肩搭背；忌奔跑，即使有急事也只能快步行走；在狭窄的通道上，遇尊者、长者、女士，应主动站立一旁，用手示意，让其先走；上下楼梯时，不能弯腰弓背，手撑大腿，或一步踏两三级楼梯，遇尊者、长者，应主动将扶手一边让给对方。

课堂实训

1. 实训环境：形体实训室。
2. 实训要求：走姿自然、端庄、稳重。
3. 实训过程：掌握规范的走姿，牢记要求和要领。

实训内容	操作标准	基本要求
一般走姿	1. 方向明确。在行走时，必须保持明确的行进方向，尽可能地使自己犹如在直线上行走，不要突然转向，更忌讳突然大转身。 2. 步幅适中。行进时的步幅与本人 1.5～2 个脚长相近。 3. 速度均匀。在正常情况下，成人每分钟走 90～120 步，不要突然加速或减速。 4. 重心保持稳定。行进时身体向前微倾，重心落在前脚掌上。 5. 身体协调。走动时脚跟先着地，膝盖在脚落地时应当伸直，腰部要成为重心移动的轴线，双臂在身体两侧一前一后地自然摆动。 6. 体态优美。行走时两眼平视前方，挺胸收腹，直起腰背，步伐轻松而矫健。	走姿的基本要求是“行如风”，即走起来要像风一样轻盈。具体要求为：行走时方向明确，抬头，不晃肩，两臂摆动自然，两腿直而不僵，步伐从容，步态平衡，步幅适中均匀，两脚落地成两条直线。
陪同客人的走姿	1. 同“一般走姿”。 2. 引领客人时，位于客人侧前方 2～3 步，按客人的速度行进，不时用手势指引方向，招呼客人。	
与客人反向而行的走姿	1. 同“一般走姿”。 2. 接近客人时，应放慢速度；与客人交会时，应暂停行进。	
与客人同向而行的走姿	1. 同“一般走姿”。 2. 尽量不超过客人，必须超过时，要先道歉后超越，再致意。	
与服务人员同行的走姿	1. 同“一般走姿”。 2. 不可并肩同行，不可嬉戏打闹，不可闲聊。	

四、蹲姿

在公共场所拾取物品时，采用的姿态要雅观。

（一）基本蹲姿

走到物品左边，让物品位于身体的右侧，腿取半蹲姿态。下蹲时，两腿膝盖以上靠紧或左腿压住右腿，慢慢地屈膝并且腰部用力下蹲，不弓背，用右手拾起物品。见图 2-10、图 2-11。

蹲姿

图 2-10　高低式蹲姿

图 2-11　交叉式蹲姿

（二）注意事项

下蹲取物，女性如果穿着低领上装时，要用一只手护住胸口。拾物时不要东张西望，否则会让人猜疑；不要弯腰屈背，影响形体美观；不要采用全蹲姿态，会使腿显得短粗；不要用不雅观的翘臀姿态，尤其是女性着短裙时。

近距离面对他人下蹲，会使他人感到别扭；近距离背对他人下蹲，显得对他人不够尊重；双腿平行叉开下蹲，显得很不文雅，在公共场所更不该采用这样的蹲姿。

课堂实训

1. 实训环境：形体实训室。
2. 实训要求：蹲姿自然、优雅。
3. 实训过程：掌握规范的蹲姿，牢记要求和要领。

实训内容	操作标准	基本要求
高低式蹲姿	下蹲时，左脚在前，右脚掌完全着地，右脚跟提起，右膝低于左膝，右腿左侧可靠于左小腿内侧，形成左膝高右膝低姿势；臀部向下，上身微前倾，基本上用左腿支撑身体。采用此蹲姿时，女性应并紧双腿，男性则可适度分开双腿。	不要突然下蹲； 不要距人过近； 不要方位失当； 不要随意滥用。
交叉式蹲姿	适用于女士，身穿短裙的女性常在公共场合采用。它虽然造型优美，但操作难度较大。下蹲时，左脚在前，右脚在后，左脚全脚着地；左腿在上，右腿在下交叉重叠；右膝从后下方伸向左侧，右脚跟抬起，右脚脚尖着地；两腿前后靠紧，合力支撑身体；上体微向前倾，臀部向下。	
半蹲式蹲姿	多为人们行进之中临时采用，它的基本特征是身体半立半蹲。主要要求是在蹲下时，上身稍许下弯，但不宜与下肢构成直角或锐角；臀部务必向下，双膝可微微弯曲，其角度可根据实际需要有所变化，但一般应为钝角。身体的重心放在一条腿上，双腿不宜过度分开。	
半跪式蹲姿	通常在下蹲的时间较长，或为了用力方便之时使用。它的基本特征是双腿一蹲一跪。其主要要求是下蹲以后，改用一腿单膝点地，以其脚尖着地，令臀部坐在脚跟上；另外一条腿应当全脚着地，小腿垂直于地面；双膝必须同时向内，双腿则宜尽力靠拢。	

五、手势

手势在日常交际中运用较多，属于无声语言，可以起到强化或替代有声语言的作用。做手势时，五指并拢自然伸直，手心略微凹陷。女性稍稍压低食指，显得比较优雅（见图 2 - 12 至图 2 - 14）。

图 2-12 横摆式

图 2-13 直臂式

图 2-14 曲臂式

（一）注意事项

1. 手势要规范、美观

对常用手势我们应该了解和掌握。另外，手势应明确热情、落落大方，与全身姿态相协调，同时动作幅度不要太大，应给人一种优雅、含蓄、彬彬有礼的感觉。

2. 注意手势含义的地域性差异

同一地域的人，某一手势往往有约定俗成的含义。在不同的国家，同一种手势可能有不同甚至相反的含义。比如，跷起大拇指在中国的意思是“很好”，在英国、澳大利亚和新西兰等国的意思是“搭车”，在希腊则表示让对方“滚”的意思。不注意手势的差异性，就会造成交际障碍，甚至会惹出麻烦。

3. 手势要适度

在交际中，一般情况下能用有声语言讲清楚的，应尽量少用手势。说话时比比画画、手舞足蹈是令人生厌的。

（二）常用的动作、手势

1. 递接物品

若递接双方距离较远，递物方应主动走近接物方。如果原来是坐着的，在递接物品时双方最好都起立，含笑注视对方，用双手递接。不方便用双手时，应该用右手；用左手递物是失礼的。一般情况下，递给他人物品时，应为对方留出便于接取物品的地方，让别人感到无从下手是不礼貌的。如果递交的是带有文字的物品，应将其正面朝向对方。将带尖、带刃或其他易于伤人的物品递给他人时，不要将尖、刃指向对方，而应使其朝向自己或他处。如递剪刀时，自己拿着剪刀尖，而将剪刀把朝向对方。

接物品方，等对方递过物品时，再用手去接取，切不可急不可待地从对方手中抢过物品。

2. 用手势示意

用手势示意或招呼别人时，应该用手掌而不用手指。尤其不能在众目睽睽之下用食指指人，否则有挑衅之嫌。

常用来示意别人的手势有：

（1）“请这边走”——指示行进方向。动作是手臂抬至齐胸高，以肘关节为轴，向外侧横向摆动，五指并拢，手掌打开，指尖指向行进方向。同时微笑看着对方，并点头示意。

（2）“在这里”——指示目标或物品的方位。指示目标时，动作也是手臂向外侧横向摆动，指尖指向前方。与指示行进方向不同的是，其手臂或者是抬至齐肩高，或者是放在身体一侧，稍稍离开身体一段距离。此动作也可用于引导方向。指示物品时，伸出手掌，指尖指向物品。

（3）“请进”——请人进门。动作是站在客人侧前方，肘部弯曲，小臂与手掌呈一条直线，向外横摆指向行进方向，手臂高度在胸以下。如果走在客人前方，可回身伸出手臂，由体侧向体前推，手与地面成45°角，示意一下。

（4）“请坐”——请人就座。动作是手臂由上向下斜伸指示座位，手掌可以稍微地顿一下。也可以以肘关节为轴，手由上而下摆动，指向斜下方座位处。

做以上四种手势时只用一只手臂，另一只手臂可自然垂在身体一侧，或者背在身后。

3. 举手致意

在社交场合，有时需要举手向他人表示问候、致敬、感谢之意。在相距较远又不能高声应答的情况下，悄然无声地举手示意可以将自己对他人的友好和礼貌之情传达出去。近距离相遇举手示意时，也可以同时说一些表示友好和问候的话。

举手致意时手臂不能乱摆动，正确的做法是：全身直立，面向对方，至少上身与头部要朝向对方；目视对方，面带笑容；右手手臂由下而上，向侧上方伸至肩以上，手臂既可曲亦可直；掌心朝向对方，指尖朝上，轻轻摆动几下手掌。

在举手致意时，还要遵循一定的礼仪次序：幼者、下级、男士先向长者、上级、女士致意，对方再以同样的方式回敬。

4. 引导

引路时先说：“×经理，请跟我来。”或“×先生，我来领路。”

行进中，应走在客人左侧前方两三步处，步调要和客人协调，不能只顾自己径直前行，也不宜停下脚步与客人闲聊，而应当视与客人的相熟程度，微微侧身，头部和上身转向客人，与其寒暄、交谈，以示友好、热情。

遇到拐弯、上楼、下楼时，要伸手指明方向，并说："请这边走。""请从这里上（下）楼。"上楼时应请客人走在前面；下楼时应请客人走在后面。如果是乘电梯上楼，需向客人说明"在×楼"，然后在电梯侧面按住门，请客人进入，自己随后跟入，并按到达楼层的开关。在电梯内不能盯视客人。电梯停稳后，要招呼客人："×楼到了，请下电梯。"请客人先下。

来到会客室或办公室门口，要向客人说明："就是这里。"进入他人房间要先敲门。敲门的方法是，将右手的手指弯曲，用食指或中指不轻不重、有节奏地敲2～3下，里面有应答后再开门进入。如果门是朝外开的，要先将门拉向自己一边，请客人先进入；如果门是朝里开的，要先推门进入，然后扶住门，侧身请客人进入。

客人入室后，应将其引入上座。离门越远的座位，座次越高；离门越近的座位，座次越低。所以，应将客人引到离门最远的座位，以示尊重。

引客人入座时，要对客人说"请坐"，并以手示意；再说"请稍候"，然后送上茶水或饮料。

（三）影响职业形象的不良习惯动作

例如，当众梳头或玩弄头发；手指不停地点敲；玩弄或咬指甲；把回形针弄直；把笔弄得咔嗒作响；用食指指人的脸，或在人背后指指点点；不恰当的亲密举动，如触摸他人；等等。

此外，挤占他人空间也是不礼貌的。在公务活动中，不能与他人靠得太近。令人感到舒服的距离为1米左右。如果离人太近，就进入了亲近的范围（即0.5～0.9米，一般为朋友间的距离）或亲密的范围（即0.5米之内，一般是家庭成员和情人间的距离）。

分散别人注意力的动作不仅会影响你的形象，而且会使别人产生误解。比如在有些场合，哪怕你出于好意，表示支持地拍拍某人的肩膀，也可能引起对方的反感，或被看作是骚扰。

六、气质

气质指的是一个人的素质，它是一个复杂的"化合物"。构成气质的有与生俱来的容貌、体质、血型和个性，更有后天得之的文化素养、审美情趣、价值观念。

气质如同璞石，可雕可琢，未有尽时。然而，气质也有稳定性。气质有不同的类型：如质朴纯真、高雅端庄、热情奔放、雄健粗犷、温婉恬静、冷峻冷艳、庄重深沉、浪漫忧郁等。

从个体来看，往往可能是几种气质兼而有之，此消彼长，尔隐我现；或是一种气质占主导地位，别种气质略做补充。只有在加强自我素质的基础上形成一定的气质，才能充分发挥一个人的仪表之美。

七、风度

所谓风度，是指人的言谈举止和仪态。它是人自身所具有的较为稳定的行为习惯的外在表现形式，即人在言谈举止中自然表现出的各种独特的语气、语调、手势、动作等。

风度虽然是通过人的音容笑貌、谈吐举止以及服饰打扮等外在形式表现出来的，但它却是人格魅力的辐射、内在气质的焕发（一般来说，风度与气质相应，气质不佳者难以有好的风度）、文化素质的展示、道德修养的外化、才情趣味的表现。胸无点墨、不学无术的人，不管怎么讲究仪表的华丽，也不可能具有良好的风度。

良好的风度能给人以力量、信心和美感，能引发人们对交际对象的向往，是使交际和事业成功的重要因素。良好的风度是在长期的学习、训练和修养的实践中逐步形成的：首先，要加强自身内在的涵养，使自己具有心灵美。其次，注重仪表，养成良好的行为习惯。最后，在实践中不断总结和积累经验。所谓经验，一是技术方面的，二是心理方面的。

小故事

失“礼”误大事

一位企业高管出国参加国际会议，前往大使馆办理签证，签证官正在处理一件看起来较急的事情，请他稍候。这位先生因等候时间略久，表现出极度不耐烦，多次催促且声音很大。在正式面签的环节中，更是表现出敷衍的态度。为此，签证官认为此人不具备访问条件，拒绝给予签证。

【启示】

人们常常将“细节”视为决定事情成功与否的核心因素。其实，礼仪态度和举止，正是日常生活中看似不经意的“细微之处”，很容易被人忽视；因其“细”，也常常使人感到烦琐，不屑一顾。但就是这些小事和细节，往往是事物发展的关键和突破口，是关系成败的双刃剑。

课堂实训

1. 实训环境：形体实训室。
2. 实训要求：手势自然、优雅。
3. 实训过程：掌握规范的手势。

实训内容	操作标准	基本要求
手持物品	稳妥、自然、到位、卫生。	身体其他部位姿势规范，与手势动作协调。
递送物品	双手为宜；递到手中；主动上前；方便接拿；尖、刃向内。	
展示物品	便于观看；操作标准；手位正确。	
打招呼	使用手掌；掌心朝向对方。	
举手致意	1. 面向对方。应全身直立，面向对方，至少上身与头部朝向对方，在目视对方的同时面带笑容。 2. 手臂上伸。手臂自下而上向侧上方伸出，手臂既可略有弯曲，也可全部伸直。 3. 掌心向外。即面向对方，指尖朝向上方，切忌张开手指。	
握手	1. 注意先后顺序。 2. 注意用力大小。 3. 注意时间长度。 4. 注意相握方式。	
挥手道别	1. 身体站直。尽量不要走动，更不要摇晃身体。 2. 目视对方。目送对方远去直至离开，若不看道别对象，会被对方理解为“目中无人”或敷衍了事。 3. 手臂前伸。可用右手，也可双手并用，手臂应尽力向前伸出。 4. 掌心朝外。保持掌心向外，否则是不礼貌的。 5. 左右挥动。将手臂向左右两侧轻轻地来回挥动，尽量不要上下摆动。	
引导手势	1. 横摆式：手位高度齐腰，用于引导表示“请”时的手势。 2. 斜摆式：请对方落座时，座位在哪里，手位指到哪里。 3. 直臂式：（专业引导手势）适用于给对方指引方向。手臂伸直与肩同高。 4. 曲臂式：适用于单手持物或扶门时，向对方做“请”的手势。 5. 双臂式：适用于面对众人做“请”的手势。	

第四节　服饰礼仪

他山之石

出席正规的音乐会应着正装，这是全世界通行的礼仪。古典音乐原本就是源自欧洲的宫廷，后来，很长一段时间内仍限于当时的上流社会。欣赏古典音乐不仅是一种艺术活动和高级精神消遣，也是西方国家上流社会一种重要的社交方式。现在，越来越多的普通大众进入音乐厅，由于时间与经济条件的限制，未必人人都能有条件“盛装”出席，于是，人们逐渐将这些礼仪简化。虽然听音乐会已无须再盛装出席，但“衣着不整”的音乐会参加者还是会被认为是对演奏者极大的不尊重。参加音乐会时的着装既反映了观众对演奏者及对艺术本身的尊重，也成为体现人们修养的一种标志。

小组讨论

你的“衣着观”是什么？

服饰也是一种文化，它能够反映一个国家、一个民族的经济水平、文化素养、精神文明与物质文明发展的程度，也能反映一个人的社会地位、文化品位、审美意识以及生活态度等。得体、和谐的服饰，会产生无形的魅力。

一、女性的着装技巧

女性着职业服装，既要彰显个性，表现出自己的风格，也要遵守一些规则。

职业女装有三种基本类型：西装套裙，夹克与裙子，连衣裙和两件套裙。

（一）西装套裙

西装套裙是职业女性的标准着装，可塑造出端庄、干练的形象。

西装套裙分两种：一种是配套的，上衣和裙子同色同质地；另一种是不配套的，上衣与裙子的色彩、质地不同，但要搭配协调。着单排扣西装套裙，上衣可以不系扣；双排扣的，则要将扣子全部系上（包括内侧的纽扣）。

（1）颜色的选择：西装套裙的最佳颜色是黑色、藏青色、灰褐色、灰色和暗红色。穿单色的套裙，能使身材显得瘦高一些。也可以选择精致的方格、印花或带条纹的花色，但不要选红色、黄色和淡紫色，因这些颜色过于艳丽，不宜在办公场合穿着。

（2）面料的选择：西装套裙要选择质地和垂感好的面料。

（3）衬衫的颜色和面料：衬衫的颜色没有严格限制，只要与套装相匹配就可以了。最常见的是白色、黄白色和米色，因为它们与大多数套装都能相配。衬衫面料最好是丝绸或纯棉的。

（二）夹克与裙子

在不太正式的场合，可以穿轻便的夹克搭配裙子。

（1）颜色的选择：可选用黑色、藏青色、灰褐色、灰色和暗红色。如果购买方格、花呢、印花和带其他图案的服装，应考虑其是否能与其他衣服搭配。

（2）面料的选择：最好是纯毛华达呢以及混纺面料，或丝绸、亚麻混纺织品。不要选择小山羊皮等皮革、灯芯绒、丝绒、天鹅绒、斜纹粗面布或缎子的面料，因为它们给人一种欠职业化的感觉。

（三）连衣裙和两件套裙

连衣裙和两件套裙可以单独穿，也可以和其他上衣搭配着穿。它们尽管不如西装套裙那么正规，但也适宜于某些正式场合。纽扣一排到底的大衣式裙子，比衬衫配裙子更显得职业化。

（1）颜色的选择：建议选择灰色、藏青色、暗红色、米色、驼色、红色和玫瑰红色，也可以选择简洁的印花或图案；不要选择过于鲜艳的花色。

（2）面料的选择：以丝绸最为理想，也可选用100%的人造丝或加入人造纤维的亚麻制品。不要选用纯亚麻制品，因为其容易起皱；也不要用棉布，那样显得过于随便。

（四）服饰附件

恰当地使用服饰附件，可烘托服装，起到画龙点睛的作用。

1. 首饰

首饰反映着一个人的兴趣、爱好、文化修养和婚姻状况。佩戴首饰，一般应遵循国际惯例，符合有关要求。在社交、休闲场合可“百花齐放”；但在上班时则以保守为佳、以少为佳。如果同时佩戴多个首饰，其质地一定要统一，否则会显得凌乱、俗气。首饰的式样要简单大方，不要戴晃来晃去或叮当作响的首饰。每只手最多戴一枚戒指，戴在哪个手指上应根据自己的婚姻状况而定。戴在左手食指上意为“示爱”；戴在中指上表示正在恋爱中；戴在无名指上表示已订婚或结婚；戴在小指上则表示“我是独身者”。项链、耳环的选择也要适合自己的身体条件，并注意与服装的款式和色彩搭配。

2. 头饰（发带）

头饰（发带）的款式应根据发型来选择，颜色要与服装的颜色相协调。头饰（发带）的颜色最好与所穿服装的主色调一致，至少要与服装色彩中的一种颜色相呼应。头饰本身的颜色不要超过两种，而且这两种色调也应协调。佩戴一件头饰最得体，多则使人眼花缭乱，反而不美了。

3. 腰带

腰带具有装饰美化作用。通过系腰带部位的上下移动，可以调节上下半身的比例；腰带的色泽深浅、宽窄的不同，能够制造视觉错觉，调节腰身的粗细。腰带质地以纯皮的为好，颜色应与皮鞋的颜色相配。腰带扣要简洁。

4. 围巾

围巾不仅有保暖作用，而且具有装饰美化的功能。围巾的色彩、款式要与整体服装相协调。围巾的颜色最好与服装中的某种颜色相同。另外，穿暗色的衣服宜选用色彩鲜艳的围巾；衣服色彩艳丽，围巾则应素雅些，否则让人感觉杂乱。围巾的系法有多种，视情况可包头、围颈、披肩和束腰。围巾的不同色彩和包法可以产生不同的视觉效果。如果要将围巾打结或系起来，最好选择100%丝绸面料。

丝巾

5. 袜子

丝袜是用来衬托裙装的，颜色最好为肉色，即与肤色相近或比肤色稍深。袜口不要暴露在别人的视线内，即裙摆与袜口之间不能露出一截腿。一般来讲，厚重的袜子应配低跟鞋，鞋跟愈高，袜子愈薄。穿浅色皮鞋时不要穿黑袜子，否则一旦跳丝很容易看出来，而且黑袜子看上去很像紧身裤。白色袜子只适合配旅游鞋。带图案的袜子容易引人注意你的腿部，最好不要穿。应随身携带一双备用的丝袜，以防袜子被刮破后替换。一旦袜子出现跳丝，涂无色指甲油可防止跳丝继续扩展。

6. 鞋

应着传统的皮鞋，不要穿凉鞋、松糕鞋或鞋头又长又尖的鞋。要注意保持皮鞋的光亮清洁。鞋跟高度以 2.5～5 厘米为宜。尽量避免穿后跟用带系住的或露脚趾的鞋。鞋的颜色应与衣服的颜色搭配得当，一般要与衣服下摆一致或再深一些，这样可以使人在视觉上显得高一些。工作场合应选用中性颜色的鞋，如黑色、藏青色、暗灰色、灰色，而不要穿红色、粉红色、玫瑰红色和黄色的鞋。此外，如果鞋与服装的颜色不一致，会把别人的注意力吸引到脚上。

7. 手提包和手提箱

手提包和手提箱的质地最好是皮革的。手提包上不要带有设计者的标签。手提箱可以用硬衬，也可用软衬。手提包的颜色可以随着季节及服饰的变化而变化，即要与服装和鞋的款式、颜色配套，或与服装的色彩一致，或采用对比色做点缀。当然，手提包和手提箱最实用的颜色是黑色、棕色和暗红色。

8. 眼镜

戴眼镜的人，应根据自己的脸型选择眼镜。如方脸型戴上翘镜架、椭圆形或圆形镜框的眼镜，可使脸庞显出曲线的柔美；圆脸型戴长方形等几何形的眼镜，也可修饰脸型。

9. 其他

工作场合的着装要整洁、大方、高雅、规范，不能穿超短裙、露脐装或拖地长裙，不要穿得过分艳丽或新潮，不能穿薄、露、透的服装。领口不要开得太低；除脸部之外，其他位置的毛发最好不要暴露。不允许赤脚，天气再热，也要穿袜子。另外，内衣要合身。

思政园地

曾国藩教女节俭

曾国藩的小女儿晚年留下一个年谱，其中记载了这样一件事情：曾国藩的小女儿只有十几岁时，跟随母亲来到曾国藩任两江总督的总督府。小女儿入总督府总要穿得体面一些、光鲜一点，所以上面穿了一件蓝色的小夹袄，下边穿了一条缀青边的黄绸裤。这条黄绸裤其实也不是她的，而是她的长嫂、曾国藩长子曾纪泽过世的妻子留给她的。但就是这条裤子的一个青色花边让曾国藩觉得太繁复、太华贵了，就责怪小女儿不应该穿这样的裤子，让她赶快换掉。小女儿赶紧回到房间换了一条没花边的绿裤子。由此可见，曾国藩是见不得繁复，见不得孩子身上带有太富贵的东西的。

曾国藩在信中多次苦口婆心地陈述自己要求子女勤俭的缘由：“天下官宦之家，多只一代享用便尽，其子孙始而骄佚，继而流荡，终而沟壑，能庆延一二代者鲜矣。”曾国藩认为，子女在骄奢淫逸的环境之下是不可能立大志的，开始是骄逸，继而就是流荡，然后就是败家。一个官宦之家能够延续一两代是很少的。所以曾国藩觉得应该由勤俭入手，教育孩子懂得如何生活。这才是最好的教子之道。

思政启示

曾国藩对于勤俭的理解是非常深刻的。一个家能够保持兴盛发达，一个最简单的道理就是要学会勤俭过日子。富的时候不骄傲，贫的时候不气馁。从俭来打理自己的生活；勤既可以健壮自己的身体，同时又使劳作变成日常生活中很平常的一件事情。永葆勤和俭，一个家族才会永续地发展下去。

作为当代大学生，要树立正确的人生观、价值观，要学习曾家勤劳俭朴的家风，衣着打扮要符合学生的身份，不能追求奢华、绚丽，要秉持勤俭的优良作风。

资料来源：http：//tv. cctv. com/2020/04/21/VIDE37hhw3V7We9TnFAJKnz8200421. shtml.

课堂实训

1. 实训环境：形体实训室。
2. 实训要求：掌握着正装的基本要求；掌握女士套裙的穿着方法。
3. 实训过程：要求遵守穿着的原则。

实训项目	实训要求	操作规范
正装的穿着	1. 外观整洁	（1）无褶皱；（2）无残破；（3）无脏物；（4）无污垢；（5）无异味。
	2. 文明着装	正装穿着雅观，避免出现 4 个方面的禁忌：过分裸露；过分薄透；过分瘦小；过分艳丽。
女士套裙的选择	1. 上衣与裙子的选择	（1）上衣和裙子的面料与颜色应相同；（2）套裙的面料应以素色、无光泽为好；（3）上衣袖子一般应到手腕；（4）裙子的长度应到膝盖。
	2. 衬衫及内衣的选择	（1）衬衫的颜色以白色为主；（2）内衣应当柔软贴身，大小适当；（3）内衣不应当在套裙之外展现出来。
	3. 衬裙的选择	穿套裙时，尤其是穿丝、棉、麻等薄型面料或浅色面料的套裙时，应当穿衬裙。
	4. 鞋袜要与套裙相配	（1）与套裙配套的鞋子，宜为高跟、半高跟的船式皮鞋或盖式皮鞋；（2）袜子最好是肉色的高筒袜或连裤袜。

二、男性的着装技巧

男性在服装上的选择虽然比女性少，但这并不意味着男性对服饰的选择就可以不注意。事实证明，男性恰当的着装同样可以反映其个性特点和独特品位，有助于树立良好的社交形象。

男性职业服装一般分两种类型，即两件套西装和运动式夹克配长裤。

（一）两件套西装

西装是一种国际性服装，也是现代许多场合中男性穿用最多的一种服装。俗话说："西装七分在做，三分在穿。"穿西装时，符合穿着规范，才能显得潇洒、精神、有风度。

1. 讲究规格

西装有两件套、三件套之分，正式场合应着同质、同色的深色毛料套装。两件套西装在正式场合不能脱下外衣。按国外的习俗，西装里面不能穿毛背心或毛衣。在我国，至多也只能加一件"V"字领羊毛衫，否则会显得臃肿，破坏西装的线条美。西裤的裤线任何时候都应熨烫得挺直。

作为办公服的西装，宜为具有稳重感的单色，如浅灰色、黑色、深蓝色、米色等，质地最好是中等厚的毛料织物。

2. 着装顺序

西装着装的顺序是：穿衬衫→穿西裤→穿皮鞋→系领带→穿上装。这种顺序是一种规范，也可以说是一种礼仪。

3. 衬衫

男性配西服的衬衫必须是长袖的，即使在夏天也不例外。

（1）颜色的选择：最好选择单色的。白色最佳，也最安全；浅蓝色效果也不错。在有的地方，灰褐色、红色细条纹的也可以。不要选择淡紫色、桃红色和带格子、圆点、宽条纹的衬衫。

（2）面料的选择：最好是纯棉的，但要保证浆过并熨烫平整。

领子要挺括，干净。衬衫下摆要掖进裤子，不能露在外面。系好领扣和袖扣，衬衫衣袖要稍长于西装衣袖 0.5～1 厘米，领子要高出西装领子 1～1.5 厘米，以显示衣着的层次。非正式场合可不系领带，此时，衬衫领口的扣子应解开。

4. 领带

领带

选择领带时，色彩恰当很重要。要根据个人的自身条件（如肤色、脸型）、着装环境，尤其是衬衣和西装的颜色来选择。领带与西装的颜色要互相衬托，而不要完全相同。暗红色、红色和藏青色可以用作底色，主要的颜色和图案要精致，不抢眼。一般来讲，灰色系的服装可以与任何花色的领带搭配；浅色西装配深色衬衣，再配一条与西装的色彩、明度相近的领带比较协调；浅色、明度高的西装，系灰红色的领带，会显得特别雅致；深蓝灰色西装，配白衬衣、浅蓝紫色的领带，显得稳重、精干、可信；穿白色或素色的衬衣，适合配有图案的领带。

面料上，最好选择真丝面料，显得优雅且四季咸宜。

西装脖领间的“V”字区最为显眼，领带应处在这个部位的中心。领带的领结要饱满，与衬衫的领口贴合要紧凑，领带的长度以系好后下端正好在腰带上端为最标准。如穿背心，领带要放入背心里面。领带结的大小应与所穿的衬衫领子的大小成正比。领带夹一般应夹在衬衫第三粒与第四粒扣子之间，西装系好纽扣后，领带夹不能外露。

5. 衣袋

西装上下衣的口袋很多，但不能随便装东西。上装外面左胸口的衣袋是专门用于插装饰性手帕的，下面的两个口袋只作装饰用，一般不放物品，否则会使西装上衣变形。上装左侧内袋可装记事本、钱包，右侧可放名片、香烟等。西裤前面的裤兜亦不可装物品，可用于插手（站立时可将手插在裤兜内，行走时一定要把手拿出来）。

6. 纽扣

双排扣的西装要把纽扣全部系上，以示庄重；坐下时也可将最下面的扣子解开。单排两粒扣的西装，只扣上面一粒纽扣是正规穿法；三粒扣的，则扣中间一粒。单排扣的西装扣子也可以全部不扣，显得潇洒；如果将全部扣子都扣上，会显得土气。

7. 皮鞋

穿西装一定要穿皮鞋，裤子要盖住皮鞋鞋面。男性的皮鞋最好是黑色或与衣服同色的，正式场合应当穿黑色、无花纹、系带的皮鞋。穿西装时不能穿旅游鞋、轻便鞋或布鞋、露脚趾的凉鞋，也不能穿白色、色彩鲜艳的花袜子和半透明的尼龙或涤纶丝袜，宜着深色线织中筒袜。

（二）运动式夹克配长裤

运动式夹克和长裤的颜色应形成一定的对比，以保持较随意的风格。

（1）颜色的选择：藏青色、灰色和铁灰色等可以与多种颜色形成对比。棕色或驼色的运动式夹克，配上蓝裤子，要比相同颜色的西装更易于被人接受。深色的夹克搭配颜色较浅的长裤，如黄褐色或米色，效果也不错。普蓝色可搭配的颜色也较多，如藏青色或灰色等。

（2）面料的选择：与西装一样，夹克的质地应为纯毛、混纺、纯棉或混合丝的；长裤应为纯毛华达呢、混纺。格子花呢面料在正式场合显得过于随便，不宜选用。

课堂实训

1. 实训环境：形体实训室。

2. 实训要求：掌握西装选择的基本要求；掌握男士西装的穿着方法。

3. 实训过程：要求遵守西装穿着的原则。

实训项目	实训要求	操作规范
西装的选择	1. 西装的外套必须合体	（1）上衣：过臀部；（2）手臂伸直时，袖子的长度应达到腕部。
	2. 西裤要合体	（1）西裤的腰围应是裤子穿好拉上拉链、扣好裤扣后，裤腰处能正好伸进一只五指并拢的手掌；（2）西裤穿好后，裤腿的下沿正好触及地面，并确保裤线笔直。
	3. 衬衫要合适	（1）衬衫可以是白色无花纹衬衫；（2）扣上衬衫领子扣以后还能插进自己的一个食指；（3）袖子的长度与领子的高度应比西装上衣的袖子和领子稍长、稍高。
	4. 领带要与西装相协调	（1）领带应为素色花纹的；（2）西装里若穿羊毛背心，则应将领带放进背心里面；（3）服务人员在穿着西装时最好夹上领带夹。
	5. 鞋和袜要与西装相协调	（1）皮鞋的颜色一般应与西装的颜色相近，配深色的西装以黑色皮鞋为最好；（2）袜子的颜色应与皮鞋的颜色相近，或者是西装颜色与皮鞋颜色的过渡色。
西装的穿着要领	西装的穿着要符合规范要求	（1）西装要干净、平整，裤子要熨出裤线；（2）衬衫领口要挺括，衬衫里一般不要穿秋衣，如果穿了，不宜把领圈和袖口露在外面；（3）衬衫的下摆要均匀地塞进裤内；（4）穿西装可以不系扣，但服务人员在正规场合需系扣；（5）为保证西装不变形，上衣袋只作为装饰，包括必要时装折好花式的手帕，裤兜与上衣袋一样只作为装饰，以保证裤形美观；（6）无论是衣袖还是裤边，皆不可卷起；（7）皮鞋一定要上油擦亮。

（四）服饰及其他附件

1. 首饰

男性除了戴结婚戒指之外，最好不佩戴其他首饰，而且最多每只手只戴一枚戒指。

2. 手表

手表既是实用性物品，亦可作为装饰性用品。一般在社交、上班场合应选择中高档的手表。男性以戴表盘为不锈钢制等金属质地的手表为宜。皮表带的颜色要与腰带、皮鞋的颜色一致。

3. 腰带

要选择纯皮的腰带，颜色应为黑色、棕色或暗红色，并与皮鞋的颜色相配。皮带扣要简洁。

4. 袜子

袜子要长一些，到小腿中部最好，以免坐下后露出腿上的皮肤和汗毛。选择尼龙袜或薄棉袜均可，袜子的颜色应为黑色、棕色或藏青色，不要穿白色、米色、浅色或图案明显的袜子，否则会吸引别人的注意。也可选用与长裤相同或相近颜色的袜子，但穿黄褐色裤子例外，这时的袜子应与鞋相配。

5. 鞋

鞋的选择很重要，应尽量选择系带或无带扣皮鞋。鞋的颜色应该比裤子的颜色深。黑皮鞋可以配灰色、藏青色或黑色裤子，深棕色的鞋能够配黄褐色或米色裤子。

6. 手提箱和钱包

手提箱应是皮质的，颜色宜为棕色、黑色或暗红色。钱包不要放在西服后边的裤袋里，否则会影响美观。

三、职业便装

职业便装是职业服装的一种，适用于会议、研讨会、公司组织的野餐会或办公室“非正式着装日”等场合。它和其他传统职业服装一样，也要求干净合体、熨烫平整。

女性的职业便装包括：衬衫、裙子；套裙；长裤、衬衫配夹克衫等。一般应穿平底鞋，不穿凉鞋；除参加体育活动外，不要穿运动鞋。

男性的职业便装包括：长裤配衬衫；有领的棉 T 恤衫或毛衣，牛仔裤（不要穿有破洞的牛仔裤）。可以穿平底便鞋和无带扣便鞋。

四、相关知识

服饰不但有遮体御寒的功能，而且起着美化的作用。它是一种无声的语言，传递着一个人的个性、身份、修养、品位以及心理状态等多种信息。

服饰的选择和色彩搭配必须得体、协调，既与自己的性别、年龄、职业、身份、气质、个性相符，又与不同场合、季节、环境相适应，这样才能传递美，才能体现对他人的尊重和对本职工作的热爱。

（一）服装色彩搭配

“先看颜色后看花”，色彩是体现服装艺术的重要因素，从某种意义上说，其重要性要甚于面料。服装的色彩分为暖色调（红、橙、黄等）、冷色调（紫、蓝、绿等）和中和色调（白、黑、灰等）。一般说来，暖色调给人以温暖、华贵的感觉；冷色调往往使人感到凉爽、恬静、安宁、友好；中和色调则给人平和、稳重、可靠的感觉。着装首先要注意色彩的协调。

上班场合宜遵循“三色原则”，即从头到脚服饰的颜色不超过三种。其他场合虽可随意一些，但也要注意色彩搭配适当。俗话说，没有不美的颜色，只有不美的搭配。

服装色彩搭配是很有学问的，下面介绍一些简单易行的配色方法。

1. 同色搭配

根据色彩明暗度的相近程度来搭配，即把同一色系的颜色（包括色谱上相邻的颜色，如橙与黄、蓝与绿）按深浅不同进行搭配，形成一种和谐的美感。这种搭配要求服装上深下浅、外深内浅，或相反。但要注意，深浅颜色不能太接近。

2. 其他搭配

红色适宜与金黄色、银灰色、灰棕色、黄色、白色搭配，与黑色搭配效果最佳。橙色与黑色搭配可形成强烈的视觉冲击，引人注目；再加上白色，则显得清新悦目，适宜在秋冬季节的休闲场合穿着。黄色与褐色搭配效果最好；与其他鲜艳色搭配，显得华丽、活泼，适用于运动及休闲场合穿着。粉红色与灰色系搭配，显得青春妩媚、充满魅力；配白色，显得清新娇美，最能博取别人的好感。绿色可与灰、褐、灰棕、黑色搭配，而与白色搭配效果最佳。浅蓝色与粉色系搭配显得优雅甜美、清新可人，极适合少女穿着；配黄色系显得朝气蓬勃，适用于户外；配同等明度的灰色显得高贵典雅，适合职业女性穿着。深蓝色与白色搭配效果极好。灰色适宜与暖色系搭配，如红、粉红、桃红等。褐色配色范围很广，与含有褐色调的褐绿、褐黄、褐红搭配，显得老练而稳重；与黄色搭配效果极佳。黑色除深暗色调外，与其他颜色基本上都可搭配，尤其适宜与暖色系搭配；金黄色是它的最佳配色。

（二）服饰选择的基本原则

1. 服饰的选择要与穿戴者所处的环境相协调

可以把所处的具体环境分为公务、社交和休闲三大类型。置身于不同的环境、不同的场合，应该穿着不同的服饰。上班时着装应庄重、大方、传统，适合穿制服、西装、中山装、套裙、连衣裙；社交时的穿戴则要时尚、典雅，展现个性，适于穿礼服、时装和民族服装等；休闲时的衣着要求方便、自然、舒适、得体，适于穿家居便装、牛仔装、运动装等，休闲场合不宜佩戴饰物。

2. 服饰的选择要与穿戴者的社会角色相协调

在生活中，每个人都扮演着不同的社会角色。不同的社会角色有不同的社会行为规范，在服饰方面也应显示自身的职业特点和敬业精神。比如警察的服饰庄严威武，秘书的服饰端庄大方，教师的服饰朴素雅致，宾馆服务员的服饰美观大方，等等。总之，一定要注意使服饰与自己所扮演的社会角色、与自己的职业身份相协调。

3. 服饰的选择要与穿戴者的自身条件相协调

在选择服饰时，必须考虑自己的肤色、身高、胖瘦等身体条件，充分利用服饰的质地、色彩、图案、造型和工艺等，扬己之长，遮己之短，达到美化自己的目的。比如，肤色偏黑者，一般不宜穿黑色以及深蓝、深紫、深褐、大红色的服饰，也不宜选用色调过浅的服饰；而适宜选用颜色稍浅、色调又不太鲜艳的服饰，可以带一些黄色图案。肤色黑红者，最好不要穿粉红、淡绿色的衣服。肤色呈暗褐色的人，则不要选择咖啡色的衣服。肤色较黄者，应避免穿着蓝、绿、紫、粉等色彩的服饰，也不宜选用米黄色、土黄色等色调的服饰。体型胖者不宜穿大花的或带方格、花纹的衣服，应选择色彩强度较低、较深暗的服饰。体型瘦者可选明度和纯度高的鲜艳色调，可以随意选择花形图案；要避免选择灰暗、单调的颜色。身材矮小者适宜穿造型简洁、色彩明快、小花形图案的服饰。

4. 服饰的选择要与穿戴的时节相协调

如果反季节穿戴，会令人感到滑稽可笑。

总之，服饰是一个整体，是成功美化人的形象的基础。服饰与发型、脸型、肤色、年龄、身份、环境、季节相协调，才会取得良好的着装效果。

课堂实训

1. 实训环境：形体实训室。
2. 实训要求：掌握佩戴饰品的要求。
3. 实训过程：规范佩戴饰品。

实训内容	实训要求	操作规范
饰品佩戴	符合身份	一般工作人员宜选戴简单的金银饰品。
	以少为佳	1. 在工作岗位上可以不佩戴任何饰品。 2. 佩戴饰品不应超过两件。
	区分品种	1. 戒指：在工作岗位上，允许佩戴纯金或纯银戒指一枚。 2. 项链：在工作岗位上，允许佩戴纯金或纯银的项链，但链子不可过长。 3. 耳环、耳钉：在工作岗位上，不允许佩戴耳环，女性服务人员可以佩戴耳钉。 4. 手链、手镯：在工作岗位上，服务人员不宜佩戴手链和手镯。 5. 胸针：女性在工作岗位上可以佩戴胸针，但不可以与工作号牌等同时佩戴。 6. 发饰：女性在工作岗位上可以佩戴实用性较强的发饰，但头花、发箍、发卡都不宜在上班时选用。 7. 脚链：在工作岗位上，不允许佩戴脚链。
	协调得体	1. 穿制服时的要求：不宜佩戴任何饰品。 2. 穿正装时的要求：不宜佩戴工艺饰品，特别是不宜佩戴那些被人视为另类的工艺饰品。 3. 协调性要求： （1）要使饰品在质地上大体相同。 （2）要使饰品在色彩上保持一致。 （3）要使饰品在款式上相互协调。

本章回顾

●个人礼仪是对社会个体在仪表仪容、表情举止、衣着打扮等方面的具体规范。应树立良好的个人形象，展示高雅的气质。

●仪容主要指包括五官在内的整个面部，它是仪表之首。要注意发、眼、鼻、口、颈、手等部位的清洁和保养。

●面部表情在人际交往中起着重要的作用。学会使用目光语和微笑语，以最佳表情示人。

●仪态是对人举止行为的统称，包括站姿、坐姿、走姿、手势、气质和风度等，它是无声的语言。

●服饰能够表现个人风格，需掌握职业着装的规则，了解服装色彩搭配和服饰选择的基本知识。

中国优秀传统文化传承

汉　服

汉服，意指汉族的传统民族服饰，并非人们误以为的“汉朝的衣服”。

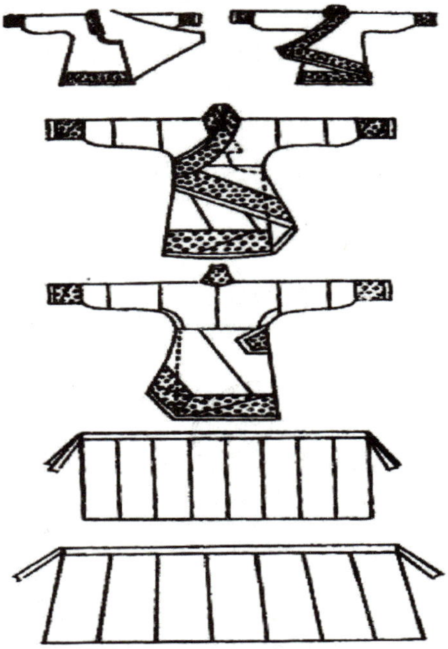

服饰在中华文化中，除了“避寒暑、御风雨”等一系列实用功能之外，还有着“知礼仪、正名分”等特殊意义。汉族服饰几千年来的总体风格是以清雅平易为主，讲究天人合一。汉族古代的袍服最能体现这一风格，这种袍服的主要特点

是宽袍、大袖、褒衣博带。衣服的上片由四块布拼接而成，意为一年有四季；深衣的下摆所用布帛共十二幅，以应一年有十二月之意。

古人普遍认为：天是圆的，地是方的。汉服的袖子皆为圆袖，意为天道圆润；汉服的交领处则成矩形，以应地道方正，衣襟向右掩，深衣的衣领交叉呈字母“Y”形，这代表做人要有规矩，没有规矩不成方圆。古人每天穿衣时，都不断在激励自己规矩做事、规矩做人。深衣背部的正中间，有一条贯穿首尾缝合的线，叫作“中缝”。当你穿上汉服站直时，中缝垂直于地面，代表正直；下襟与地面齐平，代表权衡。《礼记·深衣》中载：“负绳抱方者，以直其政，方其义也。”背缝垂直而领子正方，象征政教不偏、义理公正。

课后任务

结合本章内容，学习本教材配套课件中的礼仪操。

礼仪操 1　　礼仪操 2

第三章 交际礼仪

知识目标

了解见面的礼仪
掌握握手礼仪、名片礼仪
掌握接待礼仪及馈赠礼仪

技能目标

灵活运用所学内容，演练名片交换、握手礼
通过实训，掌握如何进行自我介绍

思政目标

树立个人自信，做到在公众场合举止端庄、得体、大方
增强清正、廉洁意识，形成正确的人生观和价值观

案例导读

有一天，俄国著名作家屠格涅夫在街上走着，一个乞丐拦住了他。这是一个衣衫破烂、身上红肿的乞丐，他被贫穷折磨得奄奄一息。这个乞丐向屠格涅夫伸出了渴求施舍的手。可是屠格涅夫翻遍了全身也没有找出一枚硬币——他什么也没有带。乞丐伸出的手在空中僵持着，他的眼神渐渐变得黯淡。屠格涅夫感到非常惶恐，他一下子握住乞丐又脏又腻的手，带着歉意说道："对不起，伙计，我什么也没有带。"乞丐愣了一下，然后紧紧握住屠格涅夫的手，说："不，我宁愿接受你的握手。"是的，没有比尊重更昂贵的给予了。

启示

给予他人理解、接纳、抚慰、宽容、尊重、保护是人文关怀，这种人文关怀是品质，是智慧，更是维系人文环境的正能量。也许对于那个乞丐而言，最重要的获得也许就是这个握手了。

人文关怀不应仅是一般性的物质帮助和资金给予，而还应包括给予对方精神层面需求以满足的特别关怀，如果能促成对方达成自我实现的需求满足则更是善莫大焉。

资料来源：https：//wenku. baidu. com/view/e735d6e5c5da50e2534d7f5a. html.

第一节 见面礼仪

他山之石

小青进入单位的第一天，领导带她认识部门同事时，她非常恭敬地称对方为“老师”，不少同事欣然接受。当领导带她来到一位女同事面前，告诉小青将跟着这位女同事一起工作时，小青更加恭敬地叫她一声“老师”。这位女同事连忙摇头：“大家都是同事，你可别叫我老师，直接叫我的名字就可以了。”小青觉得叫姓名不尊重，叫老师对方可能又觉得生疏，那么，应如何正确称呼呢？

小组讨论

初入社会，人与人之间如何称呼才符合“职场规则”呢？

一、致意

（一）致意概述

致意是最常见、最简单的礼仪，俗称打招呼（见图3-1）。世界上有各式各样的致意方式，比如日本人的鞠躬礼，中国人的拱手礼，欧美人的吻面礼、吻手礼，阿拉伯人的按胸礼，等等。见面时的点头、微笑、招手等，都是致意。致意常常与问候一起使用。只用动作、表情致意而免去语言问候的，往往出现在人多而不方便的场合，例如，在会场上、在拥挤的电梯里、两人距离较远或者仅仅是看着脸熟的一般相识。在这些情况下，用行为致意比用语言更好，因为不但问候了对方，而且顾及了其他人的感受，显得既亲切又文雅。

图3-1 致意

（二）致意的次序

一般男士先向女士致意，年轻人先向年长者致意，职位低者先向职位高者致意，以表示对他们的尊敬，而后者要马上回应。当然，后者主动先向前者致意也不是不可以。

二、握手

握手礼仪

握手是日常交往的一般礼节，多用于见面时的问候与致意，也用于告别时的致谢与祝愿。握手虽是日常生活中司空见惯、看似平常的社交礼仪，但从握手中却可以传递出许多信息。在轻轻一握之中，可以传达出热情的问候、真诚的祝愿、殷切的期盼、由衷的感谢，也可以传达出虚情假意、敷衍应付、冷漠与轻视的感觉。所以，对握手绝不能等闲视之。

（一）握手的场合

下列情形，一般应与别人握手：

（1）遇到较长时间未曾谋面的熟人，应与其握手，以示为久别重逢而万分欣喜。

（2）在被介绍与人相识，双方互致问候时，应握手致意，以示为相识而感到荣幸与高兴，愿与对方建立友谊与联系。

（3）当对方取得很大的成绩或重大的成果、获得奖赏、被授予荣誉称号或有其他喜事时，见面应与之握手以表示祝贺。

（4）在自己领取奖品时，应与发奖者握手以表示感谢。

（5）向他人表示恭喜、祝贺之时，如祝贺结婚、生子、升学、乔迁、事业成功或获得荣誉、嘉奖，应与之握手，以示贺喜之诚意。

（6）应邀参加社交活动，如宴会、舞会、音乐会前后，应与主人握手，以表达谢意。

（7）参加友人、同事或上下级的家属追悼会，在离别时，应和死者的主要亲属握手，表示劝慰。

（二）握手的顺序

在社交活动中，由于握手代表了一定的情感态度，表示对对方的友好尊重，因此，按照什么顺序握手就显得十分重要。

很多人认为，在社交中，无论对方的性别和身份怎样，为了表达自己的真心实意，都应该先伸手与对方相握。其实这是一个误区。那么，握手到底应该遵照怎样的顺序呢？主要是把握“三优先”的原则。

1. 长者优先的原则

只有年长者先伸出手，年幼者才可以伸手相握。这种做法符合社会的“长者为尊”的伦理标准，表示对年长者的尊重。

2. 女士优先的原则

只有女士先伸出手，男士才能伸手相握。这一原则源于西方所提倡的“女士优先”，这种规范体现了现代的文明意识，表达了对女性的尊重。

3. 职位高者优先的原则

只有职位高的人先伸出手，职位低的人才能伸手相握。

(三) 握手的姿态

行握手礼时，通常距离受礼者约一步，两足立正，上身稍向前倾，伸出右手，四指并齐，拇指张开与对方相握，微微抖动 3～4 次，然后松开手，恢复原状。与关系亲近者，握手时可稍加力度和抖动次数，甚至双手热烈相握。

1. 握手必须用右手

如果恰好右手正在做事，一时抽不出来，或者手弄得很脏很湿，应向对方说明，摊开手表示歉意，或立即洗干净手，与对方热情相握。如果戴着手套，则应脱下后再与对方相握。

2. 握手要热情

握手时双目要注视着对方的眼睛，微笑致意，并且问候对方。

3. 握手要注意力度

握手时，既不能有气无力，也不能握得太紧，甚至握痛了对方的手。握得太轻，或只触到对方的手指尖，不握住整只手，对方会觉得你傲慢或缺乏诚意；握得太紧，对方则会感到你热情过火，不善掩饰内心的喜悦，或觉得你粗鲁、轻佻而不庄重。

4. 握手应注意时间

握手时，既不宜轻轻一碰就松开，也不要久久握住不放。握手时两手稍触即分，时间过短，好似在走过场，又像是对对方怀有戒备之意。而与他人握手时间过长，尤其是拉住异性或初次见面者的手长久不放，则会被人误解。大体来讲，握手的时间应控制在 3 秒钟以内。

(四) 握手的禁忌

1. 忌不讲先后顺序

如前所述，在正式场合，握手必须遵照长者优先、女士优先、职位高者优先的原则。

2. 忌戴手套握手

在社交活动中，如果女士的手套是其服装的组成部分，允许戴着手套和他人握手，但男士必须在与他人握手前脱下手套。

3. 忌用左手握手

尤其是在涉外场合，不要用左手与对方相握，因为有些国家和地区的人认为左手是不洁的，不能随便碰其他人。

4. 忌握手时身体其他部位行为不规范

比如握手时将另外一只手插在口袋里，握手时另外一只手依旧拿着香烟等不放下，握手时东张西望、左顾右盼，这些心不在焉的做法都是错误的。

5. 忌交叉握手

在社交场合，如果要握手的人较多，可以按照一定的顺序进行，或由近及远或从左到右依次与人握手，不要交叉握手。

6. 忌握手时手部不洁净

与对方握手之前，应该保持手部洁净，手部有灰尘或很脏，是对对方的不尊重。同时，要避免与他人握手后用手帕擦手。

三、称呼

古代不同年龄的称谓

称呼即称谓，是指人们在交往应酬时，用以表示彼此关系的名称用语。不论是在口头语言还是在书面语言中，称呼对交往都十分重要。称呼的运用与对待交往对象的态度直接相关，是给对方的第一印象，因此，称呼时万不可马虎大意。在交往中，我们既要注意学习、掌握称呼的基本规律和通行的做法，又要特别注意各国之间的差别，认真区别对待。

我们要了解姓名在世界各国的不同含义。一般来讲，姓名按构成和排列顺序大致可分为三类：

第一类：前姓后名。主要有亚洲一些国家，如中国、日本、韩国等，以及欧洲的匈牙利等。日本的妇女婚前使用父姓，婚后使用夫姓，本人名字则不变；我国香港、台湾等地区也有些女士结婚后，将夫姓加在自己姓名前的。

第二类：前名后姓。主要有英国、美国等讲英语的国家。法国人的姓名一般由两节或三节组成，前一、二节为本人名字，最后一节为姓；西班牙人的姓名常由三到四节组成，前一、二节为本人名字，倒数第二节为父姓，最后一节为母姓；俄罗斯人的姓名由三节组成，分别为名字、父名、姓；阿拉伯人的姓名由四节组成，分别为本人名字、父名、祖父名、姓。另外，泰国等国家人的姓名也是名字在前、姓氏在后的排列顺序。

第三类：有名无姓。姓名结构只有名而无姓的以缅甸、印度尼西亚等国居多。常见缅甸人名字前的“吴”不是姓，而是一种尊称，是“先生”的意思；缅甸人名字前常冠以表示性别、长幼、地位的字和词，如“杜”意为女士，“玛”意为姐妹，“郭”意为平辈，“哥”意为兄弟，“波”意为军官，“塞耶”意为老师。例如，一个缅甸男子名“刚”，同辈称他为“哥刚”，如果他有一定的社会地位则被称为“吴刚”，如果是军官则被称为“波刚”。

（一）称呼方式

1. 泛尊称

这种称呼几乎适合于所有社交场合，对男子一般称“先生”，对女子称“夫人”“小姐”“女士”。应注意的是，在称呼女子时，要根据其婚姻状况，已婚的女子称“夫人”，未婚的女子称“小姐”，对不知婚否和难以判断的可以称“女士”。在一些国家，“阁下”一词也可以作为泛尊称使用。

泛尊称可以同姓名、姓氏和行业性称呼分别组合在一起，并在正式场合使用，比如：“刘先生”“张夫人”“秘书小姐”等。

2. 职务称

在公务活动中，可以对方的职务相称，例如，“部长”“经理”“处长”“校长”等。

职务性称呼还可以同泛尊称、姓名、姓氏分别组合在一起使用，例如，“王经理”“李校长”“部长先生”等。

对职务高的官方人士，如部长以上的高级官员，不少国家可称“阁下”；对有高级官衔的女性，也可称“阁下”。但在美国和德国等国家没有称“阁下”的习惯，对这些国家的相应人员应该称“先生”“女士”。

3. 职衔称

交往对象拥有社会上受尊重的学位、学术性职称、专业技术职称、军衔的，可以“博士”“教授”“律师”“法官”“将军”等称呼相称。

这些职衔性称呼还可以同姓名、姓氏和泛尊称分别组合在一起使用，例如：“刘教授”“王强博士”“法官先生”等。

4. 职业称

对不同行业的人士，可以被称呼者的职业作为称呼，比如：“老师”“教练”“警官”“医生”等。对商界和服务业从业人员，一般约定俗成地按性别不同分别称为“小姐”“先生”等。

这些职业称呼，还可以同姓名、姓氏分别组合在一起使用。

5. 姓名称

在一般性场合，彼此比较熟悉的人之间，可以直接称呼他人的姓名或姓氏，例如，“乔治·史密斯”“张志刚”等。

中国人为表示亲切，还习惯在被称呼者的姓前面加上“老”“小”等字，而免称其名，如“老王”“小张”。更加亲密者，往往不称其姓，而直呼其名，如“志刚”“卫东”等。

除以上常用的称呼外，在交往中，还有以“你”“您”相称的“代词称”和亲属之间的“亲属称”。

（二）称呼禁忌

交往中如果称呼不当就会失敬于人、失礼于人，有时还会导致严重后果。所以，一定要注意称呼的禁忌。

1. 错误的称呼

称呼对方时，记不起对方的姓名或张冠李戴，叫错对方的姓名，都是极不礼貌的行为，是社交中的大忌。尤其是外国人的姓名，在发音和排列顺序上同中国人的姓名有很大差别，如果没有听清楚或没有把握，宁可多问对方几次，也不要贸然叫错。对被称呼者的年龄、辈分、婚否以及同其他人的关系做出错误判断，也会出现错误的称呼，如将未婚妇女称为“夫人”等。

2. 易产生误会的称呼

不论是自称还是称呼他人，注意不要使用容易让对方产生误会的称呼。如“爱人”，中国人习惯把自己的配偶称为“爱人”，而外国人则将“爱人”理解为“婚外恋”的“第三者”。另外，也不要使用过时的称呼或者不通用的称呼，让对方不知如何理解。

3. 带有歧视、侮辱性的称呼

在正式场合，不要使用低级、庸俗的称呼或用绰号作称呼，如“哥们儿”“姐们儿”“死党”等。任何情况下都不能使用歧视性、侮辱性的称呼，如“洋妞”“死老头”等。

（三）称呼的原则

1. 称呼要看对象

对不同性别的人应使用不同的称呼。对姑娘可以称“小姐”“小姑娘”，对男士可称“先生”“师傅”等。

对不同亲密关系的人使用不同的称呼。比如对亲密度很高的人可以称呼小名，对亲密度低的人则不行。

本节开篇提到的小青遇到的“称呼”问题十分普遍，通常新人刚到单位，要先问问同事或者留心听听别人怎么称呼，不要冒冒失失随便按照自己的想法来称呼对方。如果实在不清楚该怎么称呼，第一次也可以客气地说：“打扰您，我是新来的职员，不知道该怎么称呼您。”不知者不怪，一般对方就会把通常同事对他的称呼告诉你。如果对方要求你直呼其名，你作为一个新人，最好不要那样叫。礼多人不怪，即便是显得生疏一点，也总比不尊重对方、“自来熟”要好，因为让你直呼其名完全有可能是对方的客套话。

称呼不同国籍的人要符合该国的礼仪习惯。

2. 称呼要看场合

人们在使用称呼时，通常与当时的场合相对应。例如一位姓陈的先生，下级向他汇报工作时称“陈书记”（他的官衔），朋友和他交往时称“老陈”，妻子在家里称他的名字，别人对他不满时会称他“姓陈的”。

3. 要与称呼人的身份、地位相称

例如，对一位风度翩翩的男士应称呼“先生”，而不应称“大哥”之类的。称呼时应考虑对方的身份、地位、国籍等，并充分考虑当时的场合。

四、介绍

所谓介绍，通常是指在人们初次相见时，经过自己的主动沟通，或者借助第三者的帮助，从而使原本不相识者彼此之间有所了解，相互结识。根据介绍者具体身份的不同，介绍可分为自我介绍、他人介绍和集体介绍三种。

（一）自我介绍

一般说来，相互间的介绍应该是通过年长者、男主人或女主人来进行。自我介绍被认为是一种不礼貌的做法（特别是在欧洲、拉丁美洲），然而，在大型招待会、宴会中，在未被介绍或没有人做介绍时，应主动作自我介绍。自我介绍往往能体现出一个人的胆量和气魄，也容易在社交中处于主动地位。自我介绍时要做到表达清晰、风趣、真实、流畅。

1. 自我介绍的一般适用场合

（1）应聘求职时或应试求学时。

（2）在社交场合，与不相识者相处时或打算介入陌生人组成的交际圈时；有不相识者表现出对自己感兴趣时或要求自己做自我介绍时。

（3）交往对象因为健忘而记不清自己时。

（4）有求于人，而对方对自己不甚了解，或一无所知时。

（5）拜访熟人遇到不相识者挡驾，或是对方不在，需要请不相识者代为转告时。

（6）在出差、旅行途中，与他人不期而遇，且有必要与之建立临时关系时。

（7）前往陌生单位，进行业务联系时。

（8）因业务需要，在公共场合进行业务推广时。

2. 自我介绍的内容

介绍自己时，具体内容往往不同。在一般情况下，自我介绍的内容应当兼顾实际需要、双边关系、所处场合等，而且应具有一定的针对性。一般自我介绍分为以下四种：

（1）应酬式。此种方式最简单，通常只有姓名一项。

（2）问答式。这种方式即有问必答。

（3）交流式。主要内容有籍贯、学历、兴趣等。

（4）工作式。主要内容包括单位、部门、职务、姓名等。

3. 自我介绍的注意事项

自我介绍要注意以下几点：

（1）实事求是，不可不停地自我表白甚至吹嘘，否则易引起对方的反感或不信任感，不利于进一步交往和联系。

（2）举止庄重、大方，讲到自己时可将右手放在自己的左胸上，不要慌慌张张、毛手毛脚，不要用手指点着自己。

（3）表情亲切自然，眼睛应看着对方或大家，不要显得不知所措，更不能一副随随便便、满不在乎的样子。

（4）控制好时间，最好在一分钟左右。

（二）他人介绍

他人介绍，又称第三者介绍，是经第三者为彼此不相识的双方引见、介绍的一种交际方式（见图 3－2）。他人介绍通常是双方的，即对被介绍双方各自做一番介绍。有时，也可进行单向的他人介绍，即只将被介绍者中的某一方介绍给另一方。为他人做介绍时需要把握一些基本的礼仪要求。

图 3－2　他人介绍

1. 为他人做介绍的顺序

在为他人做介绍时谁先谁后，是一个比较敏感的礼仪问题。根据礼仪规范，在为他人做介绍时必须遵守“尊者优先了解情况”的规则。也就是在为他人做介绍前，先要确定双方地位的尊卑，然后先介绍位卑者，后介绍位尊者，使位尊者先了解位卑者的情况。根据这个规则，为他人做介绍时的礼仪顺序有以下几种：

（1）介绍上级与下级认识时，先介绍下级，后介绍上级。

（2）介绍长辈与晚辈认识时，先介绍晚辈，后介绍长辈。

（3）介绍女士与男士认识时，先介绍男士，后介绍女士。

（4）介绍公司同事与客户认识时，先介绍同事，后介绍客户。

（5）介绍已婚者与未婚者认识时，先介绍未婚者，后介绍已婚者。

（6）介绍同事、朋友与家人认识时，先介绍家人，后介绍同事、朋友。

（7）介绍来宾与主人认识时，先介绍主人，后介绍来宾。

但是在一些非正式的场合，不必拘泥于礼节。介绍人说一句“我来介绍一下”，然后即可做简单的介绍，也可直接报出被介绍者各自的姓名：“王明、张华”。

2. 为他人做介绍的方法

在工作中，为他人做介绍时，由于实际需要不同，所采取的方式也会有所不同。常见的介绍方法有：

（1）一般式，也称标准式，以介绍双方的姓名、单位、职务等为主。这种介绍方式适用于正式场合。

（2）引见式，介绍者将被介绍者双方引到一起即可，适用于普通场合。

（3）简单式，只介绍双方姓名，甚至只提到双方姓氏，适用于一般的社交场合。

（4）附加式，也可以叫强调式，用于强调其中一位被介绍者与介绍者之间的特殊关系，以期引起另一位被介绍者的重视。

（5）推荐式，适用于比较正规的场合，介绍者经过精心准备再将某人举荐给另一人，介绍时通常会对前者的优点加以重点介绍。

（6）礼仪式，这是一种最为正规的他人介绍，适用于正式场合，在介绍语气、表达、称呼上都更为规范和谦恭。

3. 介绍人的措辞

在介绍别人时，对其个人情况应做出客观或积极的评价。如果你在介绍一位财务经理时这样说："李华是这幢大楼里对账目管理最有条理的一位。"这表明你承认李华的账目管理能力十分出色。但如果你说："李华是这座大楼里眼睛最漂亮的一位。"则表明你没有从业务角度来介绍她。无论这些言辞会让李华感到局促不安还是十分享用，在工作场合，人们都会觉得你的介绍不太合适。

（三）集体介绍

集体介绍是他人介绍的一种特殊形式，是指介绍者在为他人介绍时，被介绍者其中一方或者双方不止一个人。在需要做集体介绍时，原则上应参照为他人做介绍的顺序进行。基本规则是：介绍双方时，先卑后尊。而在介绍其中某一方时，则应当由尊至卑。

1. 将一人介绍给大家

在被介绍者双方地位、身份大致相似，或者难以确定时，应使一人礼让多数人，人数较少的一方礼让人数较多的一方，先介绍一人或人数少的一方，后介绍多数人或人数较多的一方。

2. 将大家介绍给一人

若被介绍者在地位、身份之间存在明显差异，地位、身份明显高者即使人数较少，甚至仅为一人，仍然应被置于尊贵的位置，先向其介绍人数多的一方，再介绍地位、身份高的一方。

3. 人数较多的双方介绍

若需要介绍的双方人数都不止一人，可采取笼统的方法进行介绍。如可以说："这是我的家人""她们都是我的同事"等。但最好还是对其一一进行介绍。进行此种介绍时，可按位次尊卑顺序进行。先介绍位卑的一方，后介绍位尊的一方；或先介绍主方，后介绍客方。

4. 人数较多的多方介绍

当被介绍者不止两方，而是多方时，应根据合乎礼仪的顺序，确定各方的尊卑，由尊至卑，按顺序介绍各方。如果需要介绍各方的成员，也应按由尊到卑的顺序依次介绍。

五、名片

名片是当代交往中一种最为实用的介绍性媒介。作为自我的“介绍信”，它具有使用方便、易于保存等特点，而且不讲尊卑、不分职业，男女老少均可使用，因此颇受欢迎。

（一）名片设计的方法

（1）尺寸：一般长 9 厘米、宽 5.5 厘米。形状奇特的名片虽然能引人注目，但在很多钱包或名片夹里都装不下，因而不易保存。

（2）双面名片对于经常出国做生意的人是很有帮助的。一面用中文，另一面则可以用英文。

（3）名片上的字体可横排也可竖排。

（4）一张形象、效果俱佳的名片通常包括以下几项内容：

1）公司标志、商标或公司的徽记；

2）姓名；

3）职务；

4）公司名称；

5）公司地址；

6）电话号码；

7）传真号码；

8）若有必要，也可印上其他办事处的地址。

（二）名片交换的最佳时机

（1）当你与对方第一次见面时，一般都要赠送一张名片，这是十分得体的礼仪。出示名片，表明你有与对方继续保持联络的意向。

（2）展销活动开始时，销售经理与客户之间互换名片是一种传统，表示非正式的业务往来已经开始。同样，刚到办公室的来客也会向接待员出示名片，以便被介绍或引见给有关人员。等见到要见的人时，还要再递上一张名片。此时，名片既表明了你的身份，又显示了你有进行业务往来的意向。

（3）在宾客较多的场合，一开始就接受名片可帮助你及早了解来客的身份。比如会议上来了许多代表，而你对他们的姓名、职务都不太清楚，那么在会议开始前就应向他们索要名片。

（4）去拜访某人时，如果主人没有出示名片，客人可在道别前索要。如果主人的名片就放在桌上的名片盒中，应征求同意后取出一张。

（5）用餐时不要出示名片，而应等到用餐结束。在私人宴会上，除非有人索要，否则不要散发名片——那样会混淆商务与社交的界线。在参加社交活动时，可随身携带名片，需要时便可出示，但不可把聚会变成推销会。

（6）有时，如果本人不能亲自前往，可以送上名片来“代表”你。比如，送交材料时可附上一张便笺和一张名片；在邮寄商业信函时附上一张名片，以便日后继续联络。

（三）名片交换时的要点

（1）双手食指和拇指执名片的两角，将文字正面朝向对方，一边自我介绍，一边递过名片。对方递过来的名片，应该用双手接过，以示尊重（见图 3－3）。

图 3－3　递接名片

名片递接礼仪

（2）如果双方同时递名片，自己的名片应从对方的稍下方递过去。

（3）接过名片后，要看上几秒钟，以示尊重。

（4）对方人较多时，应从领导开始交换名片。收到名片不要立刻放进包里，应放在面前桌上，谈话时用得着。

（5）交换名片时的语言。

1）向别人索要名片时，可以直接问：“您能给我一张名片吗？”

2）当你想出示名片时，可以说：“这是我的名片，如果有别的问题，尽管打电话给我。”或者可以说：“寄信请用这上面的地址，希望能尽快听到你的消息。”

3）如果想给一位长期客户赠送名片，可以说：“您有我的名片吗？”或“我一直想给您一张名片。”

4）当你的职位或通信方式有变化时，可以说：“这是我的新名片。”

5）当某人向你索要名片而你不愿给时，直接拒绝是不太礼貌的，但是你可以这么说：“对不起，我的名片都用光了。”或“我忘带了。”

6）接受名片时要说“谢谢”，并注视几眼再放好。还可以边看边稍加评论，比如：“你们公司的总部在青岛，那儿是不是正在举行啤酒节？”

（四）名片的存放

随身所带的名片，最好放在专用的名片包、名片夹里，此外也可以放在上衣口袋内。不要把它放在裤袋、裙兜、提包、钱夹里，这样做既不正式，也显得杂乱无章。在自己的公文包以及办公桌抽屉里，也应经常备有名片，以便随时使用。

在交际场合，如需要名片，则应事先预备好，不要在使用时再临时翻找。

接过他人的名片看过之后，应将其放在自己的名片包、名片夹或上衣口袋里，切勿放在其他地方。

第二节　交谈礼仪

他山之石

在一艘游艇上，来自多个国家的一些实业家边观光边开会。突然，船触礁，开始慢慢下沉。船长命令大副："赶快通知那些先生们，穿上救生衣，马上从甲板上跳海。"几分钟后大副回来报告："真急人，谁都不肯往下跳。"于是，船长亲自出马。说来也怪，没多久，这些实业家们都顺从地跳下海去。"您是怎样说服他们的呀?"大副请教船长。船长说："我告诉英国人，跳海是一项运动；对法国人说，跳海是一种别出心裁的游戏；我警告德国人，跳海可不是闹着玩的！在俄国人面前，我就认真地表示：跳海是革命的壮举。""您又怎样说服那个美国人的呢?""那还不容易!"船长得意地说，"我说已经为他投了巨额保险。"

资料来源：于立新．国际商务礼仪实训．北京：对外经济贸易大学出版社，2003.

小组讨论

如何选择交谈内容和交谈方式才会取得令人满意的效果?

一、交谈概述

所谓交谈，是指两个或两个以上的人进行的对话（见图 3－4）。它是人们彼此之间交流思想情感、传递信息、进行交际、开展工作、建立友谊、增进了解的最为重要的一种形式。没有交谈，人与人要进行真正的沟通几乎是不可能的。

交谈在人际交往中的重要位置，是其他任何形式都难以替代的。交谈是人的知识、阅历、才智、教养和应变能力的综合体现。在我国古代，人们就讲究在人际交往中要对交往对象"听其言，观其行"。这是因为言为心声，只有通过交谈，才能够了解对方，并且被对方所了解。

（一）交谈的特征

（1）真实自然。交谈应表达流畅，感情自然流露。

（2）相互了解。交谈是一种双向或多向的活动，它要求各方积极参与，达成

图 3-4 交谈

共识，产生共鸣，达到互动，而不能只是单向的“一言堂”。

(3) 相互包容。在交谈中，每个人都要有容人的雅量，不仅要自己说话，而且也要允许对方说话，要彼此适应、求同存异。

(4) 信息传递。通过交谈往往能够得到相关的信息。

(5) 内容多样。交谈时可以有一个主题，也可以自由漫谈。

(二) 交谈的声音

交谈时音量要适中，也就是能让所有听你讲话的人听清楚，而又不干扰与此无关的人。在办公室里还有其他人的时候，谈话双方一定要压低声音。在楼道中与人打招呼，也不能大声，以免影响他人。

当你对某人的做法实在不满意甚至感到气愤时，要先控制自己的情绪，不要高声大叫，以低沉的嗓音说出的话往往比大声叫喊更具震撼力。在公务场合和公共场所，大喊大叫是不合适的、是失态的。

(三) 交谈的目光

“眼睛是心灵的窗口”，一个人的喜怒哀乐，都能从目光中流露出来。所以在说话时，不可忽略目光的作用。在社交中，既要善于用自己的目光表情达意，也要善于通过他人的眼神了解其情绪。

在交谈时，说话人的眼睛应该看着对方，表现出诚意、专注，这是对他人的尊重。目光注视的范围因场合的不同有所变化，有公务注视、社交注视和亲密注视之分。

1. 公务注视

公务注视的位置是以两眼为底线，以额头发际线中点为最高点构成的三角形区域。这是一种严肃、郑重的注视，适用于公务活动。

2. 社交注视

社交注视的位置是以两眼为上线、以下颌为最低点的倒三角形区域。社交注视带有一定的感情色彩，亲切友好，适用于各种社交场合。

3. 亲密注视

亲密注视的范围是从眼部到胸部的一个较大的区域。亲密注视表达的感情亲近、柔和、随意，有时甚至是热烈多情的，所以只适用于亲朋好友或恋人之间。

（四）交谈的举止

谈话时可以用适当的手势加强语气，帮助表达。谈话范围越小，手势的幅度就越小，频率不要过高，以免让人觉得心烦，影响注意力。

注意控制手的小动作。不要用笔敲击桌子、笔记本，或像表演杂技一样把笔放在手指上不停地旋转。不要玩弄钥匙串、掏耳朵、剪指甲等。在谈话中，这些动作都会影响听者的注意力。

二、交谈的内容

交谈由说话者、听话者、主题三个要素组成，要达到施加影响的目的，就必须关注此三要素。主题即交谈的中心内容。在交谈中，每个人都会有一种自我表现的欲望，希望较早地把自己的想法或者自己了解的事实告诉对方，因此，很多人习惯把自己的思想、经历和感受作为交谈的主要内容。事实上，交谈中应注意选择可以谈论的内容和忌谈的内容。

（一）可以谈论的内容

1. 目的性内容

目的性内容，即交谈双方业已约定，或者其中某一方事先准备好的内容。例如，求人帮助、征求意见、传递信息、讨论问题、研究工作一类的交谈，往往都属于内容既定的交谈。选择这类内容，最好双方商定，至少也要得到对方的认可。目的性内容适用于正式交谈。

2. 内涵性内容

内涵性内容，即内容文明、优雅，格调高尚、脱俗的话题。例如，文学、艺术、哲学、历史、地理、建筑等，都属于内涵性内容。内涵性内容适用于各类交谈，但要求面对知音，忌讳不懂装懂或班门弄斧。

3. 时尚性内容

时尚性内容，即谈论起来令人轻松愉快、身心放松、饶有情趣、不觉劳累厌烦的话题。例如，文艺演出、流行时装、美容美发、体育比赛、电影电视、休闲娱乐、旅游观光、名胜古迹、风土人情、名人逸事、烹饪小吃、天气状况等。时尚性内容适用于非正式交谈，允许各抒己见、任意发挥。

4. 时代性内容

时代性内容，即以此时、此刻、此地正在流行的事物作为谈论的中心。时代性内容适用于各种交谈，但变化较快，在把握上有一定难度。

5. 对象性内容

对象性内容，即交谈双方，尤其是交谈对象有研究、有兴趣、有可谈之处的主题。例如，与医生交谈，宜谈健身祛病；与学者交谈，宜谈治学之道；与作家交谈，宜谈文学创作；等等。对象性内容适用于各种交谈，但忌讳以己之长对人之短，否则“话不投机半句多”。因为交谈是意在交流的谈话，所以不可只有一家之言，否则难以形成交流。

（二）忌谈论的内容

要让一场谈话客气地开始、愉快地结束，双方得到顺利的沟通，还有一些忌讳是不可触犯的，有一些话题是不应该在公务场合和社交场合提出、谈论的。

1. 年龄

我们都知道不应该问女性的年龄。其实怕谈及年龄的不仅仅是女性，有不少男性也不愿意被人问这个问题。年轻人怕被说“嘴上无毛，办事不牢”；人到中年时面临事业是否有成的压力，尤其是处于提职与否的敏感年龄阶段，不愿意与别人比来比去。所以，不论是男性还是女性，都不要问年龄。

2. 婚姻状况

过去在社交活动当中，人们彼此问及婚姻状况是常有的事，表明对他人的关心和关系的亲近。现在大家都知道这是个人隐私，是不可随意打听的，这表明了社会的进步。

3. 收入、支出

现在人们的收入来源五花八门，水准也相差很多，即使是同一个单位的员工，年终奖金也未必相同，而且有些单位规定员工之间不允许互相打听工资、奖金。所以问收入就成了忌讳。

也不要问别人的支出，比如，“买房用了多少钱？”“旅游花了多少钱？”“这件衣服真漂亮，多少钱买的？”这些都属于不该问的。虽然有些人不忌讳谈论这个问题，不等别人问，自己就主动说了，但是这并不表明其他人也愿意谈论这些问题。

4. 身体状况

在谈话开始阶段，还没有进入正式话题的时候，人们有时会以“最近身体怎么样”开头，但这并不表明他真的关心你的身体状况，只不过是一种寒暄罢了。所以不必认真地谈及自己的病痛。另外，外国人不喜欢谈论这个话题，因为在竞争激烈的环境里，身体健康与否是一个敏感的问题。再者，总和别人谈论自己的疾病，也有失个人尊严。当然，当有人邀请你参加某个活动而你不想去的时候，“身体不舒服”就是一个合适的借口，按礼仪的规矩，对方是不好意思详细询问的。

5. 家庭住址、私人电话

在公务名片上不印家庭住址和私人电话，也不要轻易告诉别人，这是为了保证自己的个人空间和时间不被打扰，保证安全。同理，新交往的朋友，尤其是外国朋友，他没有主动告诉你他的家庭住址和电话，就不该向他讨要。

6. 政治和宗教信仰

政治和宗教信仰是非常敏感的话题，在公务交往和涉外交往中不要谈论。如果有人涉及这些，应该用其他话题引开。在涉外活动中，这不仅是礼仪问题，更是政治问题，必须慎重对待。

7. 个人经历

与人交往的时候，人们都有一种心理，如果知道对方以前的一些经历，会心里踏实一点。在公务活动中，人们也会尽量收集合作对象或谈判对手的背景资料。但是如果你不是人力资源部的人，不是在招聘员工，最好不要当面打听对方的经历。

8. 贬低他人

不要随意贬低他人，在背后谈论他人的短处，这不仅会让听的人感到尴尬，也会使你自贬身份，是修养不高的表现。在商界，向一方大谈特谈其竞争对手如何不好，并不能使对方增加对你的好感和信任，反而会使对方认为你不够诚实，不是可靠的合作伙伴。

9. 错误倾向

在谈话中，亦应避免有错误倾向的内容，例如，违背社会伦理道德、生活堕落、思想反动、政治错误、违法乱纪之类的话题。

10. 令人反感之事

有时，在交谈中因为不慎，会谈及一些令交谈对象感到伤感、不快的话题，以及对方不感兴趣的话题，这就是所谓令人反感的主题。若出现这种情况，应立即转移话题，必要时要向对方道歉，千万不要一意孤行，一错再错。

三、交谈的语言技巧

（一）语言要有礼貌

在交谈中多使用礼貌用语，是博得他人好感与体谅的最为简单易行的做法。礼貌用语简称礼貌语，是指约定俗成的表示谦虚恭敬的专门用语。

例如，客人到来，要说“光临”；起身作别，要说“告辞”；中途先走，要说“失陪”；请人勿送，要说“留步”；请人批评，要说“指教”；请人帮助，要说“劳驾”；托人办事，要说“拜托”；麻烦别人，要说“打扰”；求人谅解，要说“包涵”；等等。

俗话说：“礼多人不怪。”礼貌用语多多益善。在交谈中，要经常运用“五句十字”的礼貌用语。

1. 您好

“您好”是一句表示问候的礼貌语。遇到相识者与不相识者，不论是深入交谈还是打个招呼，都应主动向对方先问一声“您好”。若对方先问候了自己，也要以此来回应。在有些地方，人们习惯以“你吃饭了没有”“最近在忙什么”“身体怎么样”“一向可好”来打招呼或问候他人，但它们都没有“您好”简洁通行。

2. 请

“请”是一句请托礼貌语。在要求他人做某件事情时，用居高临下、命令的语气都不合适，低声下气、百般乞求也没有必要。在此情况下，多用一个“请”字，就可以赢得主动，得到对方的照应。

3. 谢谢

“谢谢”是一句致谢的礼貌语。每逢获得理解、得到帮助、承蒙关照、接受服务、受到礼遇之时，都应当立即向对方道一声“谢谢”。这样做既是真诚地感激对方，又是对于对方的一种积极肯定。感恩之心长存是人之常情。

4. 对不起

“对不起”是一句道歉的礼貌语。当打扰、妨碍、影响了别人，或是在人际交往中给他人造成不便，甚至给对方造成某种程度的损失、伤害时，务必要及时向对方说一声“对不起”。这将有助于大事化小、小事化了，并且有助于修复双方的关系。

5. 再见

“再见”是一句道别的礼貌语。在交谈结束、与人作别之际，道上一句“再见”，可以表达惜别之意与恭敬之心。

（二）语言要标准

1. 通俗易懂

无论什么行业，在交谈中都应采用通俗易懂的语言，不能处处卖弄文采，不分场合和对象“引经据典”，甚至咬文嚼字，这样只会让人望而生畏。

2. 讲普通话

为了让别人听得懂，并且准确无误地理解和领会，与国人交谈时使用的语言必须清晰、标准，最根本的就是讲普通话，少用方言。此外，与国人交谈时使用外语，不能证明自己水平高，反而有卖弄之嫌。

3. 内容简明

在交谈时，应力求言简意赅，不讲废话。不要没话找话、短话长说、废话连篇、节外生枝、不着边际，让人听不明白。

四、交谈的时间

任何交谈都应适可而止。这样不仅可使下次交谈还有话可说，而且还会使每次交谈都令人回味无穷。

普通场合的小规模交谈，以半小时以内结束为宜，最长不要超过 1 小时。交谈的时间一长，交谈所包含的信息与情趣难免会被“稀释”。

在交谈中，一个人的每次发言，最好不要长于 3 分钟。

交谈适可而止，主要有四点好处：第一，可以为大家节省时间，省得耽误正事。第二，可以使每位参加者都有机会发言，以示平等。第三，可以提炼发言的精华，少讲废话。第四，可以使大家对交谈意犹未尽，留下美好的印象。

五、交谈的禁忌

在交谈中，应该做到“五要”和“五不要”。

（一）要双向沟通，不要始终独白

既然交谈讲究双向沟通，那么在交谈中就不要目中无人，要礼让他人，多给对方发言的机会，让大家都有交流的机会。不要一人始终滔滔不绝，不给他人讲话的机会。

（二）要活跃气氛，不要导致冷场

不允许在交谈中从头到尾保持沉默，使交谈冷场，破坏现场的气氛。不论交谈的内容与自己是否有关、自己是否有兴趣，都应热情投入、积极合作。万一交谈中因他人之故冷场“暂停”，切勿“闭嘴”不理，而应努力“救场”。可转移旧话题，引出新话题，使交谈“畅行无阻”。

（三）要学会倾听，不要随意插嘴

出于对他人的尊重，在他人讲话时，尽量不要在中途予以打断。这种做法不仅干扰了对方的思绪，破坏了交谈的效果，而且会给人自以为是、喧宾夺主之感。的确需要发表个人意见或进行补充时，应待对方把话讲完，或是在对方同意后再讲。不过，插话次数不宜多，时间不宜长，对陌生人的交谈则绝对不允许打断或插话。

（四）要言论自由，不要与人抬杠

抬杠指喜爱与人争辩，喜爱固执己见，喜爱强词夺理。在一般性的交谈中，应允许各抒己见，言论自由，不做结论，重在集思广益、活跃气氛、取长补短。若以“杠头”自诩，自以为一贯正确，无理辩三分，得理不让人，非要争个面红耳赤、你死我活，是有悖交谈主旨的。

（五）要赞美他人，不要否定他人

在交谈中，要善于聆听他人的意见，若对方所述无伤大雅，无关大是大非，一般不宜当面否定。对交往对象的所作所为，应当求大同、存小异，若不触犯法律，不违反伦理道德，不涉及生命安全，一般没有必要判断其是非曲直，更没有必要当面对其加以否定。

第三节　接待礼仪

他山之石

华芳是一个新员工，她在前台负责接待来访的客人和转接电话，还有一个同事小石和她一起工作。每天上班后的前两个小时是她们最忙的时候，电话不断，客人络绎不绝。一天，有一位与人力资源部何部长预约好的客人提前20分钟到达。华芳马上通知人力资源部，对方说何部长正在接待一位重要的客人。华芳转告客人说："何部长正在接待一位重要的客人，请您等一下。请坐。"正说着，电话铃响了，华芳匆匆用手指了一下椅子，赶快接电话。客人面有不悦。小石看到后赶紧为客人送上一杯水，与客人闲聊了几句，以缓解客人的不满情绪。

小组讨论

华芳在接待中出现了什么错误？

思政园地

陶母剪发待宾

人们常说，父母是我们人生中的第一任老师，特别是母亲，她们常常在日常生活中以身作则，在为人处世的过程中对我们循循善诱。在中国历史上，有很多伟大的母亲，今天，我们就讲讲陶侃母亲的故事。

陶侃是东晋时期有名的大臣，是著名的山水田园诗人陶渊明的曾祖父。有一年冬天，陶侃的老乡兼好友范逵外出公干，车马仆人众多，又值冰天雪地、寒风呼啸，投宿陶侃家。陶侃家里一贫如洗，仓促间陶侃无以待客。于是陶侃就悄悄地去问母亲湛氏。母亲稍稍考虑了一下就笑着对儿子说："要以赤诚之心对待朋友，别人下雪天遇到困难不得不留宿咱家，我们就得想办法好好招待，你只管在外面招呼客人，我自有办法。"说完陶母就出门去了。不久陶母背着一袋米和一些蔬菜回来。傍晚时分，陶母准备好精美的饭菜，招待范逵以及手下人，把马匹也喂得饱饱的。原来陶母的头发很长，为了能招待客人，她毫不犹豫地把自己的头发剪了下来做成两套假发，拿到集市上变卖，换回几斛米。范逵知道后十分感动，赞叹说："这样的母亲实在让我敬佩，没有这样的母亲是教育不出陶侃这样的儿子的。"后来陶侃得到范逵等人的推荐，凭借战功被朝廷任命为大将军。身居高位的陶侃也始终保持着谦虚谨慎的本色，成为一代名臣。

思政启示

陶侃在事业上取得显著的成就，在品行上也让人敬仰，与母亲湛氏的言传身教是分不开的。母亲不仅教会他如何择友、如何待人，也以言传身教指导他如何做人、做官。陶氏家族在历史上产生了很大的影响，这个历史的原点就是陶侃的母亲，就是陶母传下来的家风。名人有名人的家训，普通人有普通人的家风。一个人在优秀家风的熏陶下才能走得正走得稳，一个家族在良好家训的激励下才能兴旺发达。因此在传承家风中，家长要做好示范带头作用，发扬好传统，以德立身，勤俭持家，重视读书，诚实做人，努力把好的家风代代传承下去。

资料来源：http：//tv. cctv. com/2020/04/17/VIDECHbaNsT6COibiUK9GETn200417. shtml.

一、接待概述

初次来访的客人，对组织的第一印象是从他首先看到的人和物上得到的，而经常来往的客人，则是在一次次的业务交往中形成对组织的印象的。因此，会客室、办公室就成为组织的“窗口”，接待人员的形象就成为组织的活“广告”。接待礼仪包罗万象，但并非杂乱无章。在从事接待工作时，应该掌握接待礼仪的两项原则。

（一）节俭务实

在接待工作中，以务实为本，不搞形式主义，不铺张浪费，不摆阔，不务虚，简化接待礼仪。

（二）与人方便

接待礼仪中的与人方便原则就是要求接待人员在工作中想对方之所想、急对方之所急，尽自己的一切可能满足对方合乎情理的正当需求。

二、迎接礼仪

迎来送往，是社会交往接待活动中最基本的形式和重要环节，是表达主人情谊、体现礼貌素养的重要方面。在工作往来中，对于如约而来的客人，特别是贵宾或远道而来的客人，表示热情、友好的最佳方式，就是指派专人出面，提前到达双方约定的或者是适当的地点，恭候客人到来。对前来访问、洽谈业务、参加会议的外国、外地客人，应首先了解对方到达的车次、航班，安排与客人身份、职务相当的人员前去迎接。

（一）迎候礼仪

在人声嘈杂的迎候地点迎接素不相识的客人时，务必确认客人的身份，通常有以下几种方法：

（1）使用接站牌。可事先准备一块牌子，上书“热烈欢迎××先生”或“××单位接待处”。尽量不要用白纸黑字，让人感觉晦气。

（2）悬挂欢迎横幅。在迎接重要客人或众多客人时，这种方法最适用。欢迎横幅应悬挂于醒目处。

（3）佩戴身份胸卡。这种方式是迎宾人员在迎宾现场所采用的，以供客人确认本人身份。胸卡上的内容主要为本人姓名、工作单位、所在部门及现任职务等。

上述几种方法可以交叉使用。

接到客人后，应向客人施礼、致意（见图 3-5），要做到以下四点：

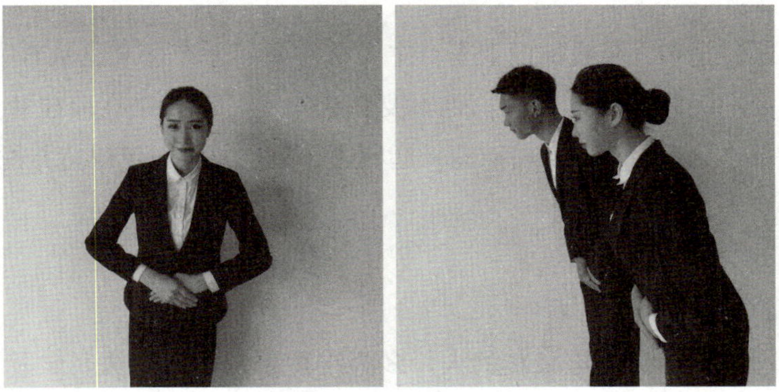

图 3－5　迎接礼

（1）热情握手。

（2）主动寒暄，如“一路辛苦了”“欢迎您来到我们这个美丽的城市”“欢迎您来到我们公司”等。

（3）自我介绍。向对方做自我介绍。如果宾主早已认识，则一般由礼宾人员或我方迎候人员中身份最高者，率先将我方迎候人员按一定顺序一一介绍给客人，然后再由客人中身份最高者，将客人按一定顺序一一介绍给主人。如果有名片，可送予对方。

（4）有问必答。

（二）乘车礼仪

1. 准备工作

迎接客人应提前为客人准备好交通工具，不要等客人到了才匆匆忙忙准备，那样会因让客人久等而误事。

2. 服务周到

客人所带箱包、行李，要主动代为提拎，但不要代背女客随身小提包。客人有托运的物品，应主动代为办理领取手续。

3. 座次排列

以轿车为例，座次的常规一般是右座高于左座，后排高于前排。目前在国内公务接待中最为常见的双排五人座轿车，车上座次的尊卑自高而低依次为：后排右座，后排左座，后排中座，前排副驾驶座。在公务活动中，尤其是在公务接待中，轿车上的前排副驾驶座通常被称为“随员座”。按惯例，此座应由陪同、秘书、译员、警卫或助手就座，而不宜请客人在此就座。唯独在主人亲自驾驶轿车时，客人坐在副驾驶座上与主人“平起平坐”，才是合乎礼仪的。主人亲自驾车，客人只有一人，应坐在主人旁边的副驾驶座；若多人同坐，坐副驾驶座的客人中途下车后，在后面坐的客人应改坐副驾驶座，此项礼节最易疏忽。一般情况下，双排五人座轿车上的后排中座左右挨夹，坐在那里很不舒服，因此不宜请客人就座于此。

4. 乘车姿势

上车时最好请客人从右侧门上车，主人从左侧门上车，避免从客人座前穿过。女士上车不要一只脚先踏入车内，也不要爬进车里，需先站在座位边上，把身体降低，让臀部坐到座位上，再将双腿一起收进车里，双膝一定保持并拢的姿势。

三、引导礼仪

（一）引导者的身份

一般情况下，负责引导来宾的人，多为接待单位的接待人员、礼宾人员，或是接待方与来宾对口单位的办公室人员、秘书人员。

（二）引导时的顺序

在引导来宾时，具体到顺序问题上，主要会遇到下列五种情况：

1. 主客并排行进

在主客双方并排行进时，引导者应主动在外侧行走，请客人行走于内侧。若三人并行，通常中间的位次最高，内侧的位次居次，外侧的位次最低。

2. 主客单行行进

在不宜并行时，一定要自觉遵守交通规则，单行行进。在单行行进时，循例应由引导者行走在前，客人行走于其后，以便由前者为后者带路。

3. 出入房门

在出入房门时，引导者须主动替来宾开门或关门。此刻，引导者可先行一步，推开或拉开房门，让客人先通过，随之再轻掩房门，赶上来宾。

4. 出入电梯

出入无人控制的电梯时，引导者须先入后出，以操纵电梯。出入有人控制的电梯时，引导者则应后入后出，这样做主要是为了表示对客人的礼貌。

5. 出入轿车

如果引导者与客人乘车出行，主客不同车时，一般应为引导车在前，客人车居后；主客同车时，则大都讲究引导者后上车、先下车，客人先上车、后下车。

（三）引导时的提示

在引导客人时，引导者除了与客人进行正常的交谈之外，往往还会就某些必要的情况，对客人进行介绍或提醒，这就是所谓引导时对客人进行的提示。主要涉及如下五种情况：

1. 提示其前往何处

引导客人进入大院、大楼、写字间、会客室、休息室前，应向对方主动说明此是何处。

2. 提示其会晤何人

引导客人前去会晤某人，而主客双方此前并未见过面的话，须提前告知客人，

"我们现在前去张院长的办公室"，或者"李副局长正在会客室恭候各位"，以便让对方在思想上有所准备。

3. 提示其注意方向

引导客人上下楼梯、出入电梯、进出房间、通过人行横道或需要拐弯时，须提醒客人："请各位这边走。"

4. 提示其所乘车辆

引导客人乘坐车辆时，务必要告知对方："请各位上××号车。"

5. 提示其注意安全

引导客人经过拥挤或危险路段时，必须叮嘱对方："请各位留神""请注意某处"。

进行引导时，除了口头提示外，还应辅以必要的手势，即以一只手掌心向上，五指并拢，伸直后为客人指示方向（见图 3-6）。

图 3-6　引导手势

四、接待室礼仪

接待的地点确定之后，往往有必要对其室内进行一些必要的布置。在接待现场，必须注意以下几点。

（一）光线、色彩

招待来宾，一般宜在室内进行。室内的光照应以自然光源为主，房间最好是面南。如果担心阳光直射，则可设置百叶窗或窗帘予以调节。接待现场通常应当布置得既庄重又大方；色彩应有意识地控制在一两种之内，最好不要超过三种。乳白、淡蓝、浅绿诸色，为适宜之选。

（二）温度、湿度

有条件的话，要对用以招待客人的房间内的室温加以调控。室温以 24℃左右为最佳。与此同时，还需要注意：室外气温较高时，室内外温差不宜超过 10℃。一般认为，相对湿度为 50%左右是最舒适宜人的。

（三）安静、卫生

为了使主客的正式会谈不受打扰，待客地点安静与否至关重要。除了其具体地点的选择有一定之规外，在进行室内布置时，亦须注意下列几点：地上可铺放地毯，以减轻走动之声；窗户上可安放双层玻璃，以便隔音；茶几上可摆放垫子，以防放置茶杯时出声；门轴上可添加润滑油，以免关门或开门时噪声不绝于耳。在待客的房间内，一定要保持空气清新、地面爽洁、墙壁无尘、窗明几净、用具干净。

（四）摆设

一般来讲，在待客的房间内放置必要的桌椅和音响设备即可。必要时，还可放置一些盆花、插花。

五、座次礼仪

按照接待礼仪的约定俗成之法，在招待客人、排列主客之间的具体座次时，主要有如下四种办法。

（一）面门为上

主客双方采用“相对式”就座时，依照惯例，通常以面对房门的座位为上座，应让之于客人；以背对房门的座位为下座，宜由主人自己在此就座。

（二）以右为上

主客双方采用“并列式”就座时，以右侧为上，应请客人就座；以左侧为下，应归主人自己就座。若主客双方参与会见者不止一人，则双方的其他人员可分别按照各自身份的高低，由近而远在己方负责人一侧就座。

（三）居中为上

如果客人较少，而主方人员较多时，可以由主方人员以一定的方式围坐在客人的两侧或者四周，请客人居于中央。

（四）以远为上

当主客双方并未面对房间的正门，而是居于房内左右两侧之中的一侧时，一般以距离房门较远的座位为上座，应请客人就座；而以距离房门较近的座位为下座，由主人就座。

六、接待的具体操作

（一）主动招呼

来访者进来时，应马上放下手头的工作，面带微笑，起身相迎，并招呼客人就座，如说：“您好！请坐。”

如果客人进来时你正在通电话，也应马上站起来，先跟通话方说一声“对不起，请稍停一下，我这儿来了客人”，然后捂住话筒，招呼客人入座，并请其稍等，如说“请您稍等，我马上就好”。重新通话后，应长话短说，尽快结束通话。

如果你手头的工作非常紧急，可以在起立让座后，请客人稍等，如说“很抱歉，我手头上的工作急需完成，请您稍等”。如果无法在短时间内完成，应安排其他人接待。

接待人员切忌对客人的来访熟视无睹，只顾自己与人闲聊或是在电话里说些无关紧要的事；也不应只顾埋头工作，或是只接待某些自己熟悉的或自认为重要的客人。

同时接待几位来访者，应做到一视同仁，不应冷落其中的任何一位客人，应按客人到达的先后次序接待。

（二）及时介绍

当客人坐定后，应询问客人的来意。客人在被询问后，一般会马上递上名片做自我介绍，并说明来意。

（三）端茶送水

在接待时，按照中国传统的习俗，应端茶送水。泡茶是一项很重要的礼节，具体要求如下：

（1）泡茶时应注意茶叶不要放得太多或太少。

（2）泡茶时，第一遍可以只冲一点水，第二遍再倒八成满。

（3）倒水时不要洒出来。如果不小心洒了，应及时用抹布擦去。

（4）茶泡好后，盖好茶盖，应把茶杯摆在客人右前方，茶杯把手向右，以利于客人端放。

（5）茶盖揭下来应倒放在桌子上，以避免弄脏茶盖。

（6）如果有一桌客人，中间有一位主人，应先从主人的右边即第一主宾处开始倒起，顺时针转动倒茶。

（7）应站在客人右边倒茶。

（四）专心致志

接待工作中，与客人交谈时，一定要做到洗耳恭听、专心致志，一心一意地对待客人，不要表现得心不在焉。

接待客人时，忌讳在客人面前摆架子、爱答不理、无精打采，或看书、看报、打电话，不停地看表、起身，把客人冷落一旁。

七、送客礼仪

人们常说：“迎人迎三步，送人送七步。”可见送客礼节是多么重要。

在送客时应注意：当客人告辞时，应起身与客人握手道别。对于本地客人，一般应陪同送行至本单位楼下或大门口，待客人远去后再离开。如果是乘车离去的客人，一般应走至车前，接待人员帮客人拉开车门，待其上车后轻轻关门，挥手道别，目送车远去后再离开。对于远道而来的客人，应提前为之预订返程的车、船票或机票。一般情况下，送行人员可前往客人住宿处，陪同客人一同前往机场、码头或车站，必要时可在贵宾室与客人稍叙友谊，或举行专门的欢送仪式。在客人临上飞机、轮船或火车之前，送行人员应按一定顺序同客人一一握手话别，祝愿客人旅途平安并欢迎其再次光临。飞机起飞、轮船或火车开动之后，送行人员应向客人挥手致意，直至飞机、轮船或火车在视野里消失，送行人员方可离去。不可以在客人刚登上飞机、轮船或火车时，送行人员就立即离去。

第四节　馈赠礼仪

他山之石

小玉在英国读书，利用业余时间教汉语。有位五十岁左右的英国女士请小玉教汉语。一日，这位女士生病住院，小玉在花店买了一束红玫瑰去医院探望。在去医院的路上，她觉得这束花的色彩有点儿单调，而且看上去俗气，就又去买了十几枝黄玫瑰，与红玫瑰放在一起。小玉自己感到很满意，拿着花走进了病房。结果，英国女士看到小玉带来的礼物非常生气。

小组讨论

小玉哪里做错了？

思政园地

赵轨婉拒沉香

生活中经常会遇到这样的情况：好朋友送你一个贵重的礼物，收下呢觉得过于贵重，不收呢又怕伤了朋友的感情，这时候往往进退两难。所以学会拒绝，不只是要敢于拒绝，更要善于拒绝，这样才能够避免伤了和气。今天我们就来讲一个古人巧拒朋友、洁身自好的故事。

故事的主人公叫赵轨，是隋朝一名官员。相传赵轨从小就有深夜读书的习惯，他习惯于读书的时候点燃熏香，用来保持心神安定、头脑清醒。赵轨在齐州做官时，他的一位朋友特意托人采买了一斤沉香送给赵轨。沉香是一种香料，因为产量稀少、取材困难，相当贵重，算是奢侈品了。赵轨看见这么贵重的礼物，虽有心拒绝，但又考虑到这位朋友的面子，他对收不收这份礼物没做明确表态，而是对朋友讲起了自己的一段往事。他说："邻居家种了一棵桑树，几乎有一半都伸到自己家院子里，桑树结了果实，大颗大颗的桑葚落到自己家院子里。我赶紧叫家人把桑葚捡起送还给邻居，并跟自己的子女说：'吾非以此求名，意在非机杼之物，不愿侵人，汝等宜以为戒。'"意思就是说："我把桑葚送给邻居，并非是要故意以此来博取什么好的名声，我只是觉得不是自己的东西，也非自己的劳动所得，如果白白侵占了，自己心里也会觉得不安，你们也应该引以为戒。”他的老朋友听完也知道赵轨的言外之意，也就没有再说什么，命人把沉香带走了。赵轨用一个还邻桑葚的故事来婉拒朋友的好意，既守住了为官清廉的原则，又维护了朋友间的和气，可谓非常聪明的举动了。

思政启示

古人云：“人生在世，品行立身，立身一败，万事瓦裂。”赵轨的一生品行立身，清廉如水，深受百姓的爱戴。现今，这个故事也提醒我们，应当以赵轨为榜样，努力加强道德修养，培养高尚情操，不为身边的事物所迷惑，在名利面前持有淡泊之心、超脱之怀，堂堂正正做人，清清白白做事，真正做到拒腐蚀永不沾。

资料来源：http：//tv. cctv. com/2020/01/18/VIDEDi99EFBxXytBZ71JNDX7200118. shtml.

一、馈赠礼品的原则

中国人一向礼尚往来。《礼记·曲礼上》讲道 ：“礼尚往来。往而不来，非礼也；来而不往，亦非礼也。”在现代交往中，馈赠礼品是沟通人际关系的润滑剂，无论是好友还是合作伙伴，相互馈赠礼品都能增进彼此的感情，是社会生活中不可缺少的交往内容。

在送礼中应掌握以下四个原则。

（一）突出礼品的纪念性

送礼是表示尊敬、友好的一种方式，礼品重纪念、重情谊，不重价值。

纪念性是指礼品要与一定的人、事、环境有关系，让受礼人见物思人忆事。所以选择礼品应和送礼时的事件、人物有关，要有一定的寓意。

（二）礼品要体现民族性

每个民族、国家都有自己独特的文化传统和特点。“物以稀为贵”，在送礼时这个“贵”是珍贵，不是价值贵。

（三）礼品要有针对性

礼品不在于价值高，而在于受礼人喜爱。送礼要让受礼人喜爱、乐于接受，就要针对受礼人的喜好。在选择礼品时，要尽可能了解受礼人的性格、爱好、修养与品位，尽量把礼品送到受礼人心坎儿上。送礼主要不是考虑金钱，而是尽量让礼品起到增进友好关系的作用。

针对性的另一方面是礼品要因事而异，即在不同情况下，向受礼人赠送不同的礼品。比如，出席家宴时，宜向女主人赠送鲜花、土特产和工艺品，或是向主人的孩子赠送糖果、玩具；探视病人，以向对方赠送鲜花、水果为好；对旅游者，可赠送有当地特色的物品。

（四）要重视礼品的文化差异性

不同国家有不同的文化传统，也就有不同的文化禁忌。一件礼品在中国是受欢迎的，在其他国家可能就是忌讳的。

二、礼品的选择

馈赠之前，要对礼品进行认真选择，最好的礼物是能让对方得到意外的惊喜，当然也不要超出你的预算。选择礼品时要注意以下三点。

（一）赠礼对象的特点及爱好

“宝剑赠侠士，红粉赠佳人。”送礼一定要看对象。不论是国际交流还是国内交往，是正式活动还是私人应酬，务必要根据不同的对象选择不同的礼品，满足不同的需要。

1. 双方的关系

选择赠送礼品时，要区分是公务交往还是私人应酬；是亲朋还是老友；是同性还是异性；是中国人还是外国人；是商务往来还是文化交流；等等。不同的关系，要选择不同的礼品。比如，许多国家认为红玫瑰是情人间的礼物，是表示爱情的，把一枝红玫瑰送给自己的夫人或者女朋友，可以表示浓浓的爱意，但如果把它送给一位普通关系的异性朋友就有问题了。

2. 对方的兴趣爱好

选择礼品要站在受赠者的立场上，为受赠者考虑。如果礼品适合受赠者的兴趣和爱好，它的作用就会倍增；否则会成为包袱，留之无用，弃之可惜，让人头疼。

3. 赠送礼品的目的

要区分赠送礼品是用于迎接客人，还是告别远行；是慰问看望，还是祝贺感谢；是节假良辰，还是婚丧喜庆；等等。目的不同，用途不同，选择的礼品也大不相同。比如，看望生病住院的病人，带一些滋补品可以表示慰问和关心，而如果带着滋补品去参加年轻人的生日聚会则不太合适。

（二）经济方面的限定

“千里送鹅毛，礼轻情义重。”送礼是为了表达一种情感。人们是通过赠送礼品来表达对对方的情谊和尊重的。送礼不是为了满足某个人的欲望，也不是为了显示本人的富有，而是为了表达祝贺、感谢、慰问、友好的情感。真正好的礼品不是用价格可以衡量的，送礼的心意重于礼品本身的价值。因此，在选择礼品时，不必只着眼于礼品的价值，更要着眼于礼品所代表的情感和心意。反之，送礼过重，会给受礼者带来心理压力。

（三）尊重禁忌

馈赠礼品时的最大禁忌是礼品选择不当。礼品的选择要考虑到各国的历史、文化、风俗习惯，特别要注意一些国家、个人和民俗的禁忌。

(1) 要尊重由于风俗习惯、民族差异和宗教信仰等形成的禁忌。选择礼品不要“想当然”，要自觉地、有意识地避开对方的禁忌，注意礼品的品种、色彩、图案、形状和包装等。比如，在我国不能送钟给老年人。

(2) 要尊重个人的禁忌。每个人由于经历、兴趣和习惯不同，可能形成个人的禁忌，选择礼品时，要注意了解受礼对象的个人忌讳。

(3) 要遵守国家的有关规定，不能选择违法违规的物品。比如，不能将涉黄、涉毒的物品作为礼品送人。许多国家对公务员接受礼品有明确的规定，送的礼品价值过重有行贿之嫌。

那么，应选择什么样的礼品才合适呢？其实，并没有固定的答案。一般来说，礼品可以分为两种：一种是可以长期保存的，如工艺品、书画、相册等；另一种是保存时间较短的，如食品、鲜花等。馈赠时可根据自己的实际情况加以选择。喜礼，如朋友结婚，可送鲜花、书画、工艺品、衣物等；贺礼，如企业开张、大厦落成、厂庆等可送花篮、工艺品等。所以宜选的礼品应是具有一定的宣传性、纪念性、独特性、时尚性，有时还应注意礼品要具有便携性。

三、馈赠的时机

从礼仪的角度而言，赠送礼品需要注意两个方面：赠送礼品的时间、赠送礼品的地点。

(一) 赠送礼品的时间

赠送礼品的时间是指选择赠送礼品的恰当时机及具体时间。

1. 选择恰当的时机

(1) 节假日。遇到我国传统节日（如春节）、法定节日（如元旦）等都可以送些适当的礼物表示祝贺。

(2) 喜庆嫁娶。乔迁新居、结婚等，遇到这些喜庆日子，一般应备礼相赠，以示庆贺。商务交往中也有一些喜庆日子，如开业典礼、周年纪念等，备礼相送表示祝贺与纪念，可以增进社会交往关系。

(3) 探视病人。亲友、同学、同事或领导生病了，可以到医院或家中探望，带去一些病人喜欢的水果、食品和营养品等，表示问候与关心。

(4) 拜访、做客。这种时候可以备些礼物送给主人，特别是女主人或小孩。

(5) “感谢帮助”。当你在生活或工作中遇到困难得到别人的帮助时，为了表示感谢，可以送些礼品表达谢意。

2. 选择具体时间

一般来说，当我们作为客人拜访他人时，最好在双方见面之初向对方送上礼品；而当我们作为主人接待来访者时，则应该在客人离去的前夜或举行告别宴会上，把礼品赠送给对方。

（二）赠送礼品的地点

考虑赠送礼品的地点时要注意公私有别。一般来说，工作中所赠送的礼品应该在公共场合赠送，如办公室、写字楼、会客厅；在工作之外或私人交往中赠送的礼品，则应在私人居所赠送，而不宜在公共场合赠送。

四、送礼与受礼的礼仪

（一）送礼的礼仪

在挑选好礼品后就要考虑如何赠送礼品了。送礼的礼仪主要是指礼品的包装和送礼的具体做法。

1. 礼品的包装

把礼品精美地包装起来，一方面是表示送礼人把送礼作为很隆重的事，以此表达对受礼人的尊敬；另一方面使受礼人不能直接看到礼品，会给他一个悬念。当受礼人打开包装看到中意的礼品时，一定会喜出望外，这给送礼又添了一分情趣，加深了受礼人对送礼人的好印象，起到了增进关系的作用。

礼品包装的要求：用彩色花纹纸包装，用彩色缎带捆扎，并系成好看的结，如蝴蝶结、梅花结等。

重视包装要注意以下两点：

（1）包装所用的材料应尽量好一点。

（2）在礼品包装纸的颜色与图案、包装后的形状、缎带的颜色和结法等方面，应尊重受礼人的文化背景、风俗习惯和禁忌。

2. 送礼的具体做法

送礼者一般应站着用双手把礼品递送到主人的手中，并说上一句得体的话。送礼时的寒暄一般应与送礼的目的吻合，如送生日礼物时说一句“祝你生日快乐”，送结婚礼物时说一句“祝两位百年好合”等。中国人有自谦的习惯，这在送礼时也应有所表现。送礼时一般喜欢强调自己礼品的微薄，而不介绍所送礼品的珍贵或是多种用途和性能，如可说“区区薄礼不成敬意，请笑纳”“这是我特意为你选的”。总之，得体的寒暄一是表达送礼者的心意，二是让受礼者受之心安。西方人在送礼时，喜欢向受礼者介绍礼品的独特意义和价值，以表示自己对对方的特别重视。

另外，对自己带去的礼品，不应自贬、自贱，比如说“顺路买的”“随意买的”“没什么好东西，凑合着用吧”。这既没有必要，又容易让对方产生不被重视的误会。

（二）受礼的礼仪

一般情况下，他人诚心诚意赠送的礼品，只要不是违法、违规的物品，最好的方式应该是欣然接受。当然，接受前适当地表示谦让也未尝不可。

当送礼者向受礼者赠送礼品时，受礼者应停下自己正在做的事，起身站立，双手接受礼品，然后伸出右手，同对方握手，并向对方表示感谢。接受礼品时要从容大方、恭敬有礼，不可忸怩失态，或盯住礼品不放，或过早伸手去接，或拒不以手去接，再三推辞。

接过礼品后，应表示感谢，说几句“不要破费”之类的客套话。如果条件允许，受礼者可以当面打开欣赏一番，这种做法是符合国际惯例的。这表示看重对方，也很看重对方赠送的礼品，这样做比把礼品放在一旁，待他人走后再拆封自己欣赏要好。礼品启封时，要注意动作文雅，不要乱撕、乱扯，随手乱扔包装用品。开封后，送礼者还可以对礼品稍做介绍和说明，说明要恰到好处，不应过分炫耀。受礼者可以采取适当动作对礼品表示欣赏之意并加以称赞，然后将礼品放置在适当之处，向送礼者再次道谢。切不可表示不敬之意或对礼品说三道四、吹毛求疵。

本章回顾

- 致意的一般次序是，男士先向女士致意，年轻人先向年长者致意，职位低者先向职位高者致意。
- 握手是日常交往的一般礼节，是世界各国通行的礼节。对握手的场合、顺序、姿态和禁忌应该准确掌握。
- 介绍顺序、恰当称呼和规范使用名片是见面礼仪中比较重要的知识。
- 礼品馈赠是现代社会沟通人际关系的润滑剂，送礼与受礼方法的正确使用能增进彼此的感情。

中国优秀传统文化传承

二十四节气

二十四节气是华夏祖先历经千百年的实践创造出来的宝贵科学遗产，是反映气候和物候变化、掌握农事季节的工具。早在春秋战国时期，我国就已经能用土圭（在平面上竖一根杆子）来测量正午太阳影子的长短，以确定冬至、夏至、春分、秋分四个节气。一年中，土圭在正午时分影子最短的一天为夏至，最长的一天为冬至，影子长度适中的为春分或秋分。随着不断地观察、分析和总结，节气的划分逐渐丰富和科学，到秦汉时期，已经形成了完整的二十四节气的概念。

打春阳气转，雨水沿河边。

惊蛰乌鸦叫，春分地皮干。

清明忙种麦，谷雨种大田。

立夏鹅毛住，小满雀来全。

芒种开了铲，夏至不纳棉。
小暑不算热，大暑三伏天。
立秋忙打靛，处暑动刀镰。
白露忙割地，秋分把地翻。
寒露不算冷，霜降变了天。
立冬交十月，小雪地封严。
大雪河汉上，冬至不行船。
小寒再大寒，转眼又一年。

课后任务

以班级为单位，将“中意你”作为主题，通过“自我介绍”，选出同学们心中的“意中人”。

第四章

宴饮礼仪

知识目标

掌握设宴的礼仪要求

掌握赴宴的礼仪规范

技能目标

能按照宴请座次礼仪规范的要求进行座次安排

掌握酒水礼仪规范并能熟练运用

思政目标

理解中国传统茶文化的精神内涵

树立文化自信和俭以养德的精神

案例导读

刚毕业不久的小王在一家企业的招商部工作，经常要出席一些宴请的场合。一次，为了谈成某企业一单百万元的生意，小王在这次宴请上敬酒时说："激动的心，颤抖的手，我给赵总倒杯酒，赵总不喝嫌我丑。"一片笑声之后，有几个同事窃窃私语。小王看在眼里，回到家反思自己的言行："我是不是做错了？真错了吗？别人的眼光重要吗？可我这么做都是为了工作啊！"

启示

酒作为一种交际媒介，在迎宾送客、聚朋会友、彼此沟通、传递友情方面发挥了独到的作用。酒桌上可以显示出一个人的才华、修养和交际风度，有时一句诙谐幽默的话语会给他人留下很深的印象，使人无形中对你产生好感。所以，应该知道什么时候说什么话。小王回家后反思自己是否语言得当，这是件好事，应把握好说话的时间、地点、场合，留有余地和分寸，不失礼于人。

第一节　设宴礼仪

他山之石

为了促成一桩生意，张光特意邀请到访中国与其洽谈生意的美国客商吃了一顿大餐。席间，为了照顾好这位美国朋友，他经常为其夹菜。因热情高涨，满脸流汗，张光随手拿起餐巾擦了擦汗。为了营造气氛，他不时说一些花边趣闻，逗得大家哈哈大笑。宴会在愉快的氛围中结束了。事后，他却得到了这位美国商人拒绝和他合作的消息。张光一头雾水，抱怨外国人不好交往。

小组讨论

张光在设宴款待美国商人的过程中触犯了什么禁忌？

宴请是指盛情约请宾客宴饮的聚会，是以此款待宾客，进行友好团聚、联络感情、畅叙友情的一种社交活动。无论是日常生活中的欢庆佳节、婚嫁喜庆、乔迁开业、亲朋来访、邀友相聚、致意答谢，还是商务活动中的签订合同、联络感情、择吉开张等活动，都离不开宴请。宴请并不是随随便便的请客吃饭，而是有一整套特有的礼仪。熟练掌握宴请的礼仪规范，才能使宴请的功能得到有效发挥。

一、宴请的种类与形式

（一）宴请的种类

（1）根据宴请的目的分类，有迎送宴会、喜庆宴会、商务宴会、答谢宴会、工程开竣工宴会、展览开闭幕宴会等。

（2）根据宴请的形式分类，有宴会、招待会、茶会、工作餐等。

（3）根据宴请的食物特点分类，有中餐宴会、西餐宴会。

（4）根据宴请使用的餐具分类，有分餐宴会、共餐宴会、混合餐宴会。

（二）宴请的形式

在社会生活中，我们可以根据不同的宴请目的、对象、人数，选择不同的宴请形式。常见的宴请形式有以下几种。

1. 宴会

宴会指比较隆重、正式地设宴招待。根据举办的时间，有早宴、午宴、晚宴之分。一般认为，晚宴最为隆重、正式。根据举办的规格，又有国宴、正式宴会、便宴和家宴之分。

(1) 国宴。国宴是规格最高的宴会，是国家级庆典宴会。举办方为本国政府首脑、国家元首或来访的外国元首、政府首脑。举办国宴一般要悬挂双方国旗，奏双方国歌。宴会上主人和主宾均要致辞，席间要奏音乐。国宴讲究排场，对宴会厅的陈设、菜肴的道数，以及服务员的个人礼仪都有严格的要求。

(2) 正式宴会。正式宴会也是一种规格较高的宴会，除了不悬挂国旗、不奏国歌、出席者级别不同外，其余都与国宴相似，有时也安排乐队演奏席间音乐，宾主均按身份排位就座，有着装要求，菜肴、酒水、餐具均很讲究质量和特色，服务要求规范。

(3) 便宴。便宴属于非正式的宴会，常见的有午宴、晚宴，也有个别情况下的早宴。形式较为简便，可以不排座次，不做正式讲话，菜肴、酒水不必太多。特点是气氛亲切，有利于各方交往。

(4) 家宴。家宴指在家中设宴招待宾客。可以由主妇亲自掌勺，也可以请厨师上门做菜。家宴不仅广泛应用于民间交往，官方业务往来也有采用这种方式的。家宴由于容易营造亲切、友好的气氛，因此运用得也比较多。在西方国家，有不少人喜欢这一宴请形式。

2. 招待会

招待会是指各种不备正餐的宴请形式，只备一些食品和饮料，不安排座次，具有灵活、简便的特点。

(1) 冷餐会，又称自助餐。菜肴以冷食为主，也可冷热兼备，菜肴与餐具集中摆放在大餐桌上，供客人自取。适合于规格不是太高，出席人员众多的礼节性、纪念性活动的宴请。客人可以多次取食，在自由选取食物时，应按顺序，不可争抢。取食要适量，够吃就好。可以找到合适的位置坐下进食，也可站立进餐，自由活动，彼此交谈。冷餐会可在室内外进行。由于这种方式既简单、节省费用，又轻松随意，得到了广泛运用。

(2) 酒会，又称鸡尾酒会，是一种主要用酒水招待客人的餐饮形式。鸡尾酒是用多种酒按一定比例放入容器，并放入适量果汁调配成的酒。现在的酒会不一定只喝鸡尾酒，酒的品种要多一些，一般少用或不用烈性酒，略备小吃，如炸春卷、小香肠、三明治等，多以牙签取食。不设座椅，仅置小桌或茶几。客人可以随意走动，接触交谈，从服务员所托盘子中取食。时间较为灵活，中午、下午、晚上均可，一般安排在下午4时以后。请柬上一般注明酒会起讫时间，客人可在此间任何时候入席、退席，来去自由。参加者衣着方面不用过于讲究，整洁即可。由于这种方式更灵活、自由、轻松方便，在国内外都得到广泛运用。

(3) 茶会。茶会是一种更简便的宴请形式。茶会的时间一般安排在上午10时或下午4时左右。以请客人品茶为主，亦可略备点心、小吃。茶会通常在客厅、会议室等场所举行，厅内设茶几、座椅，不排座次。如果是为某贵宾举行的活动，入座时主人要有意识地和主宾坐在一起，其他人随意就座。茶会对茶具的要求比较高，要根据客人的喜好选择上等茶叶，要用精致的陶瓷茶具斟茶，茶水不宜太浓太满，茶盖要放在茶托上一同敬给客人，尽量体现茶文化的特点。也有以咖啡代替茶的，其组织安排与茶会相同。招待外国客人一般用红茶和咖啡。

（4）工作餐。工作餐是人们工作特别繁忙时采用的一种方便、快捷的非正式宴请形式。参加者利用共同进餐的时间，边吃边谈问题。不邀请与工作无关的人员，每人一份，既简便快速，又干净卫生。双边工作进餐往往以长桌安排座次，其座位与会谈桌座位排列相仿，便于主宾双方交流、磋商。工作餐可在早、中、晚举行。

二、设宴前的准备

宴请前的准备工作是十分重要的，从宴会设计到宴会的组织实施，每个环节、每个步骤都要考虑周到、准备充分，才能确保宴会的顺利举行。

由于宴请的种类和形式不同，宴请的前期准备工作也不一样。非正式宴请工作较简单，而正式宴请就要复杂得多。这里以正式宴请为例。

（一）确定宴请的目的、名义、范围和形式

宴请可以是为某人或某事而举行，如节日聚会、贵宾来访、会议闭幕等。宴请的名义是指以谁的名义出面邀请，可以个人的名义，也可以单位名义出面邀请，具体应依据主宾双方的身份来确定。宴请的范围是指请哪些方面的人士出席、请到哪一层次、请多少人、主人一方请什么人来作陪。宴请的人数应该是偶数，使每个人在宴会上都有谈话对象。除工作餐外，如有需要，一般可邀请宾客的配偶等。如果是多边活动，还要考虑相互之间的关系，避免造成尴尬局面，影响宴会的气氛和效果。在明确宴请的目的、名义、规格、对象、范围之后，结合当地的习惯做法，进而选择宴请的具体形式。一般来说，规格高、正式、人数少的用宴会招待，人数多的以冷餐会、酒会为宜。

（二）确定宴请的时间和地点

宴请的时间原则上应以主宾双方都合适为宜，注意避开对方的重大节假日、重要活动或禁忌的日子和时间。如宴请西方客人，一般不选择 13 日和星期五。此外，还有一些特殊情况，如特定节日、纪念日的宴请，只能在节日、纪念日之前或当日举行，而不能推迟；接风送行等，只能由行期所定。

地点的选择，体现主人对宴请的重视程度。通常应选择那些交通方便、环境幽雅、菜肴精美、服务优良、管理规范的饭店、宾馆作为宴请的场所。官方隆重的活动，一般安排在政府会议大厦或宾馆举行，其他则按活动性质、宴请目的、名义、规模、形式、客人特点、主人意愿及实际可能而定。

（三）座位安排

见本章第三节“座次礼仪”。

（四）发出邀请、制发请柬

除便宴和工作餐外，宴请活动均应发送请柬。这既是礼貌，也可供客人备忘。如果是便宴、工作餐，可通过口头或电话的方式邀请，可发亦可不发请柬。如果是邀请高级别领导者作为主宾参加活动，还需单独发邀请信，其他宾客发请柬。

请柬的封面一般用红色纸张印制，上面有“请柬”二字，被邀请者的姓名、职务及敬称有时也可在封面上出现。

请柬的正文内容包括被邀请人的称谓，宴请的名义、形式、时间、地点，主办人或主办单位。要用敬语，行文一般不用标点符号。如要求被邀请人回复，则应在请柬下角注明。正式宴会最好能在发出请柬之前安排好座位，并在请柬的信封下角注明席位号。

请柬正文示例：

> 尊敬的×××先生：
>
> 为答谢贵公司对我厂的大力支持，谨定于 11 月 11 日下午 6 时在华洋宾馆举办宴会，恭请您偕夫人光临。
>
> 请答复。
>
> 电话：×××××××××
>
> ×××（盖章）
>
> ××××年×月×日

请柬应提前一周至两周发出，便于被邀请人早做安排。

按国际习惯，对夫妇两人可发一张请柬；若是凭请柬入场的宴请，则每人发一张。

请柬发出后，应及时落实出席情况，以便安排、调整和布置。

（五）制定菜单

无论是哪一种宴请，事先都应开列菜单。如果是单位宴请，还应征求主管负责人的同意。宴请的酒菜，应根据活动形式和规格，在规定的预算标准内安排。选菜不应以主人的喜好为标准，要考虑宾客，特别是主宾的饮食习惯、口味与禁忌。拟订菜单既要注意通行的常规，又要照顾到地方特色。整桌宴席的菜肴应搭配合理，包括冷热搭配、荤素搭配、营养搭配、时令菜与传统菜搭配，以及甜点与酒水、饮料、茶点的搭配等，做到有冷有热、有荤有素、有主有次。主菜显示宴请的档次、规格，还要有一般菜以调剂客人的口味。如果是在地方，可以用有地方特色的食品、本地产的名酒甚至野菜等来招待，有地方特色和民族风俗的饮食往往别具一格，备受欢迎。菜单定好后，如果是大型、正式的宴会，可印制一些精美的菜单，一般每桌放置两三份，讲究的也可每人一份。

确定菜单时，要注意以下几点：

（1）量力而行。按照经费预算确定菜肴的品种、数量和价位。

（2）搭配合理。菜肴冷热、荤素、甜咸、色香味搭配，时令菜与传统菜肴搭配，菜肴与酒水搭配。

（3）体现出特色。可准备本地的土菜、饭店的看家菜、家庭主妇的拿手菜等。

（4）不得触犯客人禁忌。

1）宗教禁忌：穆斯林不吃猪肉、不饮酒。

2）工作禁忌：驾驶员工作时不得饮酒，国家公务员参加公务宴请时不得饮酒。

3）国别禁忌：很多国家的人不能接受动物内脏、头、蹄、血等。

4）个人禁忌：尤其是主宾的个人禁忌。

菜单确定后，每桌至少要摆放一份，中途不能更改。

（六）现场布置

1. 布置、美化环境

宴会厅（见图 4－1）和休息厅的布置、美化取决于活动的性质和形式。比如，官方正式活动场所的布置应该严肃、庄重、大方，可摆常青树、鲜花、盆景作装饰；而庆贺、接风欢送、乔迁开张、商务宴请等则应突出喜庆、活泼、欢乐的氛围。主办者可以根据活动的需要，在宴会厅的正面上方拉一条红色横幅。在宴会厅一侧，摆放一些花草盆景，设置临时致辞台，装上麦克风。有时，为了突出宴会的气氛和效果，还可摆放大型立式花篮，用花草、花篮和灯光装饰重点位置。还可在宴会厅四周，适当摆放一些鲜花插花或绿树花卉。餐台上可以用雕刻食品摆放成各种不同的造型，也可以摆放花坛或插好鲜花的花盆。总之，要使环境、气氛突出宴请活动的目的和性质，表达主人的愿望。宴会休息室可按客厅布置。

图 4－1　宴会厅

2. 餐具的准备

根据宴请人数和酒、菜的道数准备足够的餐具。餐桌上的一切用品都要清洁卫生。玻璃杯、酒杯、筷子、刀叉碗碟等餐具，在宴请之前都应洗净擦亮（见图 4 - 2）。

图 4 - 2　餐具

三、设宴中的礼仪

正式宴会的接待有特定的程序及相应的礼仪，主办者应熟练掌握并认真实施，以确保宴会的成功。

（一）迎宾

主人要在宴会厅的大门口迎接客人。如有尊贵客人，还应列队欢迎；如举办大型宴会，主办方要在宴会厅门口挂桌次简图，或将其印制好发给每位客人。客人进门后先到休息室小坐，如果没有休息室可以直接进入宴会厅，但不正式落座。等主人陪同主宾进入宴会厅后，全体人员才正式就座，宴会开始。

（二）宴会致辞、祝酒

正式宴会一般均有致辞，但安排的时间不尽一致。有的一入席双方即讲话致辞；也可在热菜之后、甜食之前，由主人致辞，接着由客人致答谢辞。致辞时，服务人员要停止一切活动，参加宴会的人员均暂停饮食，专心聆听，以示尊重。

致辞完毕则祝酒。故在致辞行将结束时，服务人员要迅速把酒斟足，供主人和主宾等祝酒用。

（三）上菜、斟酒

中餐的上菜顺序一般是：冷盘、热炒、大菜（通常以汤菜为结束）、甜点、水果。注意不可过分地劝酒劝菜，也不可说“菜不好，请原谅”之类过分谦虚的话。

斟酒顺序见本章第四节“酒水礼仪”。

（四）宴会中的敬酒献乐

在宴请过程中，主人一般要依次向所有宾客敬酒，或按桌敬酒。敬酒时，上身要挺直，双腿站稳，以双手举起酒杯，向对方微微点头示礼，等对方饮酒时再跟着饮。敬酒的态度要稳重、热情、大方。需要一一敬酒时，主人应按礼宾顺序先向主宾敬酒，再依次向其他宾客敬酒。在宾客较多的场合，主人可依次到各桌敬酒，并提议大家一起干杯，这时主人只要举杯示意即可，不必一一碰杯。在让酒、劝酒时，主人要尊重宾客的意愿，切忌把让酒、劝酒的礼节变成一种强迫，以免破坏宴会的友好气氛。

当前，不少餐厅有“卡拉 OK”设备。如果是大型、隆重的宴会，还备有乐队。主人可安排乐队演奏席间音乐，安排专人献歌，或主人先唱，并热情邀请客人一起唱，宾主同乐。歌曲的内容应与宴会的主题相吻合，以渲染宴会的热烈气氛。

（五）宴会中的交谈

宴请并不是目的，借此相互认识、了解、交流，增进友情、加强协作才是目的。因此，席间一味地埋头吃是不礼貌的。主宾双方应就彼此都感兴趣的话题，亲切交谈。交谈的范围可以广一些，应选择一些大众性、趣味性、愉悦性的话题，宴会中不宜深入谈判具体的、实质性的问题，要“多叙友情，少谈工作”，切不可把餐桌变成谈判桌，以免陷入僵局，使双方不快。

同时，应注意不要只谈自己，忽略其他人。还要避免谈及忌讳的、敏感的、容易引起争执的话题。总之，一切从增进友谊、活跃宴会气氛的角度出发。

（六）适时结束、送客

一般宴会应控制在 90 分钟左右，最长不超过 2 小时。过早结束，会使客人感到不尽兴，甚至对主人的诚意表示怀疑；宴会时间过长，则宾主双方都感到疲劳，反而冲淡宴会的气氛。因此，当宴请程序基本完成时，主人要掌握时机，适时结束宴会。一般在服务人员端上水果吃完后，宴会即可结束。此时，一般先由主人向主宾示意，请其做好离席的准备。然后，主人与主宾起立，主人宣布宴会到此结束，并对各位宾客莅临宴会表示衷心感谢。主人有时为参加宴会者备有小纪念品，宴会结束时，主人要招呼宾客带上纪念品。主人和副主人及相关陪客应先将主宾送至门口，热情握手告别。主宾离去后，原迎宾人员应按顺序排列，与其他宾客礼貌握手告别。如安排有余兴活动，如卡拉 OK、舞会或喝茶、打牌等，可挽留有兴趣的来宾自由参加，主随客便。

思政园地

郑余庆请客

中唐时期有个宰相叫郑余庆。郑余庆最为人称道的是他的清廉简朴。有一天，郑余庆突然召集亲近的官员到家里来吃饭，大家都十分惊讶，因为郑余庆德高望重，名声远扬，平常基本不请客。为了表示对郑余庆的尊敬，大家天还没亮就来到了郑家，守候在客房里。郑余庆却照常起居，并不知道大家来这么早。一直到太阳高高升起他才出来接见客人。大家就座后，又闲聊了好长时间，所有人的肚子都饿得咕咕叫，几乎是前胸贴后背了，都盼着赶快开饭。

这时郑余庆吩咐仆人说："你去告诉厨房，今天这道菜要做得仔细一些，去掉毛、蒸熟烂，不要折断脖颈。"客人们一听，欣喜地互相使眼色，终于要开饭了，这菜不是蒸鹅就是蒸鸭。大家饥肠辘辘等了一上午，可算能好好吃一顿了。很快，仆人们布置餐桌，酱醋调料各自放好。又过了好一会儿，终于开饭了，每个人的面前就是一碗粗糙的粟米饭，还有一个蒸葫芦，别的什么菜都没有了。这时客人们才明白，去毛蒸烂，不能折断脖颈的不是鹅鸭，而是菜葫芦。郑余庆客气地对大家说："请，请！"并带头津津有味地吃了起来。客人们不好意思，只有硬着头皮，把那蒸烂的葫芦咽了下去。

身为宰相，郑余庆家里真至于吃不起鹅鸭吗？当然不是，他请大家吃蒸葫芦，是因为他认为，蒸葫芦下饭就是美味，这是他习惯的饮食，并非刻意而为。郑余庆请客的故事流传了下来，表面上让人发笑，但细细品味，却令人肃然起敬。

思政启示

我们都知道，由俭入奢易，由奢入俭难。勤俭节约是我们中华民族的传统美德。一粥一饭，当思来之不易；半丝半缕，恒念物力维艰。节约是一种美德，更是一种智慧。作为新时代的接班人，我们更应该继续发扬艰苦奋斗的精神，以身作则、开源节流，不受消费主义的影响，杜绝铺张浪费，让良好的风气传承。

资料来源：https：//tv. cctv. com/2021/05/24/VIDEGLonpVp2nF2JpMcmxkqU210524. shtml.

第二节　赴宴礼仪

他山之石

劲松集团准备举办企业年会，感谢客户对集团工作的支持与帮助。赵华作为某合作单位部门领导，于12月25日收到了劲松集团发来的请柬，随手放在了一边。12月28日，在收拾物品时，他突然发现了这张请柬，慌忙跑去赴宴。可是宴会已经开始，因人员较多，每桌都有桌牌和名字，他找了一大圈，才找到自己的位置。坐下后，主人开始讲话，这时，他的手机突然响起。赵华马上接听电话，被告知单位有急事需要他签字，但主人讲话还未结束，他急得左顾右盼。主人讲话完毕，他马上起身离开，许多在场的人员把目光都投在了他的身上。"万众瞩目"下，赵华匆忙离场。

小组讨论

在赴宴过程中，赵华有哪些失误？他该如何赴宴？

宴请作为重要的社交活动，涉及主、客双方，不仅主人要注意宴请活动中的礼仪要求，客人也应注意赴宴的礼节、礼貌，以向主人和其他来宾展示自己良好的礼仪修养，塑造良好的形象。

一、赴宴前的礼仪规范

（一）应邀礼仪

接到宴会邀请，对能否出席应尽早答复对方，以便主人做出安排。接受邀请后不要随意改动，万一遇到特殊情况不能出席，尤其作为主宾，应尽早向主人郑重解释、道歉，甚至亲自登门致歉。应邀参加宴请之前，要核实宴请的主人，活动举办的时间、地点，是否邀请配偶以及主人对服饰等方面的要求。

（二）注意仪容、仪表

出席宴会前，一般应梳洗打扮，女士要适当化妆，男士要梳理头发并剃须。衣着要求整洁、大方、美观，使仪容、仪表符合宴请场合的要求。国外宴请非常讲究服饰，往往根据宴会的正式程度，在请柬上注明着装要求。在我国虽然没有具体要求，应邀者也应该穿一套合体入时的整洁服装，容光焕发、精神饱满地赴宴，这将给宴会增添隆重、热烈的气氛。如果夫妇同去赴宴，还应注意服装的式样、颜色等的和谐统一。

（三）备礼

可按宴请的性质和当地习惯以及主客双方的关系准备赠送的礼品。参加家庭宴会，可给女主人准备一束鲜花。赠花时要注意对方的禁忌。礼品的价值不一定很高，但要有意义，通常在宴会开始前送给主人。

二、赴宴中的礼仪

（一）按时抵达

出席宴请活动，抵达时间的迟早、逗留时间的长短，在一定程度上反映了对主人的尊重。过早、过迟或逗留时间过短，不仅是对主人的失礼，也有损自己的形象。按时出席宴请是最基本的礼貌。身份高者可略晚些到达，一般客人宜略早些到达。万一有特殊原因不能按时到达，应及时通知主人并致歉。赴宴前应估算一下路上花费的时间，最好比预定的时间早到两三分钟，去得太早主人可能没准备好，去得太晚甚至比主宾还晚，那就更失礼了。如果与主人关系密切，则不妨早点到达，以帮助主人招待宾客或做些准备工作。

（二）问候、赠礼

抵达宴会活动地点，如主人已在那里恭迎，则应趋前向主人握手、问好、致意，随主人或迎宾人员引导步入休息厅或宴会厅。如果是庆祝活动，还应表示祝贺。同时，将事先备好的礼物双手赠送给主人。

（三）礼貌入座

入座应听从主人安排，不可随意乱坐。若是正式宴会，进入宴会厅之前，应先了解自己的桌次和座位，入座时注意桌上的座位卡是否写有自己的名字，不可坐错座位。另外，入座要讲究顺序，礼让尊长，注意方位，从左入座，背对座椅，落座轻稳。在社交和公务场合，若与他人一起入座，应礼貌地邀请对方首先就座或与对方同时就座，不可抢先坐下，应主动把上座，如面门的座位、居中的座位、右侧的座位、舒适的座位让给尊长。入座后，可与同席的人随意交谈，等待用餐。

（四）举止行为要文明礼貌

1. 坐姿

（1）正确的坐姿。

坐姿的基本要求：身体应保持挺直，两脚齐放在地板上。当然，这并不是要求必须像士兵一般，坐得像枪杆一样笔直，不过也不可像布娃娃一样，弯腰驼背地瘫在座位上。用餐时，腹部和桌子保持约一个拳头的距离。两脚交叉的坐姿最好避免。

在上菜空当，把一只手或两只手的手肘撑在桌面上无伤大雅，因为这是正在热烈与人交谈的人自然而然会摆出来的姿势。不过，吃东西时，手肘最好还是离开桌面。如果两个胳膊不顾一切地往外张开，会使得左右两边的同席者感到不便，这样是很不礼貌的。

暂停用餐时，双手如何摆放可以有多种选择。你可能喜欢把双手放在桌面上，以手腕底部抵住桌子边缘；或者你可能喜欢把手放在桌面下的膝盖上，双手保持静止不动。不管怎样，可能都比用手去拨弄盘中的食物，或玩弄头发要好得多。

在餐宴进行当中，当有客人晚到时，若是女性，则在场的所有男士应该起立欢迎，而女士不需起立。若晚到者为男性，则男士不必起立相迎；但来人若为长辈或德高望重的男士，在场男士仍需起立相迎，以示对对方的尊重。

（2）纠正不雅的坐姿。

“坐如其人”，一个人的坐姿也是他的素养和个性的体现。得体的坐姿可以塑造社交者的良好形象，而错误的坐姿则会给人一种粗俗、没有教养的印象。

在正式场合，不应出现下列姿势：一是双腿过度分开；二是高架“二郎腿”或“4”字形腿；三是腿脚抖动摇晃；四是左顾右盼，摇头晃脑；五是上身前倾后仰或弯腰曲背；六是双手或端臂，或抱脑后，或抱膝盖，或抱小腿，或放于臀部下面；七是双腿长长前伸，或脚尖指向他人；八是双手撑椅；九是又跷脚又摸脚；十是坐下后随意挪动椅子。此外，还应注意不要当众抠鼻子、剔牙齿、挖耳朵、整理内衣和重整发型。

餐巾礼仪

2. 餐巾礼仪

餐巾（见图 4－3）主要是用来擦拭因用餐而弄脏的嘴角和手的，也可以在吐出骨头或水果核时，拿来遮住嘴，但不能用于擦面、擦汗。拭嘴时最好用其内侧。服务员送的香巾是用来擦面的。不要用餐巾或纸巾擦拭餐具，以免使主人因餐具不洁之嫌而尴尬。

图 4-3　餐巾

（1）餐巾的使用方法。

在第一道菜上桌之前，应先将餐巾展开，然后将餐巾折叠，大的正方形餐巾可折成等腰三角形，长方形餐巾可对折，应把折痕对着自己放于膝盖上。餐巾不宜全部展开，小餐巾可直接铺在腿上（见图 4-4）。要记住，除了你起身离开桌子的那一刻外，餐巾应始终在你的腿上，不应该放在桌上盘碟的下面。

图 4-4　餐巾的使用方法

中途离开座位的时候，应将餐巾放在椅子上，表示“我还要回来”，或将餐巾的一角搭放在餐桌上。

用餐完毕，只要将餐巾大致折叠一下（不用叠得很整齐）放在桌上即可，不过一定要避免“扔”这个动作。

(2) 使用餐巾的注意事项。

1) 在正式宴会上，客人需待主人拿起餐巾后方可拿起餐巾。反客为主的做法是失礼的。如有主宾或长辈在座，一定要等他们拿起餐巾折叠时才能跟着做动作。

2) 如果用餐巾或餐巾纸揩擦自己的杯盏刀叉，实际上是对餐厅（在家里则是对主人）卫生状况的不信任，这是很不礼貌的行为。

3) 餐巾上不要沾上口红的痕迹。涂口红的女士应在餐前以面纸轻轻按压嘴唇。

4) 除儿童外，餐巾一般不必挂到脖上或像围兜一样围挂在胸前。不然，会让人感觉很孩子气，一点儿也不高雅。

5) 餐巾别挂在椅背上，因为那样很容易掉到地上。

6) 不要将用过的餐巾弄得褶皱不堪。

7) 用餐巾擦嘴时动作要轻，不要太夸张地用力摩擦。

8) 如果不小心把食物弄到桌上，不要用餐巾去擦，应当把侍者叫来清理。

3. 使用筷子的礼仪

在各种餐具中，筷子是使用人数最多的一种。中国的筷子早在几千年前就问世了，公元4—6世纪传到日本和东南亚各国。筷子虽构造简单，但巧妙地运用了杠杆原理。它不仅集刀叉功能于一身，而且有健身益智的功效，因为操作筷子要牵动多个关节和多条肌肉，有助于灵活手指。

知识库

用筷十忌

一忌迷筷：犹豫不决，不知该如何下筷。

二忌搅筷：用筷子搅动碗中的菜肴，挑菜拣食。

三忌刺筷：以筷当叉戳食。

四忌碎筷：持筷撕拉口中的菜、肉。

五忌泪筷：一面滴着汤汁，一面把菜夹进嘴中。

六忌剔筷：用筷子当牙签剔除牙缝里的菜肴。

七忌舔筷：用嘴舔筷子。

八忌架筷：把筷子架在碗上或插在饭碗中。

九忌传筷：使用自己用过的筷子传递菜肴。

十忌指筷：持筷说话指人。

4. 私人物品摆放礼仪

手提包、手套、钥匙、打火机、香烟等私人物品，不要放在桌上，因为餐桌只是用餐的地方，放上私人物品会妨碍他人用餐，十分不礼貌。那么应该放在哪里呢？较高级的餐厅都会备有衣帽间，像大衣、外套、伞具、包裹等物，皆可交给服务人员放置于衣帽间，避免弄脏衣物，也可让自己身手利落。可将手套等零碎物品放进手提包里，手提包则靠在椅背上，也可放在座椅下方的地板上，还可以放在后背和椅子之间或大腿上（餐巾下），或挂在皮包架上。若是邻座没有人，也可以放置在邻座椅子上。

5. 用餐过程中的其他礼仪

（1）就餐时应有愉快的表情，心事重重的神态、漫不经心的样子，是对主人和其他宾客的不礼貌。

（2）用餐时要讲文明，席间不要吸烟，除非男主人吸烟或向客人递了烟。一般在宴会未结束前吸烟是失礼的，尤其是有女士在的场合。

（3）喝酒要有节制，不要失态。

（4）用餐过程中，一般不可随便离席。若需上卫生间，不可直接说“去上卫生间/厕所”之类的话，可以说“对不起，我出去一下”之类的话，即使大家很熟悉，也最好用含蓄一点的说法，以示文雅、礼貌。

（5）离席时动作要轻，不要惊扰他人，更不要把座椅、餐具等物碰倒。

（6）不可玩弄桌上的酒杯、盘碗、刀叉、筷子等餐具。在宾主致辞时应注意倾听，不要摆弄桌上的餐具。

（7）进餐时要主动与其他人交际应酬，特别是和自己的邻座，切不可一言不发，只顾自己埋头吃喝。

（8）进食要文雅大方。要小口进食，闭嘴咀嚼，不要狼吞虎咽，进食速度要和大家同步。不要站起来去取餐桌上距离较远的食物，可转动转盘或请别人帮忙。不要在餐桌上翻拣自己喜爱的菜肴，也不可只夹取自己喜欢食用的菜肴。采用自助餐形式应遵循“一次少取，多次取食”的原则，不要将自己的盘中食物堆得冒尖。

（9）吃食物和喝汤时，不要发出很响的声音，不要用嘴吹汤，应待其自然冷后再喝。

（10）取菜时，应取靠近自己一方盘中的菜，不能在盘中挑来拣去。注意动作要稳，不要碰到邻座，不要将菜拨弄到桌上，或把汤碰洒。若遇本人不能吃或不喜欢吃的菜点，不可显出不悦的表情。当服务员或主人夹菜时，不可当场拒绝。

（11）要控制体内异响。如需咳嗽、打喷嚏，要拿餐巾遮掩。如果有刺卡住，或需将口中食物吐出来等，也应暂时离席，否则是不礼貌的。

（12）正式宴会不可当众穿脱衣服、解开纽扣。

（13）不要在杯子的边缘沾上口红，这样很不雅观。应在用餐前用纸稍微压一下嘴唇。不可当众化妆或补妆，如有必要应去盥洗室。

（14）碰落、打碎了餐具，在正式宴会上都应请服务员来帮助收拾，不要自己动手。如将酒水溅在邻座身上，应表示歉意并协助擦拭；邻座如是女士，则不要动手，只需将餐巾递上，让她自己擦。

（15）进餐时禁止大声说话，否则会影响别人进餐，也不允许大声地招呼服务员。可以面向服务员稍微将手抬高一下，尽量不要引起其他人注意。

（16）请别人帮你传递东西时，一定要说“请”和“谢谢”。

（17）不要一边进食一边用另一只手臂环住盘子。

（18）如果嘴里已有食物就不要再喝饮料或酒。

（19）在拿起杯子时不要翘起手指。

（20）不要把勺子留在杯子里，这样很不雅观，而且也可能导致意外。

（21）用餐时保持安静。不要啜食、咂嘴，或在吞咽咀嚼时弄出其他的声响。

（22）不要在谈话过程中挥舞勺子或叉子。

（23）不要过多地向嘴里塞食物。

（24）不要在餐桌上玩弄自己的头发，那样会给人留下非常不干净的印象，所以进餐时应该将头发整理好。

（25）不要喷过多的香水。过浓的香味不但会破坏特地制作的食物香味，而且会给别人带来困扰。

（26）外国人的宴请活动在女主人为第一主人时，往往以她的行动为准。入席时，女主人先坐下，并由女主人招呼客人开始就餐。餐毕，女主人起立，邀请女宾与其共同退出宴会厅，然后男宾起立，尾随进入休息厅。男女宾客在休息厅会齐，即上茶或咖啡。

（五）交谈、敬酒

席间，应与同桌的人亲切交谈，特别是左右邻座，不可静坐不语或只与几位熟人交谈。若不认识，可自我介绍。席间交谈应注意礼仪、礼貌：与人交谈时，不要先用手碰一下人家；最好不要隔着第三者交谈；同身旁人说话时，不要把背向着另一个人；吃东西时不要交谈，如有人跟你说话，应等嘴里的食物咽下后再开口；不要过分地向旁边的女士劝菜或讲个不停；不要对菜肴评论挑剔，也不要抱怨服务员的工作；若是家宴，可适当赞美主人的烹调技术；因健康或习俗等原因不吃某道菜时，不要做太多解释，更不要谈自己的疾病；不要打断别人的谈话，也不要打听别人谈话的内容；与人交谈时声音不要太高，或谈些怪诞离奇、忌讳的话题。总之，谈话要掌握时机，要视交谈对象而定，要考虑交谈的内容，讲究交谈的艺术，以增进友情、活跃气氛。

当主人依次向所有宾客敬酒或按桌敬酒后，客人也应向主人回敬或每桌派一位代表到主人餐桌回敬。宾客之间往往也互相敬酒。敬酒时要注意礼节礼貌，不可交叉碰杯。不能喝酒时可礼貌地声明，但不可把杯子倒置，应轻轻按着杯缘。宴会上相互敬酒，宾主都应量力而行、适可而止，切忌硬性劝酒、逼酒，以致饮酒过量而失言失态。

（六）礼貌离席

1. 起身轻稳

离开餐桌时，不应把座椅拉开就走，而应把座椅再挪回原处。男士应该帮助身边的女士移开座椅，然后再把座椅放回餐桌边。要注意，有些餐厅比较拥挤，椅背紧靠，贸然起身，或使手提包、衣服等掉到地上，或是碰到人，打翻茶水、菜肴，都显得失礼又尴尬。所以，动作要缓慢轻稳，不能猛起猛出，最好不发出声响。

2. 自左离开

同入座一样，坚持“左入左出”。

3. 站好再走

离座要自然稳当，右脚向后收半步，然后起立，起立后右脚与左脚并齐，再从容移步。站好再走是动作稳健的体现，而匆忙离去或跌跌撞撞，则是举止轻浮的表现。

（七）告辞、致谢

参加宴请活动，告辞不宜过早，也不宜过迟。主宾应当先于其他宾客向主人告辞，否则会给其他客人带来不便；但也不能太早，否则是对主人的不礼貌。一般客人则应在主宾告辞后，及时向主人告辞，不可因贪杯而拖延不散，也不可因余兴未尽而迟迟不起；但也不能先于主宾告辞，否则对主人和主宾都很不礼貌。无论是主宾还是普通宾客，一般不要中途退席。若确有急事，应向主人说明、致歉后轻轻离去，也可事前打招呼，到时悄悄离去。总之，中途退席要有礼貌，理由应尽量不使主人难堪或心中不悦。

告辞时，应礼貌地向主人握手道谢。通常是男主宾先向男主人告别，女主宾先向女主人告别，然后交叉，再与其他人告别。主宾告辞后，一般宾客再用同样的方式向主人和其他人握手告别。如果主人备有纪念品相赠，应欣然收下，并说些赞美纪念品的话，但不必郑重表示谢意。有时，外国宾客会把宴会菜单作为纪念品带走，还请同席者在菜单上签名留念。除主人特别示意作为纪念品的东西外，各种招待品包括点心、糖果、香烟、酒水、饮料等都不能带走。

三、赴宴后的礼仪要求

为了使礼节更周到，可在宴会后一两天内给主人打个致谢电话，或送去一封印有“致谢”字样的便函，除再次感谢主人的盛情款待外，还可重申友谊、加深印象。

思政园地

吃相与修养

一个人的修养往往从一些非常细小的地方就能看出来。如今我们常常用一个词来描述某人，为了争取利益做事有失风度，叫“吃相难看”。可见，在大家心中，一个人的吃相和他的修养密不可分。今天咱们就讲一个人因为吃相太差，从而被质疑道德修养的故事。

据《阙史》记载，中唐时有个官员叫郑浣，他做河南府的最高长官时，有一个族人前来拜见。这个人是郑浣的族孙，以务农耕种为业，没见过什么世面，待人接物的礼仪也比较粗俗。郑浣很体恤他，问他此来有什么要求，族孙支支吾吾地说：“我在老家一直是一个平头百姓，难有出头之日，就想如果有空缺的话，能否当个县尉啥的，让我也体会一下荣耀乡里的感觉。”郑浣看族孙很诚恳，就动了恻隐之心，打算写一封推荐信帮帮他。因为郑浣平时德高望重，声誉很好，如果族孙能拿到郑浣的推荐信，县尉这个职位几乎就手到擒来。在族孙告辞归乡的时候，郑浣招待家人在一起聚餐，为他送行。可没想到的是，就这么一顿饭，就吃出了娄子，族孙眼看要到手的官也飞了。

席上有一道主食是蒸饼，只见族孙拿起蒸饼，上来就把皮撕掉了。原来，他吃饼不吃皮，只吃里边的饼心。郑浣看到这一幕，勃然大怒。他对族孙说：“饼皮和饼心有什么区别？都一样是面粉做的。我怜惜你辛苦种田、衣衫破旧，认为你一定明白稼穑艰难，懂得爱惜粮食、珍惜福分，谁知道你竟然有这种臭毛病！简直比那些不成器的纨绔子弟还要轻浮！”郑浣训斥完，伸手把族孙撕掉的饼皮一股脑地放到自己嘴里吃掉了，族孙看得目瞪口呆，羞愧不已。最终，郑浣礼节性地送了族孙一些钱物，就打发他回老家了。

思政启示

细节决定成败。一个人的吃相，在一定程度上能够反映出他的家教和修养，也能折射出他的人品和价值观。古人云，“食不言，寝不语”。可见，中国古代对日常礼仪的要求是十分严格的。我们应该继承这种优良传统，在今后用餐的过程中，时刻注意自己的餐桌礼仪。避免浪费食物、高谈阔论、发出异响、随意翻菜等陋习，不仅要吃出健康和营养，更要吃出文明和教养。

资料来源：https：//tv. cctv. com/2021/05/19/VIDEzewOifeiAqFMcbhga5m0210519. shtml.

第三节 座次礼仪

他山之石

一次中餐宴会上，主人、主宾、副主人、副主宾及陪同一一落座。主人和副主人相伴而坐，主宾和陪同相伴而坐。

小组讨论

这种座次安排是否合理？为什么？

参加宴请，总免不了就座次礼让一番。座次的安排是一门精细微妙的学问，是餐饮礼仪的重要体现。可以说，座次安排不仅使参加宴会者入席时井然有序，更能体现出对客人的尊重。

正式宴会一般都事先安排座次，桌子上要摆桌次牌和姓名标志牌。非正式宴会，虽然有时桌次和席位不预先排定，但就座也有主次之分。

一、座位安排原则

（1）以远为上。

（2）面门为上。

（3）以右为上。

（4）居中为上。

二、单桌宴席的席位安排

（一）主人席位的确定

第一主人（正主人）位一般面对宴会厅的入口处，面朝大门正中，以便环视整个宴席的进展情况。第二主人（副主人）位设于正主人位的对面，正副主人位与桌中心呈一条直线。如果是两桌以上的宴会，其他各桌的第一主人，可以与主桌主人朝向相同，也可以面向主桌主人。

（二）宾客席位的安排

第一客人（主宾）位应设于主人位的右侧，第二客人（副主宾）位应设于副主人位的右侧，使主宾位与副主宾位呈相对式；第三客人位与第四客人位分别在主人位与副主人位的左侧，也呈相对式，如主宾、副主宾均偕夫人出席时，此席位则分别为夫人席位；主宾与副主宾位的右侧分别为翻译席位，不过在许多国家，翻译是不上席的；第三客人位与第四客人位的左侧分别为陪同席位。

我国习惯男女分开坐，男主人右边坐男主宾，女主人右边坐主宾夫人，其他来宾按职务高低依次排列。中餐宴会一般采用圆桌，其席位安排如图 4－5 所示。

西餐宴会一般采用长桌。正规的宴请是男主人（第一主人）坐主位，遵照以右为尊的原则，其右侧为第一贵宾夫人，女主人坐在男主人的对面，右侧为第一贵宾，其余客人男女穿插坐（见图 4－6）。

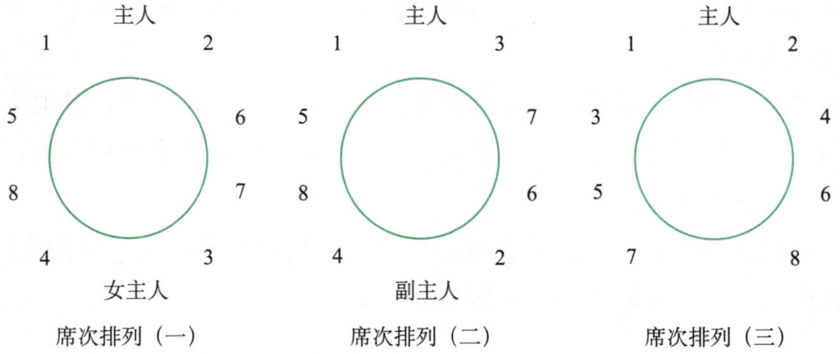

图 4-5　席位示意图

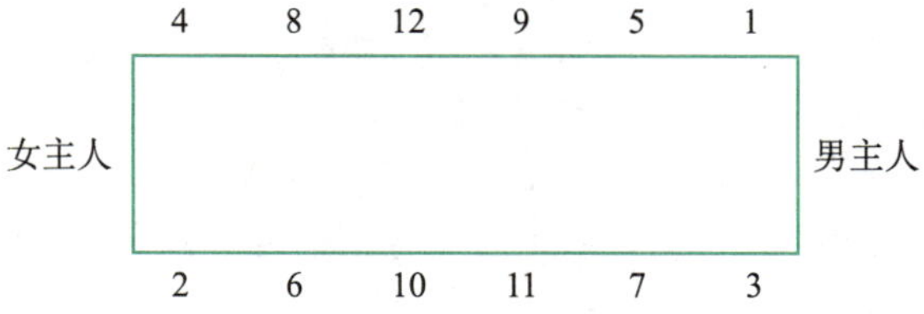

图 4-6　西餐席位示意图

排定座次后，应将桌次卡和席位卡放置在餐桌上。在国际交往中，安排席位遇到特殊情况也可以灵活处理，如主宾身份高于主人，为表示对宾客的尊敬，可把主宾安排在主人席位上，而主人则坐在主宾的席位上。主宾有夫人参加宴会，而主人的夫人未能出席时，可以请身份相当的妇女坐在副主人位或者把主人夫妇安排在主宾一侧。

三、多桌宴席的桌次安排

首先要确定主桌，然后再确定主位。主桌位置的确定十分重要，要视餐厅结构、门的朝向、主体墙面（或背景墙面）等因素而定。

一般情况下，主桌设在面对大门、背靠主体墙面（指装有壁画或加以特殊装饰布置、较为醒目的墙面）的位置。但不是所有的主体墙面都是面对大门的，有的餐厅大门开在侧边，这时，主桌要以主体墙面为背景，设在背靠主体墙面的位置。

一般而言，圆桌离入口处最远的位置，或是大厅中央的桌次，属于上座，其次是主桌的左边，再次是右边，依序而下。而接近入口的座位是下座。国际上的习惯是，桌次高低由离主桌位置远近而定。近者为高，远者为低；平行者以右桌为高，左桌为低。

一般情况下，主人席就是主桌中正对大门、背靠有特殊装饰的主体墙面的一个席位。但有些餐厅的门不是正开的，此时，主人席要以背靠主体墙面的位置为准。即使有的餐厅门是正开的，但装饰特殊的主体墙面不与正门相对，此时应根据实际情况以主体墙面为主要参照物确定主人席位。其他桌的主人席位应与主桌主人呈对面式或侧对式。

正式宴会一般会安排席位。大中型宴会往往只安排主桌席位，其他宾客则按照桌次就座。大型宴会可先将宾客席次打印在请帖上，使宾客心中有数，现场还可以安排礼宾员引领客人入座。

宴会的桌次安排有严格的礼仪规范。餐桌桌数在两桌以上，应按次序排列。中餐桌次的安排中，常见的排列方式见图 4－7。

图 4－7　中餐桌次安排示意图

在西餐桌次的安排中，常见的排列方式见图 4－8。

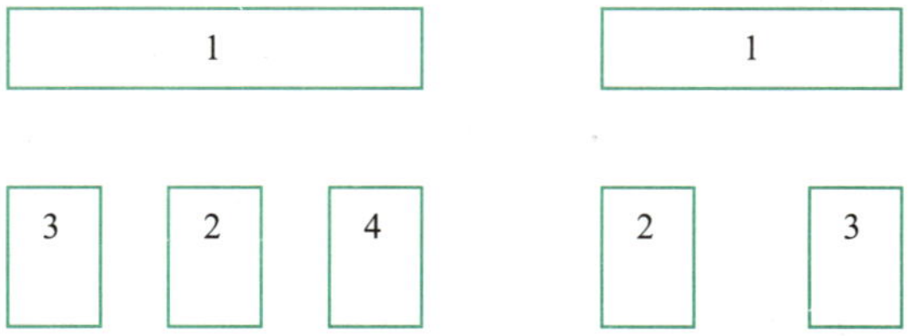

图 4－8　西餐桌次安排示意图

四、安排座位的注意事项

礼宾次序是排座位的主要依据。在排座位之前，要把经落实出席的主、客双方出席名单分别按礼宾次序开列出来。除了礼宾次序之外，在具体安排座位时，还需要考虑其他一些因素：

（1）多边活动需要注意客人之间的政治关系，政见分歧大、两国关系紧张者，尽量避免排到一起。

（2）身份大体相同、使用同一语言者，或属同一专业者，可以排在一起。

（3）译员一般安排在主宾右侧，以便于翻译。以长桌做主宾席时，译员也可以考虑安排在对面，便于交谈。但一些国家忌讳以背向人，译员的座位则不能做此安排。在这些国家用长桌做主宾席时，主宾席背向群众的一边和下面第一排桌子背向主宾席的座位均不安排坐人。在许多国家，译员不上席，为便于交谈，译员坐在主人和主宾背后工作，另行安排用餐。

（4）习惯以左手用餐具的客人，则尽量把他们安排在左边没人的座位上，这样席间才不会造成大家的不便，也避免发生碰倒杯子或老是撞到邻座手肘的窘况。

（5）如果是多桌中餐，则每桌都有一位主人或招待人负责照应，其两侧的座位是留给本桌上宾的。除非受到邀请，赴宴者也不宜去坐。

（6）在国内，一般宴请活动中，席位安排要根据实际情况而定。如果主客身份高于主人，为表示对他的尊重，可以把主宾安排在主人的位置上，而主人则坐在主宾位置上，第二主人坐在主宾的左侧。有时赴宴人员不分宾主，如某学术会议宴会，席位安排时可以学术地位或职务、职称高低为依据，确定一人为主人席，然后依次按离主人席远近排列。民间商务宴会，买单者坐主人席位置，其他人员根据买单者意图安排。家庭宴会，由年长者或辈分高者坐主人席位，其他依年龄大小或辈分高低依次排列。

（7）国外的习惯是男女穿插安排，以女主人为准，主宾在女主人右方，主宾夫人在男主人右方。我国习惯按个人本身职务排列，如果夫人出席，常常把女方排在一起，即主宾坐在男主人右方，其夫人在女主人右方。主人方面的陪客应尽可能插在客人之间，以便与客人交谈，避免自己的人坐在一起。在遵从礼宾次序的前提下，尽可能使相邻者便于交谈。

（8）宴会席位安排从来都没有一个统一不变的标准，因国家、地区、民族、宴请对象不同而各有差异。

第四节 酒水礼仪

他山之石

某公司人力资源部主任小叶与公司李经理一起宴请某大学王教授，感谢王教授为公司员工做的培训。宴请中，小叶站在李经理和王教授的对面，拿起酒瓶为他们倒酒。她先拿起李经理的酒杯说："经理，我先给您倒一杯，感谢……"话还没有说完，就被李经理制止了。

小组讨论

为什么李经理没有让小叶把话说完？

俗话说，酒有酒礼，茶有茶道。中国人之所以把喝酒、饮茶看成艺术，就在于其在礼节、环境等各处无不讲究协调。

一、饮酒的礼仪

中国酒文化历经数千载而不衰。不论是喜庆筵席、亲朋往来，还是逢年过节、日常家宴，人们都要举杯畅饮，以增添喜庆气氛。酒能在许多场合使朋友间更融洽、陌生人之间不拘束。

中国风

酒中味

古代文人喝酒讲究雅。王羲之在《兰亭集序》中提到“流觞曲水”，即人们在环曲的水流旁边宴饮，上游放置酒杯，酒杯顺流而下，停在谁的面前，谁就取饮。

酒可以小饮，可以豪饮，可以畅饮，但不可滥饮。很久以前，饮酒就已经有了礼节，就有了规矩。比如饮酒要行酒令，有着“酒令大如军令”的说法。酒令源于西周的酒官制度，最初的作用是为了限制饮酒、监督饮酒者不要失礼。《诗经》中有《宾之初筵》一章，描写了酒后失仪的种种醉态，在最后写了这样一句话：“凡此饮酒，或醉或否。既立之监，或佐之史。”意思是，但凡饮酒，要在现场设立监酒官，有的还设有史官。这个“监”和“史”都是为了对饮酒进行监督，防止滥饮和失仪。

情谊似酒，历久弥香。酒文化本身，在历史中发酵并散发出独特的香味。

（一）上酒的礼仪

人们对酒水通常有自己的偏好，所以一个用心的主人会同时准备红酒和白酒。宴会前请先把白酒放在冰箱里至少 2 小时，或放入装着冰块和冰水的冰酒器 20 分钟。记住，白酒品质愈好，降温所需时间愈短。待客的红酒温度应相当于室温。如果红酒太冰，可建议客人用手暖酒。

（二）斟酒的礼仪

1. 斟酒的方法与顺序

第一次斟酒时，主人可以亲自为所有客人倒酒，依顺时针方向进行，从坐在左侧的客人开始，最后才轮到主人自己。客人喝完一杯后，可以由副主人帮忙为他附近的人添酒。如果同时准备了红酒和白酒，应把两种酒分放在桌子两端。绝对不要让客人用同一个杯子喝两种酒，这是基本的礼仪。斟酒时，在瓶颈垫上一条毛巾防滑（见图 4－9）。在招待客人的家宴上斟酒时，一般应先给长辈、远道而来的客人或职务、职衔较高者斟酒；如属同一辈分或夫妻之间，则应先给对方斟酒；如同一辈分成员较多，则可以按年龄高低或按顺时针方向依次斟酒。按国际惯例，服务员斟酒时应从男主人右侧的女宾或男主宾开始，接着是男主人，由此自右向左按顺时针方向进行。如宴会规格较高，须由两名服务员承担服务工作，其中一名服务员按上述顺序开始，至女主人或第二主人右侧的宾客为止；另一名服务员从女主人或第二主人右侧宾客开始，依次按顺时针方向倒酒，至前一名服务员开始的邻座为止。在国际礼仪中，客人不亲自倒酒，应由主人或服务员负责斟酒。

图 4-9 斟酒

2. 接受斟酒的礼仪

宴席上斟酒时，接受斟酒者一般应起身或俯身，以手扶杯或做欲扶杯状，以示感谢或恭敬。接受斟酒时，酒杯置于桌上原处即可，只要对斟酒者微笑致意，便符合礼仪了。对于拒绝斟酒的人，斟酒者（尤其是斟酒的主人）应该持理解和宽容的态度，不应该强人所难。

3. 拒绝饮酒的礼仪

在宴席上，确实不会喝酒或由于种种原因不打算喝酒的人，通常可以采取以下办法：

（1）主动地要一些非酒类饮料，如汽水、果汁、矿泉水或白开水等，并说明不饮酒的原因。

（2）让斟酒者在自己杯子里斟上一点，但尽可能不喝。因为一般情形下，杯中酒是可以不喝的。

（3）当斟酒者向自己杯子里斟酒时，用手轻轻敲击酒杯的边缘，意思是："我不喝酒，谢谢"。

（4）当服务员斟酒时，可轻声告诉他"我已经够了"或"不用了，谢谢"。不要动手把杯子挪开，或捂住杯口。

（三）敬酒的礼仪

1. 敬酒的顺序

在正式宴席上，一般先由主人向列席的来宾或客人敬酒，会饮酒的人则回敬一杯。如果宴席规模较大，主人则应依次到各桌敬酒，而各桌可由一位代表到主人所在的餐桌上回敬。向外宾敬酒时，应按礼宾顺序由主人首先向主宾敬酒。在国外正式宴席上，通常由男主人首先举杯敬酒，并请客人们共同举杯。一般情况下，客人、长辈、女士不宜首先向主人、晚辈、男士敬酒。

2. 敬酒的注意事项

敬酒时，上身挺直，双腿站稳，手势如图 4－10 所示。敬酒时态度要热情、大方，应起立举杯并且目视对方，而且整个敬酒过程中都不应将目光移开。敬酒要适可而止，因为在很多情况下，敬酒就意味着干杯。有些人借敬酒之名，行灌醉别人之实，这是有违礼仪要求的。需干杯时，应按礼宾顺序由主人与主宾先干杯。正式宴会上，女士一般不宜首先提出为主人、上级、长辈、男士的健康干杯。劝酒要适可而止，尤其在国际交际场合，不宜劝酒。

图 4－10　敬酒的手势

3. 祝酒的技巧

并非所有宴会都有祝酒程序。需要祝酒时，应了解宴请性质，为何人、何事祝酒，以及对方的饮酒习惯，使祝酒的只言片语不失高雅并有针对性。碰杯时，主人和主宾先碰，人多时可同时举杯示意，以不交叉碰为宜。碰杯时要双目平视对方，一般视线集中在对方的眼鼻组成的三角区为佳。

宴会上相互敬酒可以活跃气氛，但要适度，不要勉强他人。本人应控制饮酒量，如不会饮酒，可事先言明喝饮料，切不可因饮酒过多而失言、失态。

在毫无准备的情况下，被推举出来提议祝酒可能是非常令人紧张的。此时最好的解决办法就是说出你的感受。如果你想表现得更有风度、更有口才，就应该增加一些回忆、赞美以及相关的故事或笑话。

祝酒词应当与场合相吻合。婚礼上的祝酒词应该侧重于情感方面，向退休员工表达敬意的祝酒词则应当侧重于怀旧，诸如此类。

在餐会上，致祝酒词通常是男主人或女主人的优先权。如果无人祝酒，客人则可以提议向主人祝酒。如果其中一位主人第一个祝酒，一位客人可以在第二个祝酒。在仪式场合，通常会有一位酒司仪，如果没有，组委会主席会致必要的祝酒词。在不太正式的场合，可以在葡萄酒和香槟酒上来之后，就提议祝酒。祝酒者并不需要把酒杯里的酒喝干，每次喝一小口足矣。

（四）饮酒的礼仪

喝酒也能反映出一个人的格调、品位和文明程度。有些人喝酒时，举起酒杯便一饮而尽，甚至任凭酒水顺着嘴角往下流，显得极其狼狈、粗俗不堪。而真正会喝酒的人则截然不同，他们懂得怎样品酒并且懂得怎样喝酒。

1. 适量饮酒

了解自己的酒量是一件很有必要的事，否则很可能在不知不觉间做出失态的事。食物是最好的酒底子，所以赴宴之前，最好先吃点点心，免得空肚子灌酒，容易酒醉失态。知道自己的酒量后，喝酒时最好打个八折，不要自信心过强，硬要喝个十足才罢手，到那时候恐怕想罢手也不能了。此外，还应该明白，自己喝哪些酒更容易醉倒；两种以上的酒在一席之间喝下肚，自己的胃会如何反应。

2. 随和宽容

随和是饮酒时最重要的礼貌。如果主人有各种牌子的酒，你可以选自己喜欢的酒喝。有些人非某一种酒不喝，作为客人向主人要求喝某种牌子的酒，自以为如此才表示内行，其实是不懂礼貌。

3. 喝酒的速度

喝酒的速度尽可能地不要超过宴会的主人。仰起脖子，一口气把一杯酒倒进口中是很难看的姿态。鸡尾酒也不适合干杯，慢慢喝比快喝要安全。加了冰块的酒，喝得愈慢酒愈淡，慢慢喝也是很聪明的防醉办法。酒能品最好，灌酒是不雅的。

二、以茶待客的礼仪

我国历来就有“客来敬茶”的民俗。早在 3 000 多年前的周朝，茶已被奉为礼品与贡品。到两晋、南北朝时，客来敬茶已经成为社交礼仪。颜真卿《春夜啜茶联句》中有“泛花邀坐客，代饮引清言”。唐代刘贞亮赞美“茶有十德”，认为饮茶除了能健身，还能“以茶表敬意”“以茶可雅心”“以茶可行道”。当今社会，客来敬茶更成为人们日常社交和家庭生活中常见的礼仪。

茶礼

（一）选茶的礼仪

茶一般可以分为五大类，即红茶、绿茶、乌龙茶、花茶、紧压花茶。各类茶都具有与众不同的特色，而不同的人往往对茶又有着各不相同的爱好。以茶待客，当然应该投客人所好。所以沏茶之前，最好先征求客人的意见，根据客人的爱好或要求来选茶。

（二）装茶的礼仪

这里所谓的装茶，指的是向客人的杯（碗）中放入茶叶。装茶礼仪主要涉及两个问题：一是茶具必须完好、清洁。一套完整的茶具，一般包括茶杯（碗）、茶托和茶盘等物。当然，由于具体条件的限制，有些时候往往没有茶托或茶盘。完好指的是每一样茶具都不能有破损，清洁指的是每一样茶具都要洗净，茶杯或茶碗中的茶垢一定要擦掉洗净。二是装茶之前要先洗手。因为装茶是需要用手来操作的，将手洗干净，不仅是卫生的需要，更是对客人的尊重。装茶时应用茶匙，即便洗过手了也不能用手去抓茶叶。

（三）上茶的礼仪

上茶时可由主人向客人献茶，也可由工作人员或服务人员直接向客人献茶（见图 4－11）。主人向客人献茶时，应起身，用双手将茶杯（碗）递给客人，同时道一声“请”。客人亦应起身，用双手接过茶杯（碗），同时道一声“谢谢”。工作人员或服务人员上茶时，一定要注意上茶的先后顺序。在客人与主人之间，要先给客人上茶；在客人与客人之间，要先给主宾上茶。有两位以上的客人时，用茶盘端出的茶，茶色要均匀，并要用左手捧着茶盘底部，用右手扶着茶盘的边缘。如有茶点心，应放在客人的右前方，茶杯应摆在点心右边。上茶时应以右手端茶，从客人的右方奉上，并面带微笑，眼睛注视着客人。

图 4－11　上茶

（四）斟茶的礼仪

这里所说的斟茶，指的是往茶杯（碗）中加入沸水。它可以是开始沏茶时加入沸水，也可以是初次沏茶之后间隔一段时间再往茶杯（碗）中添上或续上沸水。无论是哪种情况，都一定不能将水斟满。因为中国人待客的礼节是“浅茶满酒”“酒满茶半”。斟茶不要太满，以八分满为宜，如果斟满杯（碗），则有厌客或逐客之嫌。主人应注意勤给客人斟茶，而且一般是客人喝了几口马上就给斟上，绝不会等到客人杯（碗）中的茶叶“见天”。在斟茶过程中，客人应该有所示意，或起身，或欠身，或用弯曲的食指或者中指轻轻敲打桌面三下，以示谢意，这叫“金鸡三点头”。斟茶时客人视若无睹或无动于衷，都是不合礼仪的。

（五）劝茶的礼仪

以茶待客时，通常是一边饮茶一边叙谈。这中间，主人可以而且也应当适时地向客人劝茶。劝茶时态度要热情，但要注意免生误解。中国过去曾有以再三请茶暗示客人应该告辞的做法。因此以茶招待老年人或海外华人时，不要一而再再而三地劝对方饮茶。

（六）饮茶的礼仪

俗话说，“吃有吃相，睡有睡相”，饮茶也是一样。无论是客人还是主人，饮茶时都应慢慢地、小口地细心品尝，切忌大口大口地吞咽茶水，或者喝得咕噜咕噜直响。《红楼梦》里的妙玉说：“一杯为品，二杯即是解渴的蠢物，三杯便是饮牛饮骡了。”明朝人许次纾说：“一壶之茶只堪再巡，初巡鲜美，再则甘醇，三巡意欲尽矣。”

此外，饮茶时如遇茶水面上有漂浮的茶叶，可用茶杯（碗）盖将其轻轻拂去，或用嘴将其轻轻吹开，切不可用手将其捞出，又随手扔在地上。

三、品饮咖啡的礼仪

（一）上咖啡的方式

晚宴咖啡应该用小咖啡杯装，底下垫咖啡碟，并附一个小咖啡匙。主人应事先通知服务员在用餐处或另一个房间上咖啡。

若在用餐处喝咖啡，一种上咖啡的方式是，主人或服务员应倒好咖啡再把咖啡杯连碟子放在客人席位桌面的右侧，小匙摆在碟上右端。倒咖啡或送咖啡应像倒酒和其他饮料一样，站在客人右手边进行，然后从客人左手边端上装奶精和糖的托盘。另一种上咖啡的方式是，把放着咖啡杯、咖啡碟、一组咖啡匙、咖啡壶、糖和奶精罐的托盘摆在主人面前，由主人为客人服务。

若在另一个房间用咖啡，一种方式是服务员可以先把咖啡倒好放在一个大托盘里，让客人自己加奶精或糖。另一种方式是把放着咖啡壶、杯子、碟、咖啡匙、糖和奶精罐的托盘放在沙发前的咖啡桌上，主人坐在沙发上为客人服务。客人来拿咖啡时，主人应该问他加多少糖或奶精，然后依正确方式把咖啡杯递给客人。

（二）杯碟的使用有讲究

盛放咖啡的杯碟一般都是特制的，这种杯子的杯耳较小，手指无法穿过去。但即使用杯耳较大的杯子，也不要将手指穿过杯耳端杯子。咖啡杯应放在自己的面前或右侧，杯耳指向右方。

咖啡杯的正确拿法，应是拇指和食指捏住杯耳将杯子端起。喝咖啡时，用右手拿着杯耳，左手轻轻托着咖啡碟，慢慢地移向嘴边轻啜，不可发出响声。不要满把握杯、大口吞咽，或俯首去吸咖啡。若遇到一些不方便的情况，例如，坐在远离桌子的沙发上，不便双手端着咖啡饮用，可用左手将咖啡碟置于齐胸的位置，用右手端着咖啡杯饮用。饮毕，应立即将咖啡杯置于咖啡碟中，不可将二者分别放置。添加咖啡时，不要把咖啡杯从咖啡碟中拿起来。

（三）咖啡匙的使用

咖啡匙是专门用来搅拌咖啡的。搅过咖啡的咖啡匙，上面都会沾有咖啡，应轻轻顺着杯子的内缘将汁液擦掉，绝不能拿起咖啡匙甩动，或用舌头舔咖啡匙。用过的咖啡匙最好放在托盘的内侧，以免端起咖啡杯时碰落。不要用咖啡匙舀着咖啡一匙一匙地喝，也不要用咖啡匙来捣碎杯中的方糖。标准的搅拌手法是将咖啡匙立于咖啡杯中央，先顺时针由内向外画圈，到杯壁再由外向内逆时针画圈至中央，然后重复同样的手法。这种方法可令咖啡浓淡均匀。

（四）闻香品咖啡

一般来说，趁热品尝主人为你端上来的咖啡，是喝咖啡的基本礼节。应注意，喝咖啡不能像喝白开水一样，一口气把一杯都喝完，也不能像喝茶或果汁，连续喝几杯，那样是失礼的。一杯咖啡端到面前，先不要急于喝，应该像品茶或品酒那样，有个循序渐进的过程，以达到放松、提神和享受的目的。一个品尝咖啡的行家里手，一定会在咖啡端上来的那一刻，首先对着咖啡杯深深地吸一口气，体会一下那扑鼻而来的浓香。先闻其香，然后吹开咖啡油再轻啜一小口，这便是咖啡的原味，之后再随个人喜好加入糖、奶。加糖要轻。给咖啡加糖时，有两种情况：一种是加砂糖，可用咖啡匙舀取，直接加入杯内，同时为避免咖啡溅出，添加时位置应尽量低；另一种是加方糖，可先用糖夹子把方糖夹在咖啡碟的近身一侧，再用咖啡匙把方糖加在杯子里。如果用糖夹子或手把方糖放入杯中，可能会使咖啡溅出，弄脏衣服或台布，这是极不礼貌的行为。

喝咖啡时，有时可以吃一些点心，但不要一手端着咖啡杯，一手拿着点心，吃一口、喝一口地交替进行。喝咖啡时应当放下点心，吃点心时则应放下咖啡杯，否则易给人一种贪婪的印象，而且吃相也不文雅。

另外，与他人一起喝咖啡时，切记不要为他人加糖，不知道别人的口味而随便为他人加糖是不礼貌的。

第五节 西餐礼仪

他山之石

小刘正在西餐厅用餐，手机响了，为了不打扰别人他便出去接听。可是等他回到自己的座位一看，傻眼了，因为服务员不仅将他的餐具、餐巾收走了，连刚送来他还没来得及享用的那份牛排也撤下了，还有那份汤，他也才刚刚喝了几口。

小组讨论

服务员为何收走小刘没有用完的餐食呢?

我们通常所说的西餐不仅包括西欧国家的饮食，同时包括东欧各国，还包括美洲、大洋洲、中东、中亚、南亚次大陆以及非洲等国的饮食。西餐一般以刀叉为餐具，以面包为主食。

如今，吃西餐对我们来说已经不是什么新鲜事了，街上各式西式餐馆是我们经常光顾的地方，如要对西餐的礼仪和习惯不了解，就会闹笑话。

一、西餐的座次安排

见本章第三节“座次礼仪”。

二、西餐的上菜次序及配餐酒水

（1）开胃菜和开胃汤，即主菜以外的辅助小菜，大多用水果、蔬菜、熟肉制成。其用途不在于使食欲得到满足，而是要引起食欲。因此，量通常较少。在欧美地区，人们多习惯在进餐厅进餐之前，在大厅或酒吧、休息室等处享用开胃菜或开胃汤，并饮用餐前开胃酒，如鸡尾酒、香槟酒等。

（2）海鲜，常见的有鱼、虾、螃蟹等。

（3）主菜，以肉为主，牛肉是西餐中最主要的肉类。

（4）蔬菜，常见的有花菜、炸土豆片、生菜色拉等。

（5）席间佐餐酒主要喝红、白葡萄酒，而不喝烈性酒。红葡萄酒喝常温的，白葡萄酒则是喝冰镇的。一般来说，吃肉喝红葡萄酒，吃鱼、海鲜喝白葡萄酒。

（6）甜食，如冰激凌。

（7）水果。

（8）咖啡或红茶。

用餐完毕往往还要喝餐后酒。喝餐后酒应当一点一点品尝，不宜一饮而尽。一般喝餐后酒时不再碰杯。餐后饮用甜酒、白兰地酒，用以化解油腻。通常在吃完甜点后饮用。

酒随菜走是西式宴会的一条重要原则。每上一道菜之前先斟酒，一般把酒斟得半满。人们拿起酒杯，先闻一下那扑鼻的芳香，然后再喝。

知识库

西餐的餐具

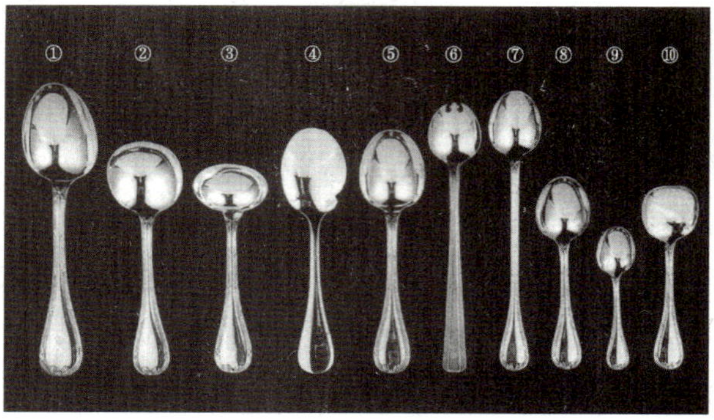

①餐匙（大调羹，table spoon）：鱼蟹羹、炖鱼等用匙

②汤匙（soup spoon）：汤用匙

③肉汤匙（bouillon spoon）：法国肉汤用匙

④酱汁匙（sauce spoon）：舀取汤汁用匙，主要用于鱼类菜肴

⑤甜食匙（dessert spoon）：餐后甜食、冰制食品（蛋奶酥、西式甜饼、布丁等）用匙

⑥甜瓜匙（melon spoon）：白兰瓜、西瓜等水果用匙

⑦长匙（long spoon）：加咖啡粉、苏打粉用匙

⑧茶匙（tea spoon）：咖啡、红茶等用匙

⑨小杯咖啡匙（demitasse spoon）：小杯咖啡、意大利咖啡用匙

⑩雪糕匙（icecream spoon）：奶油水果雪糕或果子露雪糕等用匙

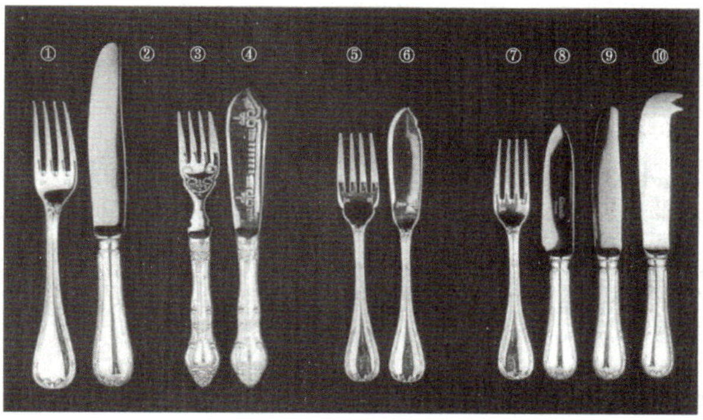

①餐叉（table fork/meat fork）：肉类菜肴、蛋类菜肴用叉
②餐刀（table knife/meat knife）：肉类菜肴、蛋类菜肴用刀
③鱼叉（fish fork）：鱼类菜肴用叉，整体厚实，适于调味汁少的烤鱼或炸鱼
④鱼刀（fish knife）：鱼类菜肴用刀，整体厚实，适于调味汁少的烤鱼或炸鱼
⑤鱼叉（fish fork）：通常使用的鱼类菜肴用叉，整体较薄
⑥鱼刀（fish knife）：通常使用的鱼类菜肴用刀，整体较薄
⑦甜食叉（dessert fork）：小吃、甜食、芝士用叉
⑧水果刀（fruit knife）：水果用刀，有些餐厅作为牛油刀使用
⑨甜食刀（dessert knife）：小吃、甜食、芝士用刀
⑩芝士刀（cheese knife）：芝士用刀

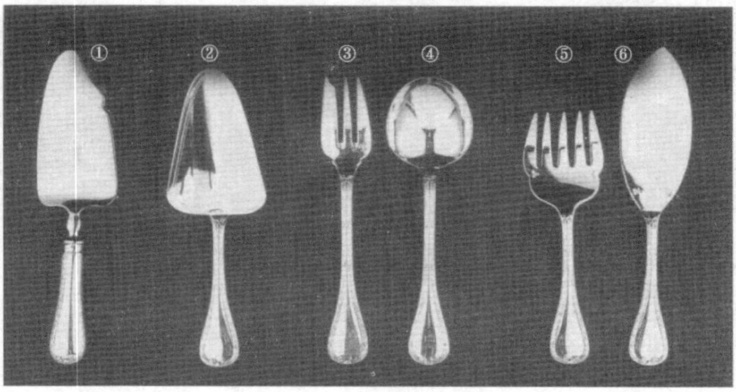

①蛋糕托（cake server）：将蛋糕块移到宾客餐盘时使用
②饼托（pie server）：将切好的饼等移到宾客餐盘时使用
③服务叉（serving fork）：侍应用叉，派菜时使用
④服务匙（serving spoon）：侍应用匙，派菜时使用
⑤鱼类服务叉（fish serving fork）：鱼类菜肴侍应用叉，分派大鱼时使用
⑥鱼类服务刀（fish serving knife）：鱼类菜肴侍应用刀，分派大鱼时使用

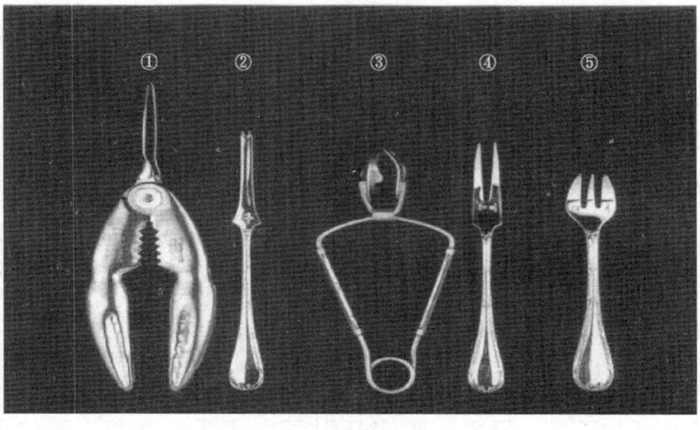

①龙虾夹（lobster cracker）：龙虾用钳子，割开龙虾或大虾壳的用具

②龙虾叉（lobster fork）：龙虾用叉，将虾肉从虾壳中取出的用具

③蜗牛夹（snail tongs）：蜗牛用钳子，取蜗牛肉或向蜗牛壳内放馅时使用

④蜗牛叉（snail fork）：蜗牛用叉，与蜗牛夹配套使用

⑤生蚝叉（oyster fork）：生蚝用叉，除生蚝外，贝类、小虾、蟹类也可使用

①牛油罐或牛油冷却器（butter dish with cover）

②洗指钵（finger bowl）

③糖罐（sugar pot）

④面包篮（bread basket）

⑤水罐或水壶（water pitcher/water pot）

⑥奶罐或奶壶（milk pitcher/milk pot）

⑦面包屑扫除器或面包屑刮铲（crumb scraper）

⑧油醋瓶（oil and vinegar set）

三、西餐的正确食法

（一）汤

除主食外，西餐的第一道菜往往是汤。在主人未拿起汤匙前，客人不得提前食用。喝汤时，要从匙的旁边喝，不要从顶端喝。快喝完时，可用左手托起汤盘向外倾斜，以便舀剩下来的汤。除了用双耳杯盛的汤可端着喝外，其他情况均不可端着喝。注意喝汤时要用匙一勺一勺舀起来喝，不能用嘴直接到碗里或盘里喝汤。如果上的汤附有薄脆饼干，那是让客人边喝汤边吃的。正式宴会上，不要把饼干泡在汤里，也不要拿饼干蘸汤吃。

（二）面包

面包一般先摆上餐桌，但要等喝完开胃汤后才开始食用。面包可持续到上甜品之前，甜品上桌，面包便要撤掉。食用面包应用手掰成小块送入口中，掰一块

吃一块，不要拿着整个面包去咬。抹黄油和果酱时也要先将面包掰成小块再抹，不要用面包蘸汤吃，也不要用面包抹盘子。

（三）鱼、虾、海鲜

食用全鱼时，应用刀将头尾切下，堆在盘边，然后用刀轻轻切割上层鱼肉，用叉叉着吃。吃完上层鱼肉后不可将鱼翻身，要用刀叉剔除其主刺后再食用下层。食用半只海虾或贝类海鲜，可用叉将其肉叉出来再食用。食用整只龙虾，可用手撕去虾壳，然后在飘有花瓣或柠檬片的净手钵中洗手指。

（四）牛排

西餐牛排有三分熟、五分熟、七分熟和全熟之分。一般要全熟的，否则牛排端上来后，你不敢吃或让人端下去重烤是失礼的。切牛排，要由外而内一下一下地切，不要来回锯切，切一块、吃一块。

（五）鸡肉、鸽肉

整鸡整鸽端上来时，应用刀从其胸脯处一剖为二，然后再食用，不可将其翻身。

（六）水果

水果的品种多，吃法也不尽相同。吃苹果、梨等，应先用刀切成数块，然后再用刀去除皮核。削皮除核时，刀口应向内，由外往里削。削好皮后，可用手拿着吃，也可用叉叉起来吃；吃香蕉，应先用刀将皮从中部划开，用刀叉将皮向两边剥开，再将其切成小块，用叉叉食；吃葡萄、樱桃，要一粒粒地叉取，不要整串拿在手中吃。

（七）煮鸡蛋

西餐中的煮鸡蛋一般是半熟的，蛋黄是流质的。吃的时候，要把鸡蛋放在一种供吃煮鸡蛋用的小杯子中，一只手固定住杯子，另一只手拿叉刀敲裂蛋壳，把上半部的蛋壳剥下来放在盘子上，然后用小匙舀鸡蛋吃。吃之前可以放一点食盐。

（八）布丁

一般是叉、勺并用分解成适于人口的小块食用。

（九）咖啡

咖啡的品饮方法详见本章第四节。

本章回顾

- 设宴礼仪主要介绍的是宴请的种类与形式、设宴前的准备与设宴中的礼仪。
- 无论是宴请者还是赴宴者，都应掌握座次安排的基本原则。
- 掌握酒水的基本礼仪规范，从而提高接待水平。
- 了解西餐文化，与国际友人更好地交往，从而展现中国人的现代气质。

中国优秀传统文化传承

茶文化的精神内涵

中国的茶文化源远流长。中国是茶的故乡。中国饮茶，据说始于神农时代。现在中国仍有以茶代礼的风俗。茶文化包括茶道、茶德、茶精神、茶联、茶书、茶具、茶谱、茶诗、茶画、茶学、茶故事、茶艺等。茶的配制是多种多样的：有太湖的熏豆茶、苏州的香味茶、湖南的姜盐茶、蜀山的佚君茶、台湾的冻顶茶、杭州的龙井茶、福建的乌龙茶等。茶文化是高雅文化，社会名流和知名人士愿意参加。茶文化也是大众文化，民众广为参与。茶文化覆盖全民，影响整个社会。作为大学生，应该深入领会和传承它。茶文化的传承实际上是一种茶道的传承，通过沏茶、闻茶、饮茶、品茶，提高人们的文化素养，彰显礼仪之邦的大国之风。

茶文化是指在饮茶活动过程中形成的文化特征。中国素有礼仪之邦之称谓，茶文化的精神内涵即是通过沏茶、赏茶、闻茶、饮茶、品茶等习惯与中国的文化内涵和礼仪相结合而形成的一种具有鲜明中国文化特征的文化现象，也可以说是一种礼节。茶文化是中国具有代表性的传统文化。在中国不同的民族、不同的地区，都有着丰富多样的饮茶习惯和风俗。

种茶、饮茶不等于有了茶文化，还必须有文人的参与。唐代陆羽所著《茶经》系统地总结了唐代以及唐以前茶叶生产、饮用的经验，提出了精行俭德的茶道精神。陆羽和皎然等一批文化人，非常重视茶的精神享受和道德规范，讲究饮茶用具、饮茶用水和煮茶艺术，并与儒、道、佛三教思想交融，而逐渐使人们进入他们的精神领域。在一些士大夫和文人雅士的饮茶过程中，还创作了很多茶诗，仅在《全唐诗》中，流传至今的就有百余位诗人的四百余首，从而奠定茶文化的基础。如今，茶文化已经从民族走向世界，成为一种风靡国际的大众文化。

课后任务

某汽车集团公司与 A 市成功签订了一批出租车生产合同。为了庆祝这项大宗合同的签订，以促进今后的进一步合作，这家汽车集团公司的李董事长设宴款待 A 市相关人员一行。

一、具体内容

学生每 10 人为一组，分别扮演这家汽车集团公司的李董事长、销售部吴部长、东北地区销售处盛处长、秘书小刘和小吴以及 A 市张副市长、出租车公司方经理、副市长秘书小苗和小孙。

情景 1：宴会厅门口。演示迎接客人、引导客人入场就座的过程。

情景 2：演示李董事长、张副市长分别致辞、敬酒的场面。

情景 3：演示席间谈话交流的情景。

情景 4：演示秘书小刘不小心打翻了酒水后正确处理的过程。

情景 5：演示送客的过程。

二、要点

1. 席次安排符合礼仪，要注意将主客方地位相当的人穿插安排在一起就座，以便交流。

2. 充分体会角色特点，认真演示，尤其是席间的致辞和谈话。

3. 演示的过程要连贯。

4. 着装尽量符合职业特点。

三、说明

1. 演示地点可借用学院相应的合适场所，如宴会厅、模拟餐厅等。

2. 演示前可让学生写出祝酒词、答谢辞，但在演示中不要照本宣科。

第五章
商务礼仪

知识目标

掌握商务洽谈的礼仪
掌握商务仪式的程序

技能目标

熟悉商务洽谈的具体要求
正确运用通信礼仪

思政目标

培养语言表达能力和与人沟通能力
掌握职场生活必备礼节，增强自信，塑造良好的个人形象

案例导读

某国企业家应A市农业部门邀请，前来考察，洽谈投资项目。赵英负责此次接待及会议安排工作。在布置会场时，赵英把企业家安排在主人的左手一侧。在会谈中，企业家索要该市农业发展的相关背景资料，赵英没有做准备，只好将中文的背景资料送到企业家的桌上。企业家用英语说："对不起，小姐，我不懂中文。"好在外事部门翻译在现场，将中文资料中的内容用英语进行了介绍，企业家会意地点点头。

启示

从企业的角度来说，掌握一定的商务礼仪不仅可以塑造企业形象、提高顾客满意度和美誉度，并能最终达到提升企业的经济效益和社会效益的目的。商务礼仪是企业文化、企业精神的重要内容，是企业形象的主要附着点。国际化的企业，

对于商务礼仪都有高标准的要求。赵英在接待商务客人时，对商务接待常识了解不到位，还需要不断加强学习。

第一节 商务洽谈礼仪

他山之石

李丹高职毕业后，凭借流利的英语和丰富的历史文化知识，进入了一家贸易公司。她工作努力，业绩突出，赢得了领导和同事的信赖。在一次贸易会谈时，李丹自恃与客户比较熟，大模大样地坐在客户身旁，却没有注意到此客户自带的翻译就在身后。公司领导向李丹示意，但李丹浑然不觉。领导只好命令李丹坐回自己该坐的位置。众目睽睽之下，李丹尴尬万分。

小组讨论

李丹犯了什么错误？她应该坐在哪里？

商务洽谈是为了增进了解和信任，促进合作，谋求共同发展。我们主要介绍会见、会谈和谈判三种商务洽谈。会见一般是礼节性的，是为了加强情感、交换意见；会谈和谈判是事务性的，是为了解决问题。

一、会见和会谈

（一）会见和会谈概述

会见和会谈是两项较正规而又联系紧密的活动。会见，国际上一般称为接见或拜会。凡身份较高的人士见身份较低者，或是主人见客人，一般都称为会见。凡身份较低的人士见身份较高者，或是客人见主人，一般称为拜会或拜见。我国不做上述区分，一律统称会见。接见和拜见后的回访称回拜。

就会见的内容而言，有礼节性会见、政治性会见、事务性会见。礼节性会见时间较短，通常是半小时左右，话题较为广泛，形式也比较随便。政治性会见一般要谈论双边关系、国际局势等重大问题，话题较为严肃，形式较为正规。事务性会见则涉及业务商谈和经贸、科技、文化交流等内容，有较强的专业性，时间较长，也较严肃。商务组织主要参加的是事务性会见。

会谈是指双方或多方就某些重大的政治、军事、经济、文化问题以及其他共同关心的问题交换意见，也可以指洽谈公务，或就具体业务进行谈判。商务会谈指洽谈业务，即就具体业务进行谈判、会商。会谈的内容较为正式，专业性较强。

会见与会谈往往相辅相成。上司出面会见客人，往往为正式会谈定下基调或创造条件。会见中双方达成的原则性共识，往往要通过具体而细致的会谈加以系统化、条文化；有时，会谈也是为上司之间的高峰会见做准备。

（二）会见和会谈的准备

会见和会谈是企业常见的商务活动，为上司做好会见会谈的准备工作是秘书的必备技能之一。会见与会谈前的充分准备是保证会见与会谈成功的关键。

1. 资料的准备

会见与会谈总是为了达成某种目的而进行的。由于会见与会谈是双边的，为了达到目的，首先要了解对方的意图。在会见与会谈之前，应通过各种渠道了解以下内容：

（1）对方求见的目的。

（2）对方求见的对象。

（3）对方相关社会背景，如习俗、禁忌、礼仪特征等。

（4）对方参加会见（会谈）的人数、姓名、职务等。

（5）主要求见人（对方主谈人）的详细资料等。

以上资料，可帮助判断对方的真实意图，制定我方的目标和策略。

如果是国家间的会见与会谈，则应准备两种文字（我方、对方国文字）的文字资料，以供参阅。

2. 提前通知

会见一般由上司出面，除单独会见外，通常还要安排陪同人员及译员。

（1）通知主方接见人。

接见人要根据求见方的要求、双方的关系，以及会见的内容、性质而定。如果不能满足对方的求见要求，应做好解释工作。

（2）通知主方陪同人员。

会见时，主方陪同人员不宜过多，只要求有关人员参加。

（3）通知主谈人。

主谈人的级别应与对方大致相等，并有权代表本企业。主谈人对谈判起主导作用，故应慎重选择。一般要求熟悉情况、擅长业务、老练稳重、机智敏捷、善于言辞和交际。

（4）通知其他会谈人员。

其他会谈人员的群体结构也应当合理。要在确定主谈人的同时，确定其他参加人员。

在主方参加会见与会谈的人员确定后，接待人员要及早通知有关人员，并协助做好准备。

（三）会见和会谈的地点和时间

1. 会见的地点和时间

会见的地点一般安排在主人的办公室、会客室或小型会议室，也可在客人的住所进行。

会见的时间应根据会见的性质来定。礼节性会见，一般安排在客人到达后的第二天或宴请之前；其他会见，则根据需要确定时间。

2. 会谈的地点和时间

会谈地点一般安排在客人所住的宾馆会议室。

会谈的时间安排应先征求对方的意见。

会见与会谈的名单、地点、时间一旦确定，应及时通知对方。同时，还要了解客人的抵达方式，以便告知主方的接送方式及接送人员。如果是重要的会见和会谈，事先应由秘书或其他工作人员进行预备性磋商，确定会见、会谈的具体日程。

（四）会见和会谈的座次安排

1. 会见的座次安排

会见通常在专门的会客厅、会议厅、办公室等场所举行。各国有不同的会见礼仪程序，有时宾主各坐一边，有时穿插坐在一起。我国习惯在会客厅会见，双方一般应分边而坐；主方坐左边，客方坐右边；主宾席靠近主人席，译员、记录人员安排坐在主人或主宾的侧后边；主方陪见人在主人左边一侧按身份高低依次就座，其他客人按礼宾顺序在主宾一侧就座。座位不够可在后排加座。

会见时应遵循“主左客右”的原则，即客人坐在主人的右边。座位通常排成扇形或半圆形，如图 5－1 所示。

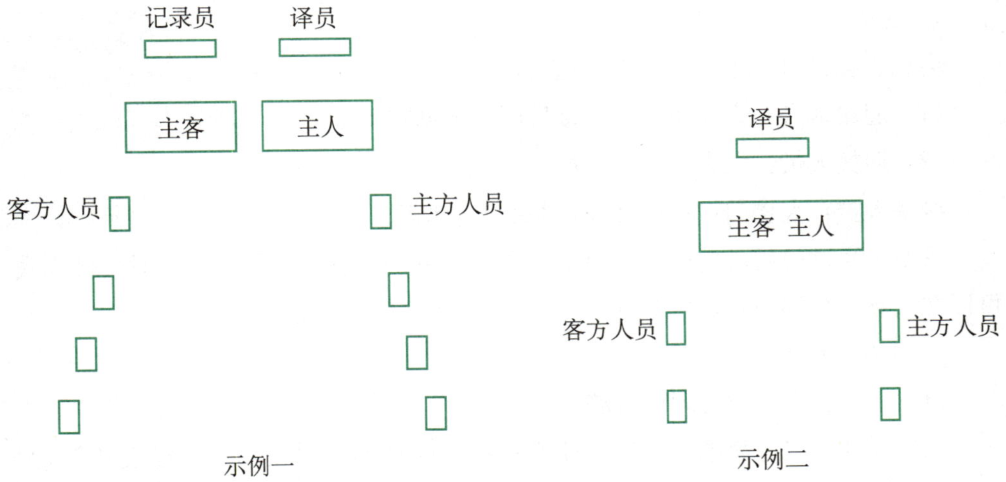

图 5－1 会见座次安排

2. 会谈的座次安排

只有两方参加的会谈叫双边会谈；有多方参加的会谈称多边会谈。双边会谈通常采用长方形、椭圆形或圆形桌子，宾主相对而坐，以正门为准，主人应位于背门一侧或门的左侧，来宾面对正门而坐或坐在门的右侧，双方主谈人居中。我国习惯把译员安排在主谈人右侧，但有的国家让译员坐在后面，一般应尊重主人的安排。其他人按礼宾顺序左右排列（见图5-2）。记录员一般安排在后面，参加会谈的人数不多时，也可安排在前面就座。

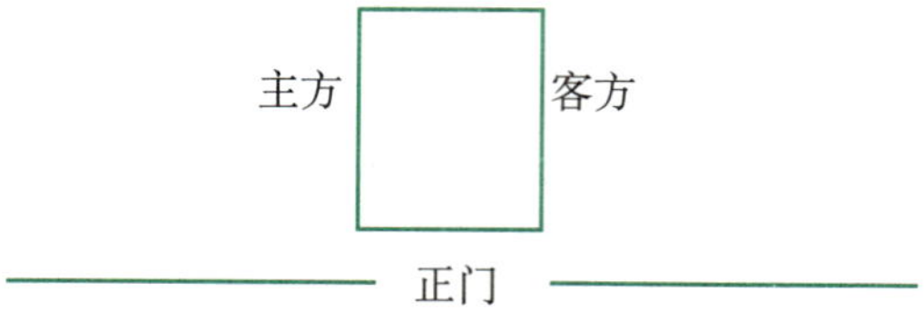

示例一

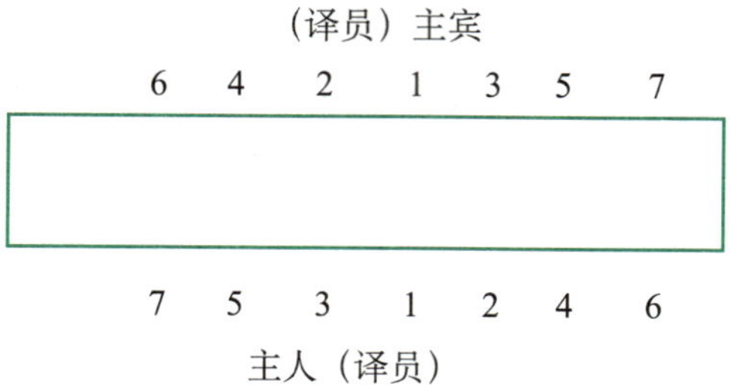

示例二

图5-2 会谈座次安排

如会谈桌一端向正门，则以入门的方向为准，右为客方，左为主方。多边谈判，座位可摆成圆形、方形等。小范围会谈时，有时不用长桌，只设沙发，双方座位按会见座位安排。

（五）会见和会谈的基本程序

1. 迎接

会见、会谈时，主人应提前到达。

（1）迎接地点：大楼正门口；接见厅、会见室门口。

（2）迎接人员：主人；接待人员。

接待人员在大楼门口迎候客人，并引入会见厅。

重要来宾进门后，应由代表团团长向主人一一介绍代表团成员；对一般来宾，可以在入座后分别介绍宾主双方。

2. 致辞、赠礼、合影

（1）致辞：主宾双方均可致辞。

（2）赠礼：双方简单致辞后，互赠礼品，礼品不一定很昂贵，能表达敬意与友谊即可。

（3）合影：如有合影仪式，应事先安排好合影位次，准备好必需的摄影器材。合影位次一般是主人居中，主人的右侧为上，主客双方按礼宾顺序排列。第一排的人员既要考虑身份，又要考虑能否都摄入镜头。主方人员通常分站两端。

3. 会见或会谈

合影完毕，参加会见、会谈的人员即可落座。主人可请客人先入座，或双方一起落座，但主人不能自己抢先坐下。

双方入座后开始会谈时，除陪同人员和必要的翻译、记录员之外，其他工作人员应退出。在会见、会谈的整个过程中，不允许其他人员随意出入。

主谈人交谈时，其他人员不得交头接耳，也不能翻看与会谈无关的材料，不允许打断他人的发言。

正式会谈如允许新闻记者采访，通常也只是在正式谈话开始前采访几分钟，新闻摄影通常是在主人和主宾站立握手、面向新闻记者时拍摄。之后，新闻记者与其他无关工作人员一同离开会场，会谈正式开始。

4. 记录

会见或会谈时，均要有专人做记录，填写情况记录表。

5. 会见与会谈结束

会见或会谈结束后，主人应将客人送至门口或车前，握手道别，目送客人离去后才可退回室内。整个会见或会谈的程序工作暂告一段落。

秘书人员要在整个会见与会谈的过程中，做好会见与会谈人员的食宿、交通、参观访问等一切事宜的服务工作。

二、谈判

（一）谈判概述

商务谈判是最重要的商务活动之一。所谓谈判，是指在商务交往中，彼此存在着某种关系的有关各方，为了进行合作、拟定协议、签订合同，或是为了处理争端、消除分歧，而坐在一起进行讨论与协商，以求达成某种程度上的妥协。正规、正式的谈判，在礼仪方面是很注重的。大多数正式的商务谈判，都是按照约定俗成的礼仪程序进行的。

（二）谈判的准备工作

1. 仪表方面的准备

对于正式出席谈判的人员在仪表上有严格的要求和统一的规定。男士应当理发、剃须，不准蓬头垢面，不准留胡子或长鬓角。女士应该选择端庄、素雅的发型，并且化淡妆，不可染彩色头发，不可化艳妆或使用香气过浓的化妆品。

在仪表方面，服装是最应重视的。由于谈判事关重大，所以谈判者应穿着传统、简约、高雅和规范的正式服装。男士最好选择西装，不能选择夹克衫、牛仔裤、短袖衬衫、旅游鞋等；女士最好选择套裙，不能选择运动装、休闲装或比较性感的服装，也不能浑身上下戴满饰品，不宜穿细高跟的皮鞋。重视仪表，既是对自己的尊重，也是对他人的尊重。

2. 谈判场所的准备

根据商务谈判举行地点的不同，可以将谈判分为客座谈判、主座谈判、主客座轮流谈判以及第三地点谈判。谈判地点应由双方协商而定。如果是主座谈判，那一定要在礼仪方面多做准备，毕竟“礼多人不怪”。

3. 谈判的座次

在举行正式的谈判时，座次问题既涉及谈判者对规范的尊重，也体现出谈判者给予对手的尊重。

举行双边谈判时，应使用长桌或椭圆形桌子，宾主分坐于桌子两侧。若桌子横放，则面对正门的一方为上座，应属于客方；背对正门的一方为下座，应属于主方。若桌子竖放，应以进门的方向为准，右侧为上，属于客方；左侧为下，属于主方。

在进行谈判时，各方的主谈人员应在自己一方居中而坐。其余人员则应遵循右高左低的原则，依照职位的高低自近而远地分别在主谈人员的两侧就座。假如需要译员，则安排其就座于仅次于主谈人员的位置，即主谈人员之右。

举行多边谈判时，按照国际惯例，一般以圆桌为谈判桌，这样尊卑的界限就被淡化了。但在具体就座时，依旧讲究有关各方的与会人员应尽量同时入场、同时就座。主方人员也不应该在客方人员之前就座。

（三）谈判的程序

理论上讲，谈判的过程由七步组成，包括：探询、准备、磋商、小结、再磋商、终结和谈判的重建。其中的每一个步骤都有一系列的准备工作，需要做得详尽和充分。

小故事

分橙子

妈妈把一个橙子给了两个孩子。这两个孩子便讨论起来如何分这个橙子。两个人吵来吵去，最终达成了一致意见，由一个孩子负责切橙子，而另一个孩子选橙子。结果，这两个孩子按照商定的办法各自取得了一半橙子。第一个孩子把半个橙子的皮剥掉扔进了垃圾桶，把果肉放到果汁机中榨果汁喝。另一个孩子把果肉挖掉扔进了垃圾桶，把橙子皮留下来磨碎了，混在面粉里烤蛋糕吃。从上面的情形，我们可以看出，虽然两个孩子各自拿到了看似公平的半个橙子，然而，他们各自得到的东西却未物尽其用。这说明，他们在事先并未做好沟通，也就是两个孩子并没有申明各自利益所在。

在现实生活中，很多“橙子”也是这样被分配和消耗掉的。人们争执并且因此造成两败俱伤的根本原因之一，就是各方的行动策略是相互独立的，缺乏协调而失去了很多共赢的机会。如果两个孩子充分交流各自所需，他们就会想办法把果肉和果皮分开，各自获得利益最大化。

【启示】

商务谈判的过程实际上也是一样。好的谈判者并不是一味固守立场，追求寸步不让，而是要与对方充分交流，从双方的最大利益出发，创造各种解决方案，用相对较小的让步来换得最大的利益，而对方也是遵循相同的原则来取得交换条件。在满足双方最大利益的基础上，如果还存在达成协议的障碍，那么就不妨站在对方的立场上，替对方着想，扫清达成协议的一切障碍。这样，最终的协议是不难达成的。

资料来源：https：//www. docin. com/p－423525676. html.

第二节　商务仪式礼仪

他山之石

在一次商务活动中，我国企业代表与外国商务代表协商签订了一份商务合同后，举办了一场有关商品的剪彩仪式。在仪式中，当我国企业代表致辞时，他说：“先生们、女士们，大家下午好，我非常高兴……”当时，外国商务代表中有两位女士、三位男士，他们均流露出不愉快的表情。后来，在剪彩过程中，这位企业代表不小心把剪下的红缎带大花掉落在主席台上。虽然他一再解释是自己的疏忽造成的错误，但外国商务代表仍然非常生气，离席而去。

小组讨论

本案例中的我国企业代表有一些细节和失误导致商务仪式出现了遗憾，你知道哪些地方不妥当吗？

在商务活动中，有许多仪式活动是经常遇到的，主要有签字仪式、开业仪式和剪彩仪式等。安排好这些仪式活动有助于商务活动的顺利开展，而商务人员要懂得这些仪式礼仪规范，才会不失身份。因此，仪式礼仪是开展商务活动时的必修课程。

一、签字仪式

（一）签字仪式概述

商务活动中，双方经过业务洽谈、讨论，就某项重要交易或合作项目达成一致，就需要把谈判成果和共识用准确、规范、符合法律要求的格式和文字记载下来，经双方签字盖章形成具有法律约束力的文件。围绕这一过程，一般都要举行签字仪式。签字仪式一般发生在社会团体、商业机构或涉外机构之间，是一种比较隆重、正式的礼仪，礼仪规范比较严格。

（二）签字仪式的准备

签字仪式是由双方正式代表在有关协议或合同上签字并产生法律效力，体现双方诚意和共祝合作成功的庄严而隆重的仪式。因此，主办方要做好充分的准备工作。

1. 布置签字厅

我国常见的布置为：在签约现场的厅（室）内，设一加长条桌，桌面上覆盖着深冷色台布（应考虑双方的颜色禁忌），桌后只放两张椅子，供双方签字人签约时用。礼仪规范为客方席位在右，主方席位在左。桌上放好双方待签的文本，上端分别置有签字用具（签字笔、吸墨器等）。如果是涉外签约，在签字桌的中间摆一国旗架，分别挂上双方国旗，注意不要放错方向。插放国旗的位置与顺序，必须按照礼宾序列而行。例如，签署双边性涉外商务合同时，有关各方的国旗须插放在该方签字人座椅的正前方。如果是国内企业之间的签约，也可在签字桌的两端摆上写有企业名称的席位牌。签字桌后应有一定空间供参加仪式的双方人员站立，背墙上方可挂上“××（项目）签字仪式”字样的条幅。签字桌的前方应开阔、敞亮，如请媒体记者应留有空间，配好灯光。现场布置的总原则是庄重、整洁、清静。

2. 确定参加仪式的人员

双方应商定助签人员，并安排双方助签人员洽谈仪式程序和其他有关细节。参加签字仪式的双方或多方，应通过协商确定出席正式签字仪式的人数。通常情况下，各方参加仪式的人数应大致相同。正式参加签字仪式的，一般是双方参加会谈的人员，有时为了表示对签字仪式的重视，往往还邀请主方或双方的高级人士出席仪式，以示正式和庄重。

3. 文本的准备

签约之“约”事关重大，一旦签订即具有法律效力。所以，待签的文本应由双方与相关部门指定专人，分工合作做好文本的定稿、翻译、校对、印刷、装订等工作。除了核对谈判内容与文本的一致性以外，还要核对各种批件、附件、证明等是否完整准确、真实有效以及译本副本是否与样本正本相符。如有争议或处理不当，应在签约仪式前，通过再次谈判以达到双方谅解和满意方可确定。主办方应为文本的准备过程提供周到的服务和方便的条件。

待签的文本，应以精美的白纸印制而成，按大八开的规格装订成册，并以高档材料如真皮、金属、软木等作为其封面。

4. 服饰的规范

按照规定，签字人、助签人以及随员在出席签字仪式时，应当穿着具有礼服性质的深色西装套装、套裙或中山装套装，并且配以白色衬衫与深色皮鞋。男士还必须系上单色领带，以示正规。

签字仪式上的礼仪人员、接待人员，可以穿工作制服，或是旗袍一类的礼仪性服装。

5. 座次安排

（1）签署双边性合同。

1）客方签字人在签字桌右侧就座，主方签字人则同时就座于签字桌左侧。

2）双方各自的助签人，分别站立于己方签字人的外侧，以便随时给签字人提供帮助。

3）双方其他随员，可以按照一定的顺序在己方签字人的正对面就座；也可依照职位的高低，依次自左至右（客方）或是自右至左（主方）排成一行，站立于己方签字人的身后。

4）当一行站不开时，可按照以上顺序并遵照“前高后低”的惯例，排成两行、三行或四行。

5）原则上，双方随员人数应大体上相当。

（2）签署多边性合同。

1）一般仅设一把签字椅。

2）各方签字人签字时，须依照有关各方事先同意的先后顺序依次上前签字。

3）助签人应随之一同行动。在助签时，依“右高左低”的规矩，助签人应站立于签字人的左侧。

4）有关各方的随员，应按照一定的序列，面对签字桌就座或站立。

（三）签字仪式的程序

1. 签字仪式正式开始

有关各方人员进入签字厅，在既定的位次上各就各位。

2. 签字人正式签署合同文本

通常的做法是首先签署己方保存的合同文本，接着再签署他方保存的合同文本。商务活动规定：每个签字人在己方保存的合同文本上签字时，应当名列首位。

3. 签字人交换合同文本

签字人正式交换已经有关各方正式签署的合同文本，然后应热烈握手，互致祝贺，并相互交换各自一方刚才使用过的签字笔，以示纪念。全场人员应鼓掌表示祝贺。

4. 共饮香槟酒互相道贺

交换已签的合同文本后，有关人员，尤其是签字人，当场干一杯香槟酒是国际上通行的用以增添喜庆色彩的做法。一般情况下，商务合同在正式签署后，应提交有关方面进行公证，此后才正式生效。

二、开业仪式

（一）开业仪式概述

开业仪式是指商业企业在正式营业时举行的热烈的庆祝仪式，有时亦称作开业典礼、开幕仪式。开业仪式的基本要求是热烈、隆重；开业仪式的目的是扩大企业知名度、树立企业形象。由于开业仪式牵涉面甚广、影响较大，因此要认真进行准备。准备开业仪式，在指导思想上要遵循“热烈”“节俭”“缜密”三原则，力戒沉闷、乏味与过于铺张浪费、盲目攀比，力求周密、细致，严防百密一疏、临场出错。

（二）开业仪式的准备工作

1. 做好宣传工作

（1）企业可以在报纸、电台、电视台广泛发布广告或在告示栏中张贴开业告示，以引起公众的注意。

（2）广告或告示的内容一般包括：开业典礼举行的日期和地点、企业的经营范围及特色、开业的优惠情况，等等。

（3）开业广告或告示发布时间：开业前的 3～5 天。

（4）邀请媒体记者在开业仪式举行时到现场进行采访、报道，予以正面宣传。

2. 拟定邀请人员名单

除媒体记者外，参加开业仪式的人员还应包括：

（1）政府相关部门的领导。主要是表达企业对上级机关的感谢及希望能继续得到支持。

（2）社会知名人士。通过他们的名人效应，更好地提升企业的形象层次。

（3）同行业代表。希望能与他们同舟共济、彼此合作、促进友谊、共谋发展。

（4）社区负责人及客户代表。搞好企业与社区关系，求得与社区的共同繁荣，表明企业与客户的亲密合作关系。

同时也应列出本企业参加开业仪式的领导、员工代表和服务人员的名单。

3. 发放请柬

（1）提前一周发出请柬，便于被邀者及早安排和准备。

（2）请柬的印制要精美，内容要完整，文字要简洁，措辞要热情。被邀者的姓名要书写工整，不能潦草马虎。

（3）一般的请柬可派员送达，也可通过邮寄送达。给有名望的人士或主要领导的请柬应派专人送达，以表示诚恳和尊重。

4. 做好场地布置工作

（1）开业仪式的场地可以安排在正门之外的广场，也可以在正门之内的大厅。

（2）不布置主席台或座椅。按照惯例，举行开业仪式时宾主一律站立，故一般不布置主席台或座椅。

（3）现场装饰。为显示隆重与敬客，可在来宾尤其是贵宾站立之处铺设红色地毯；在场地四周悬挂横幅、标语、气球、彩带等；在醒目处摆放来宾赠送的花篮、牌匾等。

5. 做好其他物质准备

（1）用品准备：来宾的签到簿；本单位的宣传材料；彩带、剪刀、托盘；待客的饮料；等等。

（2）设备准备：音响、录音录像、照明设备以及开业典礼所需的各种用具、设备，必须事先认真进行检查、调试。

6. 安排接待服务人员

（1）在开业仪式的现场，一定要有专人负责来宾的接待服务工作。

（2）除要求本单位全体员工在来宾面前人人都要以主人翁的身份热情待客、有求必应、主动相助之外，更重要的是分工负责、各尽其职。

（3）在接待贵宾时，须由本单位主要负责人亲自出面。

（4）在接待其他来宾时，则可由本单位的礼仪小姐负责。

（5）若来宾较多，须为来宾准备好专用的停车场、休息室，并应为其安排饮食。

7. 做好礼品馈赠工作

根据常规，开业仪式向来宾赠送的礼品，应具有如下三大特征：

（1）宣传性。可选用本单位的产品，也可在礼品及其外包装上印上本单位的企业标志、广告用语、产品图案、开业日期等。

（2）荣誉性。要选择具有一定纪念意义的礼品，使拥有者对其珍惜、重视，并为之感到光荣和自豪。

（3）独特性。它应当与众不同，具有本单位的鲜明特色，使人一目了然，令人过目不忘。

8. 准备开幕词、致谢词

开幕词、致谢词要言简意赅、热情庄重，起到密切感情、增进友谊的作用。

9. 拟定程序

典礼的程序有严格的先后顺序，事先应做好妥善安排。

（三）开业仪式的程序

1. 迎宾

接待人员在会场门口接待来宾，请来宾签到后，引导来宾就位。若不设座位，则告诉来宾其所在的具体位置。

2. 典礼开始

主持人宣布开业典礼正式开始，全体起立，奏乐，宣读重要嘉宾名单。

3. 致贺词

由上级领导和来宾代表致贺词，主要表达对开业单位的祝贺，并寄予厚望。由谁来致辞事先要定好，以免当众推来推去。对外来的贺电、贺信等不必一一宣读，但对其署名应予以公布。

4. 致谢词

由本单位负责人致谢词，其主要内容是向来宾及祝贺单位表示感谢，并简要介绍本单位的经营特色和经营目标等。

5. 揭幕

由本单位负责人和一位上级领导或嘉宾代表揭去盖在牌匾上的红布，宣告企业正式成立。在场全体人员在音乐声中热烈鼓掌祝贺。在非限制燃放鞭炮的地区还可燃放鞭炮庆贺。

6. 迎客

揭牌匾后，会有大批客户随出席开业仪式的嘉宾一道进入公司，边参观边进行业务接洽。公司的工作人员应恭敬热情地欢迎他们，并赠以开业纪念小礼品（如印有公司名称、电话、开业日期的购物袋、印刷品、小挂件等）。当日销售，大多数企业都实行让利优惠。

7. 结束

如有必要，可安排来宾就餐、观看文艺节目等。

三、剪彩仪式

（一）剪彩仪式概述

剪彩仪式是指有关组织为了庆贺公司的设立、工程的奠基或竣工、大型建筑物的启用、道路桥梁的开通、博览会的开幕等举行的一种隆重的庆祝活动和宣传活动。因其主要活动内容是邀请专人使用剪刀剪断被称为“彩”的红色缎带，故被人们称为剪彩。

剪彩源于 20 世纪初的美国。美国一个小镇上有一家商店即将开业，店主让利大促销，他为了防止顾客提前进入店内，便在店门前拉了一条布带子。正当顾客迫不及待地等在店门口准备进去采购货物的时候，店主的小女儿牵着一条小狗从店里跑了出来，那条“不谙世事”的小狗不小心把店门前拉着的布带子碰落了下来，等候在店外的顾客误以为是已经可以进店采购了，便一拥而入，争相抢购。从此，小店顾客盈门。店主从这次偶发的事件中得到启迪，在后来的几家连锁店开张时如法炮制，每家店的生意都很好。于是，人们纷纷模仿，并赋予它一个美妙的名称“剪彩”。现在，剪彩已风靡全球，从最初人们用来促销的一种手段发展成为商务活动中的一种重要仪式，并形成了一整套礼仪规范和要求。

（二）剪彩仪式的准备

1. 剪彩物件的准备

（1）红（彩）色的缎带、绸带，应具有一定的宽度，根据需要结成等距离的若干彩球。为节约起见，不必选用整幅的长带，一般使用约两米的红带与彩球联结而成即可。有的单位用质地较好的彩纸取代，效果也很好。

（2）剪刀应选用新的，为显示隆重热烈，讲究的单位选用金色的剪刀。要注意事先应试一试刀口的锋利程度，剪彩时“一刀两断”寓意开张顺利，因此要避免剪彩现场出现差错。

（3）托盘和剪刀、彩球的数量应与剪彩者的人数相一致。托盘供接剪下的彩球之用，应该华贵而醒目、大小适中、质地考究。每个托盘中放置新剪刀一把，白色薄纱手套一副，用红绒布衬垫。使用时由礼仪小姐双手递送给剪彩者。

2. 剪彩者的确定及礼仪要求

剪彩者主要在应邀的来宾中产生，其身份和影响力应与剪彩仪式的内容和规格相统一。一般为上级领导、部门主管、社会名流以及专家顾问、合作伙伴和本单位代表，视情况确定一人或多人参与剪彩。剪彩者确定后，对本单位以外的剪彩者，必须由本单位的负责人员亲自出面或委派代表前往邀请，只打个电话或发个请柬显得过于草率。现场剪彩者如果不止一位，在邀请时应征得几位剪彩者的同意。

剪彩者是剪彩仪式的主角，由于他们的特殊身份，更易于为人们和媒体关注。他们在仪式上的举止行为，要特别注意做到符合礼仪规范。具体要求如下：

（1）修饰自己的仪表着装。剪彩者的仪表要庄重、整齐，着装要正规、严肃。着中山装、西装或职业制服均可，以剪彩内容的需要而定。头发要梳理整齐，脸部要洁净，给人以容光焕发、干净利落的好印象。

（2）注意剪彩中的举止行为。剪彩者在仪式全程中，应始终保持稳重的姿态、洒脱的风度和优雅的举止。起身剪彩时，应面带微笑地稳步走向待剪的彩带，从礼仪小姐的托盘中自取剪刀，并向礼仪小姐及两边的拉彩带者微笑示意，然后严肃认真地将彩带一刀剪断。如果剪彩者不止一人，还应当兼顾其他各位，彼此尽量同时开剪。剪完后，将剪刀放回托盘，并举手向人们致意或鼓掌祝贺。

（3）尊重主办单位，尽力配合仪式进程。剪彩者一定要按照约定的时间提前来到仪式现场。到现场后，可与主办单位或其他先到一步的嘉宾交流，不宜独坐一隅。仪式开始后，则应专心倾听别人的发言，关注仪式进程，不宜与人谈笑。剪彩归来回位之前，应先和主办单位的代表握手致贺，礼节性地谈几句。在后续活动中，也应善始善终，听从主办单位的安排。切忌指手画脚、自以为是，令主办单位为难。

3. 礼仪小姐的选定及礼仪要求

礼仪小姐是剪彩仪式中负责引领宾客、拉牵彩带、递剪接彩等工作的服务人员，在仪式中担任着重要角色。礼仪小姐可从公关公司、旅游公司及礼仪公司中聘请，或向社会招募，也可以在本单位女职工中挑选。条件一般是容貌姣好、仪态端庄大方，还要有一定的文化素养和气质，比较年轻和健康等。对挑选出的礼仪小姐，应该进行必要的培训，让大家懂得剪彩仪式的意义和自己的责任，熟悉剪彩仪式的程序和应有的礼节，落实各自的分工和位置，以确保仪式有条不紊地进行。

（1）仪容要高雅。剪彩仪式上的礼仪小姐，多数情况下统一身着传统的礼仪服装——旗袍（也有穿西式套装的），脚穿黑色高跟皮鞋，化淡妆，盘起头发，面带微笑，步履轻盈。要争取一举一动、一颦一笑都能给人以美的感受，做到典雅大方、光彩照人。

（2）举止行为要规范。在仪式进行中，礼仪小姐应训练有素，走有走姿，站有站相，整齐有序，动作一致。尤其应注意做到的是，始终保持应有的微笑，这一点最重要，又最不容易做得好，主办单位必须加以强调。如果在仪式进行中有点小意外（比如剪了几次，仍未能剪断彩带）发生，礼仪小姐应冷静地处理，不可手忙脚乱、大呼小叫。

（3）工作责任心要强。礼仪小姐在剪彩仪式中，应以规范的举止展示本单位的形象和风采。应当意识到，自己在仪式上的一点点粗心大意都会给来宾留下深刻的印象，给本单位带来损失。所以礼仪小姐的工作需要有高度的自控力和责任心。如果在仪式进行中，礼仪小姐不知去向，或丢三落四，或面无表情，势必破坏剪彩仪式的热烈气氛，影响仪式的最终效果。

（三）剪彩仪式的程序

1. 就座

一般情况下，会场只安排剪彩者、来宾及本单位主要领导和部门负责人的座位，剪彩者应就座于前排。

2. 正式开始

主持人宣布剪彩仪式开始后，全体鼓掌，请乐队演奏欢快热烈的乐曲以烘托气氛，同时，礼仪小姐应排成一行率先登场，从两侧同时登台或从右侧登台均可。拉彩者与捧花者站成一行，拉彩者处于两端拉直红色缎带，捧花者各自双手捧一朵花团。托盘者须站立在拉彩者与捧花者身后一米左右，并自成一行。此后，主持人介绍重要来宾并向他们表示感谢。

3. 奏国歌

全体起立，奏国歌，亦可演奏本单位的“标志性”歌曲。

4. 宾主致辞

发言者有东道主单位的代表、上级主管部门的代表、地方政府的代表、合作单位的代表等。内容应言简意赅，重点在介绍、道谢和致贺。

5. 开始剪彩

主持人向全体到场者介绍剪彩者，剪彩者应面带微笑向大家致意。剪彩者在礼仪小姐引导下走向剪彩位置，应让中间主剪者走在前面，其他剪彩者紧随其后走向自己的剪彩位置。托盘者在剪彩者均已到达既定位置之后，应前行一步，到达剪彩者的左后侧，呈上白手套、新剪刀。剪彩者应微笑致谢并表情庄重地将缎带一刀剪断。如有几位剪彩者共同剪彩，则应协调好彼此的行动。剪彩时，剪彩者还应和礼仪小姐配合，注意让彩球落入托盘内。剪彩者在剪彩成功后，可以右手举起剪刀，面向全体到场者致意，然后放下剪刀、摘下手套，举手鼓掌。接下来，可依次与东道主进行礼节性的谈话并握手道贺，然后退场。

6. 剪彩结束

不管是剪彩者还是助剪者，在上下场时，都要注意井然有序、步履稳健、神态自然。在剪彩过程中，更要表现得落落大方。待剪彩者退场后，礼仪小姐方可列队退场。

剪彩仪式结束后，东道主通常以自助餐的形式招待来宾，或以纪念性的礼品赠送来宾。

第三节　通信礼仪

他山之石

小林办公室的电话铃响了，她手里还拿着小食品，一边吃一边拿起话筒问：“请问你找谁？”对方回答说找老何，小林随即将话筒递给邻桌的老何。

小组讨论

小林这样接听电话对吗？

思政园地

趣话古代贺年卡

如今，过年的时候我们的手机就开始繁忙起来。在古代，没有手机，没有电视，更没有微信红包，古人过年都有哪些活动呢？他们的新年祝福怎么表达？又怎么送到朋友手中呢？接下来就让我们来了解一个古代送贺年卡的小故事。

我国最早的贺年卡是用竹子或者木头削制而成的，叫“刺”。《燕京岁时记》中记载：“亲者登堂，疏者投刺。”意思是给朋友拜年，特别亲近的直接去家里，关系一般的就送贺年卡来表达祝福。南宋学者曾慥在《类说》中记录过一个“陶毂易刺”的故事，是古人新年送贺卡较早的文字记载。故事的主人公名叫陶毂，是北宋初年一位很有学问的官员。春节到了，陶毂写了一堆贺年卡，可是家里缺人手，没人去送。偏偏就在这个当口，一个朋友差人送贺年卡来了，陶毂好吃好喝地热情款待。酒席间他有了一个意外发现，这仆人要送贺年卡的人家很多，其中大部分都跟自己也是朋友，自己没人可派遣，不如……他竟然来了个恶作剧，趁送贺年卡的人不注意，偷偷用自己的贺年卡换下了朋友的贺年卡。朋友家的仆人万万没想到，自己忙活半天，送的全是陶毂的贺年卡。您看，现在有“蹭网”“蹭车”“蹭饭”的，没想到古代还有“蹭快递”的。

思政启示

古代的贺年卡都由主人亲笔书写，每张贺年卡都是独一无二的。我们如今发送拜年信息自然是非常便捷，但有不少是“群发”的，所以有条件的情况下可以面对面地沟通和交流，不然人与人之间的感情就淡了。其实，任何一种祝福，形式都是次要的，形式背后真挚的情意，才是最该被珍视的。

资料来源：https：//tv.cctv.com/2021/02/17/VIDEsgRXOKU9qytMoIlMiRDH210217.shtml.

一、电话礼仪

有一位科学家曾经说：“一个不会正确利用电话的人，很难说他是一个符合现代社会需要的人。至少，他算不上是一个具有现代意识的人。”随着科学技术的发展和个人生活水平的提高，电话的普及率越来越高，人们每天要接、打大量的电话。看起来打电话很容易，只是对着话筒与对方交谈，似乎和当面交谈一样，其实不然，电话联络不仅有一般口头语言的礼仪要求，还有其独特的礼仪要求。

“电话形象”是电话礼仪的主旨所在。人们在使用电话时的种种表现，会使通话对象“如见其人”，能够给对方以及其他在场的人留下完整、深刻的印象。一般认为，一个人的“电话形象”，主要由他使用电话时的语言、内容、态度、表情、举止以及时间感等方面所构成。“电话形象”被视为每个人的个人形象的重要部分之一。日本著名企业家松下幸之助说："不管是在公司还是在家里，凭这个人打电话的方式，就可以基本上判断出其教养的水准。我每天除了收到好多预约讲演的信件，还接到很多邀请讲演的电话，我凭着对方电话里的讲话方式，就能判断其教养如何；凭对方在电话里的第一句话，就可以基本决定我去还是不去。"

（一）打电话的礼仪

1. 事先准备充分

打电话应该有明确的目的，不能无故随便拨号，这不仅是因为打电话要付费，而且也涉及对他人是否尊重的问题。即使很有钱，不计较电话费，也要想到你的电话毕竟打扰了对方，占用了人家的时间。

打电话前应弄清楚对方的电话号码、姓名、单位名称等基本信息，并准备好纸和笔以备在通话中记录使用。拿起听筒前，应明白通话后该说什么，思路要清晰，要点应明确。尤其是在给陌生者、尊者、上司打电话时，更应该有备而谈。如果要谈的内容比较多，应征询对方是否有空，或以商量的口吻另约时间。

2. 通话中的礼仪

（1）报出本人的姓名和单位名称。

为使对方能听清楚，说话的节奏应比交谈时稍慢些。建议报出自己的全名，这实际上是一种自我推销的方式，可以使对方加深对你的印象。比如，你可以说："您好！我是××公司的××。请问王先生在吗？"如果是其他人接的，等你要找的人来接时，还需再报一次姓名和单位。

在电话接通并做了自我介绍后，要简明扼要地说明通话目的。如果预计这次通话的时间较长，应在通话开始时就询问对方此时是否方便长谈。如果对方愿意谈但此时不方便，要有礼貌地请对方指定下次通话的时间。

打电话时，若恰巧要找的人不在，或不能来接电话，可用协商的口吻请接电话的人转告。留言时要说清楚自己的姓名、单位名称、电话号码、回电时间、转告的简要内容等。如："您好！我是陈经理办公室的××。陈经理想和岳女士商量一下有关产品计划的事宜。麻烦您转告岳女士，请她给陈经理回电话。"在对方记下这些内容后，千万不要忘记问："对不起，请问您怎么称呼？"对方告知的姓名要用笔记下来，以备查找。

（2）如果想留言请对方回电，切记要留下自己的电话号码，这是最基本的礼仪。

别忘了告诉对方回电话的最佳时间。在你有可能外出时，记住这一点尤为重要。如对方在外地，则最好说明自己将于何时再来电话，请其等候。

（3）要问对方此时打去电话对方是否方便。

对于需要花较长时间在电话中讨论的问题，还应考虑何时去电话于对方更方便。有的人希望一上班就接这样的电话，而有的人则倾向于在一天工作即将结束的时候再接这样的电话。如果想定期和对方进行这种讨论，应征询对方定在哪一天、哪一个时间点更为方便。这样做，既是为了使对方能定下心来与你从容讨论，同时也是个风度问题。在别人正忙时去电话打扰是很不礼貌的行为。

如果需要占用一刻钟，切不可只说："可以占用你几分钟时间吗?"应该说："我想和您谈谈分配方案的事宜，大概需要一刻钟。现在您方不方便?"有时你可能只是为了和对方约定一个对双方都方便的时间再去电话，但如果对方说"现在就行"，则不宜再推迟。如果不得不在对方不方便的时候去打扰，应当表示歉意并说明原因。

（4）注意自己的语言。

措辞和语法都要切合身份，不可太随便，也不可太生硬。称呼对方时要加头衔。倾听时，最好插用一些短语以鼓励对方。对对方的要求做出反应或对方提出要求时，态度应积极而有礼貌，比如，"我很高兴为您了解相关信息"或"请别忘了下周一到我公司开会"等。

（5）通话时间。

通话时间过长意味着滥用对方的善意。在电话礼仪里，有一条"三分钟原则"。实际上，它就是"以短为佳，宁短毋长"基本要求的具体体现。在打电话时，发话人应当自觉地、有意识地将每次通话的时长限定在 3 分钟之内，尽量不要超过这一限定。

除有要事必须立即通告外，不要在他人的休息时间打电话，例如，每日上午 7 点之前、晚上 10 点之后以及午休时间等。

在用餐时间打电话也不合适。给海外人士打电话，先要了解一下时差，不要在休息时间骚扰他人。

在对方过节假日、用餐、睡觉时，万不得已打电话影响了别人，不仅要讲清楚原因，而且要记得说一声"对不起"。

在他人上班时间内，原则上不要为了私人事宜通话而妨碍对方。

（6）结束通话。

在每次通话结束前，打电话的一方应该主动说些礼貌规范的结束语，以结束通话。可以以征求意见的方式提出，如："就谈到这里，好吗?"也可以用规范的结束语，如："很高兴与您通话，我们希望能尽快见到您，再见。""谢谢您的来电，李先生。再见。""谢谢您的帮助，岳小姐。再见。"

如果所在单位或部门规定了标准的通话结束语，则应在每次通话结束前使用这句结束语。切不可正题刚讲完便"啪"的一声挂上电话，使对方措手不及。

（7）拨错号码。

拨错了号要道歉，绝不可挂上电话了事，因为这样是很不礼貌的。道歉的态度要诚恳，话不必多，你可以说："对不起，我可能拨错号了。"不可盘问对方为什么不是自己要找的人。此外，可以询问一下对方的号码，看是不是与自己所拨的号码相同，以免再次拨错。同时，别忘了要道声“再见”。

（8）对方不在。

如果你要找的人碰巧不在，可以选择以下几种应对方式：

用“对不起，打扰了，再见”之类的话直接结束通话。这种应对方式通常在事情并不是很紧急，而且自己还有其他的联络方式的情况下使用。

请教方便联系的时间或其他可能的联系方式。通常在事情比较紧急的情况下采用，具体的说法是：“请问我什么时候再打来比较合适？”“我有要紧的事（有重要的事）找×××，不知有没有其他方式可以与他联系？”不管对方是否为你提供了其他的联系方式，都应以“谢谢，再见”结束通话。

若同对方比较熟悉，可以要求留言。具体的说法是：“如果可以的话（如果方便的话），麻烦您转告他，×××给他打过电话。”或者说：“请问我可以留言吗？”在得到肯定的回答之后，告诉对方“请他给××××××号码回个电话。”最后也应以“谢谢，再见”结束通话。

（二）接电话的礼仪

（1）尽快拿起话筒，自报家门。一听到电话铃响，应马上放下手中的工作去接电话，一般应在电话铃响三遍之前拿起话筒。拿起话筒后的第一件事是自报家门：“您好！这里是×××公司，请问您找谁？”

（2）聆听对方讲话，并不时用“嗯，对”等给予对方积极的反馈。

（3）一般应左手拿话筒，右手做记录，用事先准备好的纸笔，即刻将对方提供的信息、指示记录下来，特别是记录下时间、地点、数量等，并向对方重复一遍。

（4）如果对方向自己或企业发出邀请，应记录下来，并致谢。

（5）如果自己手头工作正忙，不能和对方长谈，则可委婉地告诉对方改天再打来，或以后打电话给对方。

（6）如果接电话的人不是受话人，应请对方稍等，然后把话筒轻轻放下，走到受话人身边通知对方。不能话筒尚未放下，就大喊“×××，你的电话”，这很不礼貌。

（7）如果对方找的人正在忙工作或在厕所，应说“对不起，请稍等一下，他马上就来”，而不应该说“他在厕所”之类的话。

（8）若对方找的人不在，不能把电话一挂了事，而应耐心地询问对方的姓名、电话号码、是否需要转告，征得对方同意后详细记录下来。

（9）要依据电话内容，做好电话记录。记录时，应符合5W1H的要求，即什么人（who）、什么时间（when）、什么地方（where）、什么事（what）、为什么（why）、如何处理（how）。电话记录应用专用电话记录本，应有固定格式，并具备五方面的要素：

1）来电时间。

2）来电人的姓名、单位、职务。

3）接电话人的姓名。

4）来电内容。

5）领导批示或处理意见。

（10）工作人员代表上司拦截电话，一定要礼貌、友善，应在询问对方的姓名、单位名称后，根据上司的意思加以拦截或通知上司或记录在案以呈送上司。

（11）一般由发话人先结束通话，如果对方还没讲完，自己便挂断电话是很不礼貌的。

（12）向对方说“再见”后轻轻放下话筒。

二、手机使用礼仪

（一）开关机有所选择

既然配有手机，就不要让那些急于想同你联系的人着急。因此，在一般情况下，要让手机处在开机状态。

在特殊场合，比如在加油站、医院等或乘飞机时，就必须关机。这是为自己也为别人的安全着想，是礼仪的起码要求。

不要在驾驶汽车的时候使用手机通话，或是查看电话号码，以防发生车祸。

在参加一些需高度保密的重要会议时，不要携带手机进场；如果携带手机进场，要关闭手机电源。

（二）遵守公共秩序

在公共场合，包括会场、机场、课堂、餐厅、影剧院、医院、音乐厅、图书馆、宾馆大堂、公交车上等，不能旁若无人地打手机，最好把手机调到蜂鸣震动状态，不要让它发出声音。

在楼梯、电梯、路口、人行道等人来人往之处，不宜旁若无人地使用手机。

不允许在上班期间，尤其是办公室、车间里，因私使用手机，这样显得自己用心不专。

不允许在聚会期间如开会、会见之时使用手机，从而分散他人的注意力。

（三）长话短说，顾及他人

用手机通话时应特别注意说话简洁。如果对方正在路上，或正在办事，或正处在不宜多说话的场合，更应长话短说。

用手机通话时，最好互相通报一下所在的方位，以便判断各自的处境。

现在手机的功能越来越多，但要注意：不要用它发送垃圾信息给你的熟人，也不可以开庸俗的玩笑。

本章回顾

- 会见和会谈是两项较正规而又联系紧密的活动。

●会见，国际上一般称接见或拜会。凡身份较高的人士见身份较低者，或是主人见客人，一般都称为会见。

●会谈是指双方或多方就某些重大的政治、军事、经济、文化问题以及其他共同关心的问题交换意见。

●谈判在礼仪方面的准备是要求谈判者在安排或准备谈判时，应当注重自己的仪表，谨慎选择谈判的场所，安排好谈判的座次，通过礼仪方面的准备工作来显示我方对于谈判对象的尊重及对此次谈判的重视。

●签字仪式是由双方正式代表在有关协议或合同上签字并产生法律效力，体现双方诚意和共祝合作成功的庄严而隆重的仪式。因此，主办方要做好充分的准备工作。

●签字仪式的程序。

●开业仪式的准备工作和程序。

●剪彩仪式的准备工作和程序。

●使用电话和手机通信的礼仪。

中国优秀传统文化传承

中国传统书信文化

中国作为文明古国、礼仪之邦，一直崇尚君子之风。《礼记·少仪》道："言语之美，穆穆皇皇。"穆穆者，敬之和；皇皇者，正而美。就是说，对人说话要尊敬、和气，谈吐文雅不唐突。尤其是在书信礼仪这个问题上，古人以"自谦敬人"为原则，字里行间，揖让进退之态不仅清晰可见，而且显得更为温文尔雅、彬彬有礼。学会写信是一种文化素质和个人涵养的最基本体现。

我国的书信史源远流长，战国时期乐毅的《报燕惠王书》、鲁仲连的《遗燕将书》、李斯的《谏逐客书》等，都是传诵千古的名篇。但先秦两汉人写信，形式比较随便。到魏晋时期，开始有人撰作"书仪"，就是各类书信的格式，以供他人写信时套用。迄今所知最早的书信格式，是晋代书法家索靖书写的《月仪》。

我国的书信文化经过历代的传承和发展，大体形成了为社会广泛认同的书信格式。虽然现实生活中，我们已经很少以书信的方式沟通，但是在公务信件往来中，尤其是撰写邀请函的时候，书信礼仪还是很重要的。

课后任务

天地公司开业庆典剪彩

时间：××××年××月××日上午10时

地点：天地公司

活动名称：天地公司开业庆典剪彩

活动简介：天地公司于××月××日在公司所在地隆重举行开业剪彩仪式，会有许多当地的商业人士、新闻媒体及市政府领导出席。活动中，大家可以了解天地公司代理的各种酒类产品。天地公司准备了丰盛的晚宴款待各位嘉宾，另外安排了内容丰富的娱乐活动。

- 10：00—10：30，醒狮表演，礼仪小姐迎宾
- 10：30—11：00，开业典礼，张总经理致辞，嘉宾剪彩
- 11：00—11：30，参观公司
- 12：00—14：00，在亚洲大酒店设宴，请嘉宾共进午餐
- 17：30—18：00，在度假村酒店星光厅迎宾
- 18：00，晚宴正式开始
- 18：10，张总经理致辞
- 19：00—20：30，精彩节目表演及抽奖活动

请同学们根据以上剪彩仪式内容，组成小组，分角色进行全程礼仪活动的模拟演练。

第六章
涉外礼仪

知识目标

了解涉外礼仪的原则
掌握中西方礼仪差异
掌握国际交往礼节

技能目标

熟悉各主要国家的礼俗和禁忌

思政目标

培养诚实守信的品格
弘扬民族精神，维护国家利益，捍卫民族尊严

案例导读

露西是美国人，到中国某企业工作已经有三个月的时间了，随着与大家的接触增多，同事们也常常会邀请她参加部门聚会。一个周末的下午，大家相约去徒步。在徒步的过程中，喜欢聊天的小王询问露西："露西，到中国这几个月，你适应环境了吗?"露西礼貌地回答道："适应，非常好，我太喜欢中国菜了，棒极了!"接着，小王又问道："露西，你到中国来工作，薪资是不是很高啊?"此时，露西没有回答，微笑着快步向前方走去。

启示

在涉外交往中，务必要严格遵守"尊重隐私"这一原则，对涉及他人经历、收入、年龄、婚恋、健康状况和政治见解等个人隐私不应询问，即在交往中要"有所不为"。

第一节　涉外礼仪概述

他山之石

程先生第一次出国去巴黎。正是下班时间，地铁车厢里人比较多，除了列车开动的声音，竟然静得出奇，气氛简直令人憋得慌。一路下来，安静依然，这种静悄悄让初来乍到的程先生非常“不适应”。

小组讨论

程先生为何不适应这种“安静”？

涉外礼仪是在长期的国际交往中逐步形成的，属于国际通行的一种专用性礼仪规范。涉外礼仪按主体不同，可分为外交礼仪（即国与国之间）和个人涉外礼仪两部分。相比较而言，前者的礼仪规范要求更严、更细，在礼节、礼貌各方面要求也更高。

一、涉外礼仪的特点

无论是在官方还是在民间的友好往来中，涉外礼仪都具有相当重要的作用。官方的礼宾工作主要是根据本国的对外方针政策，组织安排对外交际活动。尽管活动形式各有差异，但礼宾工作归根结底是为本国的对外政策服务的。许多国家在应用外交礼仪时，往往结合本国的实际情况，不少国家则保持着传统形式与礼节，使其更富有民族特色。因此，外交礼仪也在一定程度上反映了一个国家的文明、文化和社会风尚。另外，随着国际交往的日益发展，各国礼仪形式与交际礼节都在程度不同地变革着，其趋势是逐步简化，更加灵活，更注重实效。

从总体上讲，涉外礼仪具有以下几个特征。

（一）规范性

涉外礼仪的规范性是各类礼仪中最强的。因其事关一个国家给予其他国家来宾的礼遇，故各国政府大都对此有明文规定，以免无“礼”可依，失礼于外国来宾。

（二）严肃性

严肃性是指涉外礼仪往往在形式上显得庄严与崇高，借以维护国家的尊严，并且使人对国家产生敬畏之心。就涉外礼仪而言，轻松、活泼往往与其整体风格是格格不入的。

（三）礼宾性

礼宾性意味着涉外礼仪所关注的重点，主要是在各国政府之间的官方交往中的外宾接待方面，即如何以礼待客、给予来宾适当的礼遇。

（四）对等性

交往国之间所给予的外交礼遇是对等的。当一方对对方国家的来宾采取某种标准的礼仪形式时，对方国一般也会给来宾以相应的外交礼遇。如目前接待中的级别对等原则。

周恩来总理曾谆谆教导我国的外事干部："外事无小事，事事是大事，事事要重视。"确实，在外交礼仪方面，任何一个细节的疏忽都有可能酿成大错。

二、涉外礼仪的原则

（一）不卑不亢

涉外礼仪的第一条基本原则是不卑不亢。涉外礼仪在一定程度上体现着一个国家对待其他国家的基本态度。在国际政治交往中，任何国家之间的关系，都应当是平等的和相互尊重的。在外交礼仪上，既不能唯我独尊，盛气凌人，以强凌弱；也不应卑躬屈膝，妄自菲薄，丧失民族气节。这就是不卑不亢的原则。

在应用涉外礼仪时，倘若置这项原则于不顾，就必然会给国家和政府的形象带来损害。一味地"亢"并不一定总会使自己扬眉吐气，反而会给人以虚张声势之感，甚至会伤害交往对象的自尊心。一味地"卑"，也并不一定真能委曲求全，却反而有可能使对方得寸进尺，同时也会严重危害自己国家的利益。唯有不卑不亢，才是自尊自爱、平等待人的正确做法。

（二）尊重为本

在涉外交往中，应本着互相尊重的原则。相互尊重包括尊重对方和捍卫自尊两个方面。尊重对方就是不论对方的国家、民族大小，企业实力强弱，或者风俗习惯、宗教、法律等是否和我们相同，都不能歧视对方，做到在人格上平等相待；但同时更要明白尊重别人的前提就是要学会自尊，要敢于和善于对自己进行正面的评价和肯定，在言行举止方面做到从容得体。自尊主要体现为塑造形象。在涉外交往中，人们普遍对交往对象的个人形象倍加关注，并且都十分重视遵照规范的、得体的方式塑造、维护自己的个人形象。因为个人形象体现着个人的教养和品位以及对交往对象的重视程度，同时，还代表着其所属国家、所属民族的形象。所以维护形象其实就是对交往对象尊重的一种表现形式。

（三）信时守约

在国际交往中，信时守约是取信于人的一项基本要求，也是自我良好表现的一大目标，还是奠定交往对象之间良好关系的基石。要信时守约就应注意以下五个方面：

（1）在商定到访的具体时间时，客人对主人提出的具体时间应予以优先考虑。当客人提出方案时，最好多提供几种方案供主人选择。

（2）与他人交往的时间一旦确定，即约会一经订立，就不宜随便变动或取消。

（3）约会时，准点到场最得体，早到与晚到都是不妥当的做法。

（4）在约会之中，不应早退或做其他无关的事情。

（5）万一临时有重要的事情不能赴约，务必要向约会对象及早通报，解释缘由，并为此向对方致歉。

（四）求同存异

世界各国的社会制度、文化背景各不相同，礼仪习俗存在着一定程度的差异，在对外交往时，应理解对方、尊重对方。特别是对于那些并无恶意，但观点、立场、态度与自己不同的人，要做到和平共处、求同存异，做到“不伤主人之雅，不损客人之尊”，有宽广的胸怀和外交家的风度。既要遵守国际通行的礼仪惯例（即各国礼仪的“共性”），也要尊重交往对象所在国的特殊礼仪与习俗（即各国礼仪的“个性”）。在外事活动中经常接触到外国宗教信仰者所遵守的宗教礼仪，对他们表达宗教信仰所举行的活动和仪式，以及特殊的讲究和禁忌，都要给予尊重和正确对待。对外国人的宗教礼仪，不要不懂装懂，也不要随意模仿，更不能干涉。到访外宾要参加宗教活动，要以不违反有关法律、不妨碍公务活动、不影响人民群众生活、不危及社会稳定和国家尊严为限。

（五）入乡随俗

各国、各地区、各民族都有自己独特的礼仪，这些礼仪可能源自文化传承、宗教信仰或生活习惯。国际上通行的做法是，到了哪个国家、地区，就要遵守当地的习俗礼仪，这就是“入乡随俗”。

我们要想“入乡随俗”，就应该做到“入乡问俗”，即了解对方的宗教信仰和风俗习惯，特别是一些禁忌。例如，接待信仰伊斯兰教的客人，我们仅了解他们忌食猪肉是不够的，像不食无鳞鱼、不用左手递接东西等禁忌也不能忽略。

入乡随俗，是为了尊重主人，搞好双方的关系，绝对不要对不同于我们的习俗禁忌加以非议、嘲笑，而应该无条件地遵守。在国际交往中，不论是以个人的身份交往还是代表组织、国家交往，宽容、平等的心态都非常重要。

（六）遵守纪律

遵守纪律就是要在涉外接待工作中坚持维护国家主权和民族尊严，自觉遵守外事纪律，不得失密泄密；不利用工作之便营私牟利、索要礼品；不背着组织与外国机构或个人私下交往；不私自主张或答应外国客人提出的不合理要求；参加外事活动，要严格按规章制度办事。

思政园地

郭伋守信

汉代有一个叫郭伋的官员，在他做并州牧的时候，有一次去视察，途经西河郡美稷县，也就是今天的内蒙古准格尔旗一带时，还没进城远远地就看见有几百个小孩儿等在城外。郭伋很诧异，就问孩子们："你们怎么大老远到这来了呢?"小孩儿纷纷回答："大人您体恤百姓，为官清正，我们是特意来迎接您的。"郭伋一听非常感动，连忙向孩子们道谢，然后就进城办事了。等公事办完，郭伋发现孩子们还在等着送他。在孩子们的护送下，郭伋出了城，孩子们又问："您视察回来什么时候还会路过我们美稷县?"郭伋马上叫随从推算了返程的日期，并告诉了孩子们。后来，郭伋视察一圈之后，再回到美稷县的时候比跟孩子们约定的时间提前了一天。郭伋就跟随从说："今天咱们就不进城了，在野外住一宿。"随从听了都感到不可理解。郭伋就说："上次我和孩子们说好了时间，孩子们一定是算好日子等着我呢，如果咱们提前一天到，等待的孩子们该多失望啊!"于是郭伋和随从就在野外的亭子里面留宿了一天，到第二天才准时出现在美稷县的城外。郭伋以并州牧这样尊贵的身份，对于与小孩子在道边野外说的话，都不肯失信。回来早了一天，宁可在野外的亭子里留宿也要信守自己说出的归期诺言，可以说是做到了守信。

思政启示

为人处世、待人接物要讲究诚信，只有这样，才能赢得别人的信赖和尊重。个人以诚立身，就会做到公正无私、不偏不倚，讲究信用，就能守法、受约、取信于人，就能妥善处理好人与人、个人与社会的关系。

资料来源：https：//tv. cctv. com/2019/12/06/VIDEW8GDHanp3yPPIur2o6br191206. shtml.

第二节　中西方礼仪差异

他山之石

小萍是高职学校外语专业的优秀毕业生，她去一家设在北京的美国公司应聘。由于英语口语能力非常突出，在最初的几个环节，她过关斩将，很快就胜过了其他几名竞争对手。可是，出乎意料的是，在公司总经理对小萍进行面试的时候，她竟然因为一句自己平日常挂在嘴边的自谦辞痛失良机，遭到淘汰。

当时，那家美国公司的总经理问小萍："你的对外交际能力怎么样?"小萍谦虚地回答道："不怎么样，很一般。"对方接着又问："如果我们录用了你，你认为自己可以胜任这份工作吗？"小萍的回答是："我觉得还行，能凑合吧。"

小组讨论

小萍未被录用的原因是什么？

一、中西方文化的差异

受文化背景、民族特征、宗教信仰、社会风俗和政治制度等因素的影响，不同国家、不同地区的礼仪会有所差别，形成不同的礼仪文化，因此，在国际交往中，要了解、尊重有关国家的文化，做到因人施礼。

（一）中国文化的特点

中国文化具有悠久的历史和无穷的魅力。与西方文化相比，它有自身的特点。

1. 重视血缘和亲情关系

中国自古以来就信奉"血浓于水"的传统观念，在人际关系中最稳定的因素是血缘关系。当多种利益发生矛盾和冲突时，多数人都会选择维护有血缘关系的家族利益。

2. 谦虚、含蓄的美德

与西方人相比，中国人通常显得谦虚和含蓄。比如送礼，西方人总是向受礼的人说明："这是我精心为你挑选的礼物，希望你喜欢。"受礼方总是当着送礼者的面将礼物打开，以示谢意和礼貌。中国人在送礼时尽管也费尽心思，精心挑选，但在受礼者面前却总是谦虚地说"微薄之礼不成敬意，请笑纳"之类的话。中国人在受礼时，也往往只说"谢谢"，而不马上打开礼物。

3. 讲究礼尚往来

礼是人际交往的媒介和桥梁。这里讲的礼主要是指礼物。中国人送礼的名目较多，除了重要的节日相互拜访需要送礼外，平时的婚丧嫁娶、生日、小孩满月等都可以送礼。中国人讲究"来而不往非礼也"，也就是说，接受了别人的礼物而不懂得回赠，是很不礼貌的行为。

（二）西方文化的特点

1. 个性自由

西方礼仪强调个人在不违反法律的前提下拥有绝对的自由，将个人的尊严看得神圣不可侵犯。在西方，冒犯对方的"私人的"所有权是非常失礼的行为。

2. 遵守承诺，遵守时间

西方人惜时如金，常将交往对象是否遵守时间作为判断其工作是否负责、是否值得与之合作的重要依据。在他们看来，这直接反映出一个人的素质。同时，西方人把遵守承诺看得极为重要，赴约必须提前到达，至少要准时，而且不能随意改动。

二、中西方礼仪的差异

（一）中方尊老爱幼，西方女士优先

1. 中方尊老爱幼

在中国的公共场合，比如公共汽车上，常常会看到“老弱病残孕”座席，这是中国尊老爱幼的传统美德的一种体现。在各种场合，只要是老人，无论男士、女士，其他人都礼让三分，哪怕是在家中，一定也要体现出尊重之意。比如，中国人见面握手时遵循的礼仪原则是长辈先伸手；用餐时长辈不动筷，晚辈不能先动筷。

2. 西方女士优先

在西方社会，女士优先是一种交际惯例。女士优先的本意，是要求每一位有教养的成年男士，在社交场合，尽一切可能来尊重女士、体谅女士、照顾女士、保护女士、关心女士。这一礼节在欧美各国被广泛应用，逐渐成为国际礼仪的一部分。在涉外交往中，“女士优先”是应该遵守的基本礼仪。

“女士优先”的表现是：

（1）进门出门时，男士要主动为女士开关门。

（2）在女士面前，有教养的男士是不可以吸烟的；若要吸烟，应先询问女士的意见。

（3）当女士在衣帽间脱下外衣、外套时，男士应协助女士把外衣、外套挂在衣帽架上。

（4）当女士入座时，男士要为女士移开椅子。

（5）当女士在室外行走时，如果手提笨重物品，男士要上前为之效劳。

（6）当女士遭遇难堪之时，比如道路有积水、座椅上有不洁之物，男士要主动出面，为女士排忧解难。

（7）在大型宴会或公共场合发言或致辞时，按照国际惯例，开场白应为：“女士们、先生们，大家（晚上）好……”

（8）坐车时，请女士先上；下车时，男士先下，再扶女士下来。如果是乘坐公共交通工具，一般来说，除了老年人，男性都会站着，即使是坐着的，遇到女性乘客上车，也要站起来让座。路上遇到认识的女性，男性要先打招呼、脱帽致意。

在国外，体现“女士优先”的地方还有很多。人们认为作为一个有教养的男性，就应该这样做。当然，在男女平等的现代社会，女性往往认为自己不需要男性的照顾，不在意是否“优先”。虽说如此，一个彬彬有礼的男性，总比粗鲁无礼

的男性更受欢迎。

（二）中方热情好客，西方热情有度

1. 中方热情好客

中国人喜欢走亲戚、串门子，对客人一律热情招待，将自己最好的东西拿出来款待客人。中国人的热情好客具体表现为以下几个方面：

（1）非常关心他人。中国人相互之间一直倡导关心他人。比如，日常生活中，见到别人衣服穿得少，会关心地提醒；见别人出去玩，会主动介绍哪个地方好玩；如果第二天要开会，会将电话打到家中提醒不要误时；等等。

（2）中国人相交，彼此之间讲究待人以诚，遇上亲朋好友做了不对的事，及时对其不留情面地批评指正，这在中国人看来才是够朋友，才是对对方真正的关心。

（3）距离亲密。中国人在人际交往中对于双方的空间距离不太讲究。有时，为了表示亲近，还喜欢有意靠近交往对象一些。在公共场合，两位女士非常亲昵地走在一起是经常见到的情景。

2. 西方热情有度

（1）关心有度。外国人讲究的是独善其身，反对多管闲事。除了法律明文禁止做的事情之外，做其他任何事情，别人都是无权干涉的。因此，不宜对外国友人表现得过于关心，不要让对方感觉你管得过宽。万不得已时，应当尽量采用商量、建议的方式，使用委婉一些的语气，这样易于为对方所接受。

（2）距离有度。在涉外交往中，人与人之间的距离分为四种：

1）公共距离，是指在大庭广众之下，与外人相处时的距离。这一距离是人际接触中界域观念最大的距离，是一切人都可自由出入的空间距离。一般指的是 3 米开外的距离。

2）礼仪距离，是指 1.5～3 米的距离。在这一距离中，人们自己的动作不会触碰到别人，自己的飞沫不会喷到别人的脸上。这种距离有时又称作尊重的空间距离。

3）常规距离，是指 0.5～1 米的距离。这种距离是在人际交往中，或站或行时所允许保持的最为正规的距离，体现的是一种社交性的、较正式的人际关系，故有时又称为交际距离。

4）私人距离，是指小于 0.5 米的距离，是恋人之间、夫妻之间、父母子女之间以及至爱亲朋之间的交往距离，是“亲密无间”的距离。在这个距离内，人们身体之间较接近。这种距离有时又称亲密距离。显而易见，在涉外交往中私人距离一般不可以使用。

（三）中方谦虚含蓄，西方自我肯定

1. 中方谦虚含蓄

中国人待人接物，在一般情况下，讲究的都是含蓄和委婉。在对自己的所作

所为进行评价时，中国人大都主张自谦，不提倡多作自我肯定，尤其反对自我张扬。

2. 西方自我肯定

在涉外交往中，西方人秉持自我肯定的原则，使人感到自己为人坦诚、充满自信。这是国际交往中通行的一种做法。

在国际交往中涉及自我评价时，虽然不应该自吹自擂、自我标榜，一味地抬高自己，但是也绝对没有必要过度地对外国人进行谦虚、客套。在实事求是的前提下，要善于展现自己的优势，对自己进行正面的评价或肯定。

（四）中方见面寒暄，西方小心慎言

1. 中方见面寒暄

中国人见面时，有时为了显示与对方的熟悉程度，常常打听一些私人的事情。比如，对方的女儿嫁没嫁人、对方的儿子是否娶妻、对方的身体如何、对方是否涨工资、对方的家庭住址，等等，这些都是中式寒暄。

2. 西方小心慎言

西方礼仪强调尊重个人隐私。对于西方人来讲，经历、收入、年龄、婚恋、健康状况、政治见解等均属于个人隐私，别人不应询问。西方人特别是妇女，一般不把自己的年龄告诉别人，询问年龄，打听异性婚否，会让人觉得讨厌。西方人还不喜欢随便给人留自己的家庭住址，也不随便请人到家里做客。因此，自觉地、有意识地回避对方的隐私至关重要。

在跟外国人打交道时，千万不要没话找话，信口打探对方的个人情况。尤其是当发现对方不愿回答时，就应当适可而止。必要时，可以谈一些关于天气、交通、体育之类的中性话题，有助于良好谈话气氛的建立。

第三节　一般国际交往礼仪

他山之石

在国际交往中，人们经常通过赠送礼品来表达谢意和祝贺，以增进友谊。由于世界各国文化背景不同、社会习俗迥异，在礼物的赠送上也表现出明显的差异。向外国人赠送礼物，绝对不能有悖对方的风俗习惯，所以要注意一些禁忌，如礼物的色彩、图案、形状、数目、包装、价格等。

小组讨论

假如你以交换生的身份前往日本学习，考虑到馈赠禁忌，哪些礼物是不合适赠送给日本友人的呢？

一、礼宾次序与国旗悬挂礼仪

（一）礼宾次序

礼宾次序亦称礼宾序列，是指在对外交往中对参观访问、出席活动、参加仪式的来自不同国家、不同地区、不同团体、不同单位、不同部门及不同身份的组织或个人的尊卑、先后的顺序和位次所进行的合乎礼仪惯例的具体排列。

1. 礼宾次序的排列方法

在涉外交往的具体实践中，礼宾次序共有五种常见的排列方法。

（1）依照来宾所在国家或地区的名称的拉丁字母的先后来排列次序。这种排列方法多见于国际会议、体育比赛等。

（2）依照来宾的具体身份与职务的高低来排列次序。在正式的政务、商务、科技、学术、军事交往中，均可采用此种方法。若外国来宾系组团前来，则应按照团长的具体地位来排列先后次序。如按国家元首、副元首、政府总理（首相）、副总理（副首相）、部长、副部长等顺序排列。由于各国的国家体制不同，部门之间的职位高低不尽一致，因此，要事先熟悉各国的规定，然后按相等的级别和官衔进行安排。

（3）依照来宾抵达现场的具体时间早晚来排列次序。有时在国家间举行的多边活动中，采用通知代表团组成的日期先后排列礼宾次序的方法。东道国对同等身份的外国代表团，按派遣国通知代表团组成的日期排定次序，或按代表团抵达活动地点的时间先后排定。

当各国大使同时参加派驻国的某项活动时，一般以其到任的具体时间的早晚来排定礼宾序列。在非正式的涉外活动中，亦可采用此种排列方法。

（4）依照来宾告知东道主自己决定到访的具体时间的先后来排列次序。举办较大规模的国际性的招商会、展示会、博览会时，大都可以采用这一排列方法。

（5）不排列。所谓不排列，其实也是一种特殊的排列方法。当上述四种方法难以应用之时，便可采用这种方法。

在礼宾实践中，上述五种方法可以交叉采用。一般的习惯是：首先按照来宾的身份、职务的高低排列；身份相同者，再按国家、地区名称的拉丁字母顺序排列；名称的第一个字母相同者，再按某种时间顺序排列。不论采用何种排列方法，均应事先与外国来宾进行沟通协商，一般在发邀请函的时候，就应注明礼宾顺序的排列方法，这样会减少以后的摩擦。

2. 礼宾次序排列中应注意的问题

在实际操作时，礼宾次序是一个政策性强、敏感的问题。若礼宾次序不符合国际惯例或安排不当，会引起不必要的误解。

（1）席位安排的忌讳。安排宴会的席位时，有些国家忌讳以背向人，特别是安排长桌席位时，主宾席背向群众的一边和正面第一排桌背后主宾的座位，均不宜安排坐人。一些国家的陪同、译员一般不上席，为便于交谈，译员坐在主人和主宾的背后。

（2）外事、礼宾部门的指导。为了做到礼宾次序排列的准确无误，重大的、涉外的礼宾次序一定要在外事、礼宾部门的指导下，慎重地、细致地加以安排。

（3）选择礼宾次序的最佳方案。礼宾次序的安排应慎之又慎，在安排时尽量避免因礼宾次序安排不周而产生矛盾。可多拟出几种方案，从中选择最佳或最满意的方案。

（4）努力做好善后工作。若由于安排、考虑不周或其他原因引起礼宾次序上的风波，组织单位、部门和主管人员对这种已出现的波折要努力做好善后工作，主人应做解释，尽量缓解“一人向隅，举桌不欢”的气氛，并使这种情形的影响减少到最小范围和最低限度。

总之，在涉外交往工作中，接待人员和其他有关成员必须了解礼仪、礼宾方面的基本知识与社交规范，遵循外事工作的基本原则，掌握礼宾次序的基本要求，更好地为涉外交往做出努力与贡献。

（二）国旗悬挂礼仪

国旗是指一个国家由宪法规定的代表国家的旗帜，它是国家的标志和象征，代表着一个国家的尊严。国旗能够唤起国民的爱国热情以及对国家的责任感和荣誉感。在一个主权国家的领土上，一般不得随意悬挂他国国旗。许多国家对悬挂外国国旗都有专门规定。在国际交往中，还形成了悬挂国旗的一些惯例，为各国所公认。

1. 悬挂或摆放外国国旗的场合

我国目前仅允许以下五种场合悬挂或摆放外国国旗：

（1）外国国家元首、政府首脑正式到访。

（2）外国贵宾访问期间我国举行重要的礼仪活动。

（3）在我国举行国际会议。

（4）在我国举行重大的国际活动。

（5）为在我国进行的国际经济的重要项目而举行的庆典仪式。

2. 悬挂国旗的要求

（1）制旗规范。旗面完好、整洁，图案、式样、颜色、比例均按本国宪法规定。不同国家的国旗，有时长、宽比例是不同的，因此在并排悬挂时，应按同一规格略放大或缩小，使旗的面积大致相等。不能使用有污损的国旗。

（2）悬挂两国国旗，按国际惯例，应以国旗自身面向为准。右挂客方国旗，左挂主方国旗。汽车上挂旗，则以汽车前进方向为准，驾驶员左手为东道主所在国国旗，右手为来宾所在国国旗。

（3）多国国旗并列升挂时，旗杆高度应划一。根据联合国的规定，和平时期，任何一国的国旗不能高过他国国旗。而且，同一旗杆不能升挂两个国家的国旗。并列升挂多国国旗时，应先升挂本国国旗；降落时最后降本国国旗。

（4）国旗不得倒挂、反挂。一个国家的国旗由于文字和图案的原因，不能倒挂、反挂。这里要注意，有些国家的国旗极为相似：例如，法国和荷兰的国旗是红、白、蓝三色旗，意大利和匈牙利的国旗是红、白、绿三色旗，但它们排列的方法不相同。法、意的三色旗是垂直竖排的，而荷、匈的三色旗是平行横排的。因此，悬挂外国国旗时万万不可马虎大意。

二、住宿和餐饮礼仪

（一）住宿礼仪

在涉外交往中，住宿方面的礼仪主要包括两个方面的内容。

1. 安排外宾的住宿

在国际交往中，接待外国来宾时，安排住宿主要有两种方法：一是由来宾自行解决住宿；二是由接待方以主人的身份为来宾安排住宿。具体采用哪种方法，通常应由双方事先议定。

根据礼仪规范，为来宾安排住宿应注意三个方面：

（1）充分了解来宾的生活习惯。

（2）慎重选择来宾的住宿地点。

（3）做到“宾至如归”。

除了了解来宾生活上的难题并及时解决外，还应向来宾介绍本地的饮食、娱乐、观光方面的特色项目。

2. 出国时安排自己的住宿

（1）在旅馆住宿。

1）保持安静。

2）保持客房的整洁。

3）正确使用客房的设备。

4）了解宾馆的特殊规矩。比如，有些国家的宾馆不提供热水，不提供一次性牙具或一次性拖鞋。

5）洗干净的内衣、内裤只能晾在卫生间。

6）最好不要在自己的房间内接待客人，尤其是对于因公务活动来拜访的客人，要约到大厅或咖啡厅见面。

7）预订房间时，应该每人一间。在国外，同性成年人除了一家人之外，是不住在一间客房里的。

8）离开宾馆时，只能将一次性的盥洗用品带走。

（2）在别人家住宿。

私人出访时，有时直接住宿在外国人家里，因公出访，通常不允许这样做。大多数情况下，在外国人家里住宿，住宿者与房东之间是租赁关系。因此，要支付一定的费用，即使是关系密切的朋友，也应支付一定的费用，若有合约就更应缴费了。在外国人家里住宿，一定要注意住宿的礼仪，包括三个方面：

1）遵守约定。不管是口头的还是书面的，只要有了承诺，就应该遵守。

2）尊重房东。不要因你的生活而打乱了别人的正常起居，绝对不可以不经允许擅自闯入房东的房间。

3）保持卫生，爱惜物品。

（二）餐饮礼仪

在涉外交往中，餐饮礼仪十分重要，如果考虑不周，就会令对方产生不满，所以在款待外国友人的时候，应从以下几个方面加以注意。

1. 宴请环境

在宴请外宾时，必须明确，不是为了吃而吃，最重要的是营造一种氛围以利于宾主的交流。通常，我们在宴请外宾时，要遵守“6M”原则，即对气氛（mood）、会见（meeting）、菜单（menu）、态度（manner）、食品（meal）和音乐（music）六个重要的方面加以认真准备。一般在涉外宴请时，要选择环境幽雅、整洁、卫生的地方。

2. 宴请的菜单

在宴请外国友人时，除了要注意节省开支之外，要对对方爱吃什么、不爱吃什么做到心中有数。点菜时要考虑外宾的宗教信仰和饮食禁忌。可以选择一些具有民族特色的菜肴，比如春卷、水饺、汤圆等；也可以选择具有本地风味的菜肴，比如东北的酸菜、天津的“狗不理包子”等；还可以准备一些外宾喜欢的菜肴，比如外宾的家乡菜等。

3. 宴请的个人礼仪

参加宴请的人要讲究个人卫生，衣着得体，女士要化妆。参加晚宴时最好不要穿白天的工作装。

三、见面礼仪

与外宾见面时，视对象、场合的不同，礼仪也有所差异。

在日本等一些东方国家，鞠躬是常见的传统礼节。行礼时立正站直，双手放在膝上，俯身低头，同时问候。弯身越低，越显敬意。对日本人的鞠躬礼，每次必须同样还礼。

俄罗斯人在见面握手时，忌形成十字交叉形。即当他人两手相握时，不能在其上下方再伸手。也不能倚在门槛上和隔门握手。

欧洲各国更喜欢拥抱的礼节，有时还伴以贴面和亲吻。但要注意，不可吻出声响。在商务活动中一般不行此礼，且中方人员不主动拥抱、亲吻外宾。男士还有特别的脱帽礼和对女士的吻手礼。

与美国人首次见面可称“先生”“夫人”“女士”“小姐”之类，认识之后一般就可直呼其名。有的美国人还会主动要求他人用昵称称呼自己。

与德国人见面时，握手很正式并伴有几乎感觉不到的鞠躬。其他的接触，例如拥抱和亲吻面颊是不提倡的。

与英国人见面时，应穿得很正式，最好不要有亲密的身体接触。可以拥抱，但不能有其他身体接触。

与意大利人见面时，握手很重要，在业务活动中表示正式的尊重。

与拉美人见面时，握手和拥抱很频繁，说话时站得比较近，向后站是不礼貌的。

四、谈话礼仪

（一）谈话的注意事项

（1）避谈政治、宗教等敏感话题。谈话内容一般以天气、各地的风俗民情以及有趣的事情为佳。例如，在饮酒时，你可以谈谈我国的酒文化与西方有何异同，或是各国的节日等，让众人皆有表达的机会，同时也可增长彼此的见闻。

（2）注意不要以自我为中心。风趣幽默的谈吐一向为众人所欢迎，但是请让其他人也有发言与参与的机会，说笑话时也尽量避免宗教、政治性的笑话。

（3）避免询问他人穿着、饰物等的价格。可以对他人的打扮加以赞美，但应适可而止，不可太夸张。

（4）不可询问他人尤其是女士的年龄。请注意，即使女士之间也不宜问年龄。

（5）切勿形成小团体。社交的目的就是让大家彼此认识、彼此熟悉。若是你只和自己熟识的人交谈，不但无法达到交友的目的，也会令人讨厌。若有这种情形发生，不妨借去倒酒、去洗手间的方式脱离小团体，再找机会和其他人交谈。

（6）不可窃窃私语。此种行为以女性居多，是一种不礼貌的举动，会让人有一种别人当着你的面说你坏话的感觉。若有私事要交谈，可以找他处私下交谈。

（7）有几个国家的人士在场应尽量使用大家都能听懂的语言，因为在场所有人都有听与说的权利，不可将之排除在外。

（8）主人或宾客在发言时请立即安静下来以示尊重，待其发言完毕可再继续未完的话题。

（二）肢体语言

口头语言是人类的重要沟通工具，除了口头语言以外的肢体语言在我们日常生活中也是无处不在的。肢体语言不但丰富了语言的内涵，也加强了人们传达的意愿，有时更能巧妙地传递信息并且留给对方更大的想象空间。

一般而言，南欧地区的国家如意大利、西班牙、希腊等国手势运用得频繁而且夸张；中西欧国家如德国、英国、荷兰、比利时、卢森堡等次之；北欧诸国又次之。

1. 竖大拇指

大多数时候表示自己对某句话或某件事之赞赏，也表示感激他人为你所做之事，还用于表示准备妥当。例如篮球比赛时，裁判会一手执球一手竖大拇指表示一切就绪，这源自飞机驾驶员在飞机升空待发时，由于发动机声音巨大无法与地勤人员沟通，于是就用竖大拇指的方式表示："我已经准备好了。"

2. 食指刮下巴

以食指背刮下巴，犹如刮胡子一般。这是法国特有的手势，通常在女性对不喜欢的追求者表示拒绝时使用。常可在咖啡厅见到法国美女一面微笑一面以手指刮下巴的动作，非常迷人可爱，而追求者也多会识趣地离开。

这个动作的原始意思就是"会令人厌烦的"。因为在法语中"剃刀"与"厌烦"同义，所以巧妙地以剃刀表达了自己不喜欢之意。

3. V 字手势

这个手势源自英国。因为 V 字在英文中代表了 victory（胜利），所以以 V 字手势表达胜利之欢欣，用此手势时需以手指背向自己。

4. OK 手势

OK 手势通常用来表示没问题、准备妥当、一切就绪，也有我很好、没事、谢谢你的关心之意（见图 6－1）。但是在法国南部地区，OK 手势则表示零，或表示某件事情不值一提，或表示自己不赞成。

图 6－1 OK 手势

5. 耸肩

在美国最流行，表示无能为力、无可奈何，以及爱莫能助的意思。搭配着瞪大眼睛，双手一摊之附加动作，更为传神。

6. 拇指捻鼻尖

表示嘲笑、不相信之意。原本是儿童用的手势，但也有不少成人使用。

7. 竖食指

这是一种吸引人注意之手势，可以表达英文“excuse me”之意，所以在开会时，若有人举手竖食指，即表示有意见要发表，这与我国举手一样。

在餐厅等公共场所召唤服务人员时，也可以使用此手势，但是不要加上打响指，如此做比较不礼貌。

8. 吻五指指尖

表示某个人（通常是女士）、某件事或某样食物很棒。亲吻指尖同时发出声音，加上夸张的面部表情。

9. 飞吻

飞吻据说最早源自希腊。希腊人在向天神祈福时，通常先会摊开双手双臂，脸朝向天空向神祈祷，之后再用飞吻之手势抛给天上诸神，以表示喜欢、敬爱之意。后来在16世纪时传到了西班牙宫廷，再传至英国、法国、意大利等国。

10. 点头、摇头

绝大多数国家都是以点头的方式表示赞成，摇头表示不赞成。但在印度、尼泊尔等国则以摇头表示肯定，也就是一边摇头一边面露微笑表示赞成、肯定之意。

11. 手触前额

源自脱帽向对方致敬之礼。以手触前额表示脱帽之准备动作，后来演变成即使没有戴帽子也以此动作表示致敬之意。这个动作多在与人道别时使用。

五、迎送外宾的礼仪

迎送外宾一般用对等接待的规格，即主要迎送人员与主要来宾身份相当。

（一）迎宾

（1）迎宾准备。核实班机、车船到达时间，安排好客人下榻的客房及膳食，根据来宾人数和我方迎客人数准备车辆。双方若是第一次见面，还要准备接站牌。必要时，准备一些迎宾的鲜花。

（2）迎宾礼仪。外宾下飞机（车、船）以后，我方应立即上前迎接，双方互做介绍。通常，先由我方人员或翻译将迎接者按身份高低向来宾一一介绍。双方行握手礼。有的国家的来宾习惯再行拥抱礼、鞠躬礼、抚胸礼等，我方均应做出相应表示，不可表现出勉强。行礼后献花。

（3）外宾抵达宾馆后，我方人员不要在外宾房间停留时间过长，因为从此时开始，房间已是属于外宾的私人空间。向外宾送上日程安排表，约好下一项活动的时间后，即可离开。

（二）送客

（1）在我方邀请信的回执上，应该有是否需要代订返程票一项内容，若等外宾到达后再订返程票，往往来不及。

（2）确认外宾的返程日期、时间、航班班次等，提前订好车辆，并通知有关人员。无论会谈成功与否，送客的规格不变。

（3）应提前出发，尤其是乘坐国际航班，到达机场的时间应比飞机起飞的时间提前两至三小时，因为安全检查需要很长时间。

（4）同外宾告别后，要等他们走出我方的视野或火车、轮船启动以后再离开。

六、馈赠礼仪

英国人得到馈赠的礼品必定当面打开。英国人喜欢鲜花、名酒、小工艺品和巧克力，但对印有客人所属公司标记的礼品不大欣赏。无论礼轻礼重，都会热情赞美，同时表达谢意。

法国人对礼物十分看重，宜选具有艺术品位和纪念意义的物品。法国人将香槟酒、白兰地、糖果、香水等视为好礼品；体现文化修养的书籍、画册等也深受欢迎；不宜选用刀、剑、剪、餐具或是带有明显的广告标志的物品作为馈赠礼品。男士不宜向一般关系的女士赠送香水。在接受礼品时，若不当着送礼者的面打开包装，则被视为一种无礼的表现。

与美国人交往，有两种场合可通过赠礼来自然地表达祝贺和友情：一是每年的圣诞节期间；二是当你抵达和离开美国的时候。在美国，请客人吃顿饭、喝杯酒或去共度周末，被视为较普遍的"赠礼"形式，你只要对此表示感谢即可。去美国人家中做客一般不必备厚礼，带些小礼品如鲜花、美酒和工艺品即可，如果空手赴宴，则表示你将回请。

与俄罗斯人交往时，送鲜花要送单数。用面包与盐招待贵客，表示友好和尊敬。最忌讳送钱给别人，因为这意味着施舍和侮辱。

按日本习俗，向个人赠礼须在私下进行，不宜当众送出。给日本人送礼忌送梳子，也不要送有狐狸、獾图案的礼物，因为在日语中梳子的发音与"死"相近。另外，菊花是王室专用花卉，所以一般人也不能送菊花。中国的文房四宝、名人字画、工艺品等最受欢迎，但字画的尺寸不宜过大。所送礼品的包装不能草率。

中国的工艺品在阿拉伯国家很受欢迎，古香古色的瓷瓶等都是馈赠的佳品。向阿拉伯人送礼要尊重其民族和宗教习俗，不要送古代仕女图，因为阿拉伯人不愿让女子的形象在厅堂出现；不要送酒，因为多数阿拉伯国家明令禁酒；向女士赠礼，一定要通过她们的丈夫或父亲，赠饰品给女士更是大忌。

七、小费礼仪

因为我国服务行业没有收小费的习惯，所以出国后，我们往往没有付小费的意识，有时会因此影响到服务员对我们的态度和服务质量。

世界上大多数国家都有付小费的做法。各个国家付小费的方法和数目都不一样，只能到了一处先向当地人请教。在此，对以下几个场景的小费礼仪做简要的介绍。

（一）在饭店进餐

在美国，饭店的小费标准一般是账单金额的15%。在欧洲，小费作为服务费大多已列到账单上，无须另付。如果账单上不包括小费，则可以把服务员找回的硬币留在盘子里作为小费。

（二）在旅馆住宿

如果需要服务员帮助你把行李从外面拿进旅馆，每件需付50美分；放进房间里，每件要付1美元小费。如果行李又大又重，就应多付一点。如果需要服务员帮你叫出租车，应付25美分。

在商业旅馆，只住一夜的客人大都不付客房小费。如果住的是豪华宾馆并且停留较长时间，应该给一点小费，至于具体数额，则可以问当地人或领班。

（三）乘出租车

除了付车费之外，需要付给出租车司机相当于车费金额15%的小费。

如果是组团包车旅游，要付给司机和导游小费，每天约4美元。

（四）使用卫生间

一般饭店里公用卫生间都有服务员。如果他为你递毛巾或提供其他服务，可视饭店档次的高低给50美分至1美元。如果他什么也没做，则可以不给。

思政园地

千里送鹅毛

唐朝时，云南一少数民族的首领为表示对唐王朝的拥戴，派特使缅伯高向太宗贡献天鹅。

路过沔阳河时，好心的缅伯高把天鹅从笼子里放出来，想给它洗个澡。不料，天鹅展翅飞向高空，缅伯高忙伸手去捉，只扯得几根羽毛。缅伯高急得顿足捶胸，号啕大哭。随从们劝他说："天鹅已经飞走了，哭也没有用，还是想想补救的方法吧。"缅伯高一想，也只能如此了。

到了长安，缅伯高拜见唐太宗，并献上礼物。唐太宗见是一个精致的绸缎小包，便令人打开，一看是几根鹅毛和一首小诗。诗曰："天鹅贡唐朝，山高路途遥。沔阳河失宝，倒地哭号啕。上复圣天子，可饶缅伯高。礼轻情意重，千里送鹅毛。”唐太宗莫名其妙，缅伯高随即讲出事情原委。唐太宗连声说：“难能可贵！难能可贵！千里送鹅毛，礼轻情意重！”

思政启示

故事中的主人公虽经过周折但还是信守了承诺，完成了使命。孔子说：“人而无信，不知其可也”。在人际交往中，最重要的品质就是诚信。诚信是中华民族优秀的传统美德，是提升道德素养的重要途径，是开启成功之门的金钥匙。一个人讲诚信，就是要言出必行、一诺千金。在学生时代，我们就应该培养自己诚信的品格，践行社会主义核心价值观，积极打造诚信社会。

资料来源：https：//tv. cctv. com/2020/02/07/VIDE6btrOH9d07KRCFypLdmx200207. shtml.

第四节 礼俗和禁忌

他山之石

陈总经理要设宴招待来访的沙特阿拉伯某公司总经理穆罕默德一行。按陈总经理的意思，总经理助理小刘选购了具有中国特色的礼品，送给穆罕默德的国画熊猫图及送给其夫人的真丝长袍。小刘还特地选了红色的包装纸包装起来。当客人应邀前来赴宴时，陈总经理拿出礼物说：“这是鄙公司送给总经理及夫人的一点小礼物，实在拿不出手，望笑纳。”话刚说完，陈总经理就发现对方的神情不对。

小组讨论

客人为何神情不对？是什么地方出了问题？

一、日本的习俗和禁忌

（一）日常礼节

1. 见面礼节

在人际交往中，日本人通常都习惯于以鞠躬作为见面礼节。日本人在行鞠躬礼时鞠躬的度数、时间及次数，往往与对对方所表示的尊敬程度成正比。日本人在行鞠躬礼时，还讲究手中不得拿东西，头上不得戴帽子，把手插在衣袋里也不允许。有的时候，日本人还会一面与人握手，一面鞠躬致敬。不过在一般情况下，日本妇女，尤其是日本的乡村妇女，与别人见面时，是只鞠躬不握手的。在行见面礼时，日本人讲究必须同时态度谦恭地问候交往对象。

2. 称呼礼节

日本人常用的寒暄语有“您好”“您早”“请休息”“晚安”“对不起”“请多关照”“失陪了”等。日本人与他人初次见面时，通常都要互换名片，否则即被理解为是不愿与对方交往。称呼日本人时，可称之为“先生”“小姐”“夫人”，也可以在其姓氏之后加上一个“君”字，将其尊称为“某某君”。只有在很正式的情况下，称呼日本人才使用其全名。

3. 馈赠礼节

日本人盛行送礼，他们既讲究送礼，也讲究还礼。

4. 服饰礼节

日本人比较注意衣着仪表的美观，不修边幅被认为没教养，是受人鄙视的。社交场合一般要着礼服，可以穿西装套服。天气炎热时穿衬衣也不能卷起袖子。参加集会时，主人没有请宽衣，不能随便脱外衣。民间节日时，日本人最喜爱穿的是和服，特别是妇女，认为只有穿上和服才是最正式、最有礼貌的。

（二）餐饮礼仪

（1）日本料理自古被称为“五味（甜、酸、咸、苦、辣）、五色（白、黄、赤、青、黑）、五法（生、煮、烤、烫、蒸）料理”。

日本人以熟食为主，也喜生食。著名的日本风味食品有生鱼片、寿司等（见图 6－2）。早餐以牛奶、面包、粥为多，午餐、晚餐吃米饭，副食主要是蔬菜和鱼类。日本人爱吃鱼、面酱，爱在凉菜上撒点芝麻、紫菜末、生姜丝等，口味清淡，不喜欢油腻，喜欢鲜中带甜的菜。

图 6－2　日本料理

（2）日本人非常爱饮茶、喝酒。在日本，斟酒讲究满杯。日本人常饮的酒是日本所独有的清酒。

(3) 日本人在宴客时，大都忌讳将饭盛得过满，并且不允许一勺盛一碗饭。作为客人，则不能仅吃一碗饭，哪怕是象征性的，也要再添一次饭，否则就会被视为宾主无缘。

(三) 礼仪禁忌

日本人忌荷花图案。赠送礼品时，切勿赠数字为“9”的礼物。送日本人婚礼礼金时要避免偶数。在日本寄信时，邮票不能倒贴，倒贴是绝交的表示。日本人用筷子很有讲究，在餐桌上有放筷子的筷托，用筷时忌舔筷、扭筷、插筷、掏筷、跨筷、剔筷。同时，还忌用一双筷子给大家依次夹取食物，也不能把筷子垂直插在米饭中。日本人没有相互敬烟的习惯。与日本人一起喝酒，不宜劝导他们开怀畅饮。日本人很忌讳别人打听自己的收入，年轻的女性忌讳别人询问她的年龄以及是否结婚等。

二、韩国的习俗和禁忌

(一) 日常礼节

1. 见面礼节

在较正规的交际场合，韩国人一般采用握手礼作为见面礼节。在行握手礼时，讲究使用双手，或单独使用右手。当晚辈、下属与长辈、上级握手时，后者伸出手来之后，前者须先以右手握手，随后再将自己的左手轻置于后者的右手之上。这种做法是为了表示自己对对方的特殊尊重。晚辈与长辈同坐，要挺胸端坐；若想抽烟，须征求在场的长辈同意。

韩国妇女一般情况下不与男子握手，而往往代之以鞠躬或者点头致意。韩国小孩子向成年人所行的见面礼，大抵也是如此。

韩国人一般以咖啡、不含酒精的饮料或大麦茶招待客人。

在韩国，女子同男子见面时，女子先向男子行鞠躬礼，致意问候。男女同坐时，男子位于上座，女子则位于下座。多人相聚时，往往根据身份高低和年龄大小依次排定座位。在社交场合，男女分开活动。

2. 称呼礼节

一般情况下，韩国人在称呼他人时爱用尊称和敬语，很少会直接叫出对方的名字。交往对象若拥有能够反映其社会地位的头衔，韩国人在称呼对方时一定会称其头衔。

3. 馈赠礼节

在韩国如受邀去做客，不可空手前往，应带一束鲜花或一份小礼物，并用双手奉上。接受礼物时不可当面打开。

4. 服饰礼节

韩国人在交际应酬之中通常穿着西式服装，同时着装很讲究朴素整洁，并且较为庄重保守。在某些特定的场合，尤其是在逢年过节的时候，韩国人往往会穿传统的民族服装。在韩国，参加社交活动时光脚穿鞋子是一种失礼的行为。进屋之前需要脱鞋时，不准将鞋尖直对房间之内。

（二）餐饮礼仪

（1）韩国人的主食为米饭、打糕和冷面等。韩国人爱吃辣椒、泡菜，烧烤中要加辣椒、胡椒、大蒜等调味品。韩国人喜欢吃牛肉、猪肉、鸡肉和海味，以及黄豆芽、卷心菜、菠菜、萝卜、洋葱等蔬菜。韩国人不爱喝粥。对他们来说，汤是每餐必不可少的。

（2）韩国人在用餐时很讲究礼节。用餐时不能随便发出声音，不能边吃边谈，如不注意这些小细节，往往会引起别人反感。为了环保，韩国的餐馆里往往只为用餐者提供铁筷子。关于筷子，韩国人的讲究是，与长辈同桌就餐时不许先动筷子，不可用筷子对别人指指点点，用餐完毕要将筷子整齐地放在餐桌的桌面上。

（三）礼仪禁忌

韩国人与不了解的人来往时，要有一位双方都尊敬的第三者介绍和委托，否则不容易得到对方的信赖。为了介绍方便，要准备好名片，中英文或韩文的均可，但要避免在名片上使用日文。到公司拜会，必须事先约好。会谈的时间最好安排在上午 10 点或 11 点左右，或下午两三点钟。韩国人对“4”非常反感，许多楼房的编号忌“4”字。在饮茶或饮酒时，主人总是以 1、3、5、7 的数字来敬酒、敬茶、布菜。

在韩国民间，仍讲究“男尊女卑”。进入房间时，女人不可走在男人前面。进入房间后，女人须帮助男人脱下外套。男女一同就座时，女人应自动坐在下座，并且不得坐得高于男人。

三、沙特阿拉伯的习俗和禁忌

（一）日常礼节

1. 见面礼节

沙特阿拉伯人同别人相见时，一般首先会互问对方“您好”。随后，他们还会同对方握手，并且接着问候对方“身体好”。有些时候，沙特阿拉伯人还会以阿拉伯国家流行的问候语，诚恳地去问候他人。假如见到亲朋好友，沙特阿拉伯人通常还会将自己的左手放到对方的右肩之上，然后轻吻对方的面颊。男士遇到沙特阿拉伯妇女，通常不宜主动向其问候或行礼。

2. 称呼礼节

在正式场合应称其全名。若对方有一定的社会地位，则最好以其姓氏作为简称。

3. 馈赠礼节

与沙特阿拉伯男子打交道时，不要问候其夫人或恋人，并且注意不要向她们赠送礼品。

向沙特阿拉伯人赠送礼品时，忌送酒类、公仔、猪皮与猪毛制品、美女照、带有熊猫图案及十字形、六角星图案的东西。

4. 服饰礼节

沙特阿拉伯男子的传统服装，是一种长垂及地的大袍。在穿长袍的时候，还要在头上缠上一条长约 1 米的白色薄纱头巾。妇女通常会身穿一件黑色长袍，将自己包裹严密。

在沙特阿拉伯，人们通常穿拖鞋。只有参加极为隆重的活动时，人们才会穿皮鞋。

前往沙特阿拉伯时，女性尽量不要穿过于暴露的服装。

（二）餐饮礼仪

（1）沙特阿拉伯人的主食有面饼、面包、面条等。在肉类方面，以吃牛肉、羊肉、鸡肉为主，喜欢甜、辣的食物。

（2）沙特阿拉伯人忌食猪肉，禁食狗、马、驴、骡、蛇、虾、蟹、鳖、龟、无鳞鱼、贝壳类海鲜以及其他一切食肉的禽兽。

（3）与沙特阿拉伯人在一起，不准饮酒和其他一切含有酒精的饮料，并且不得吸烟。在饮料方面，沙特阿拉伯人爱喝驼奶、红茶、咖啡。在拜访沙特阿拉伯人时，主人劝饮的咖啡是不可不喝的。

（三）礼仪禁忌

沙特阿拉伯人不喜欢拍照、录像，十分忌讳雕塑、洋娃娃等礼品。与沙特阿拉伯人进行交往时，不要谈论休闲、娱乐等话题，或是邀其参加舞会、去夜总会玩乐。

四、英国的习俗和禁忌

（一）日常礼节

1. 见面礼节

英国人见面使用最多的是握手礼。他们认为过于简单和过于亲热的做法都有失风度。英国人待人十分客气，随时随地讲礼貌用语，不太爱讲寒暄语。

2. 称呼礼节

英国人喜欢称呼别人世袭的爵位或荣誉头衔，至少也称“阁下”“先生”“小姐”“夫人”。

3. 馈赠礼节

英国人不欢迎贵重的礼物，尤其是涉及私生活的服饰、香水，带有公司标志的物品等。鲜花、威士忌酒、巧克力、音乐会门票、工艺品等是馈赠的适当之选。给英国女士送鲜花时，宜送单数，不要送双数和 13 枝，不要送被英国人认为象征死亡的菊花和百合花。

4. 服饰礼节

英国人十分重视穿着，他们好“以衣帽取人”。英国人在正式场合的穿着是保守而庄重的。男士通常穿三件套的深色西装，女士通常穿深色的套裙或素雅的连衣裙。黑色服装是英国人的首选。

（二）餐饮礼仪

（1）英国人是一日四餐，即早餐、午餐、午后茶点和晚餐。他们一般口味偏清淡，喜爱酸甜、微辣味，不爱吃带黏汁或过辣的菜肴，不喜欢用味精调味，也不吃狗肉。

（2）英国人爱喝茶，把喝茶当作每天必不可少的享受。英国人喝茶的习惯不同于中国人，倒茶前要先往杯子里倒入冷牛奶或鲜柠檬汁，再加点糖。先倒茶后倒牛奶会被认为缺乏教养。

（3）在宴会上应注意将女主宾安排在首席，要先为女宾斟酒。用餐时切忌碰洒盐瓶（碰洒视为朋友口角或断交预兆），切忌刀叉碰响水杯（为不幸预兆）。受到款待后一定要写信表示感谢。英国的特色菜是被叫作“国菜”的“烤牛肉加约克郡布丁”和“炸鱼薯条”。

（三）礼仪禁忌

（1）英国人喜欢蓝色、红色和白色，不喜欢墨绿色，忌讳星期五以及 13 和 666 等数字。

（2）英国人忌用人像作服饰和商品包装，也忌用大象和孔雀图案。

（3）英国人忌讳以英国皇室的隐私作为谈资。

（4）在英国，动手拍打别人、跷起“二郎腿”、右手拇指与食指构成“V”字形都是失礼的动作。

五、法国的习俗和禁忌

（一）日常礼节

1. 见面礼节

法国人爱好社交，善于交际。对法国人来说，社交是人生的重要内容，没有社交活动的生活是难以想象的。在商务交往中，常用的见面礼是握手。而在社交场合，亲吻礼和吻手礼则比较流行。法国人使用的亲吻礼，主要是相互之间亲面颊或贴面颊。至于吻手礼，主要限于男士在室内象征性地吻一下已婚妇女的手背，但少女的手不能吻。与法国人打交道，约会必须事先约定，并且准时赴约，但是也要对他们的姗姗来迟有所准备。

2. 称呼礼节

正式称呼法国人时，宜只称其姓氏，或是姓与名兼称。家人、熟人、朋友、同事、同学之间，应直呼其名。对于关系密切者，则宜直呼其爱称。

与法国人打交道时，有必要使用谦称或敬称。法国人所用的谦称，多为第一人称复数，或者是第三人称，意即“鄙人”或“鄙公司”。

3. 馈赠礼节

在法国，接受礼品时若不当着送礼者的面打开包装，是一种无礼的表现。法国人喜欢有文化和美学素养的礼品，如唱片、CD、艺术画册等。他们非常喜欢名人传记、回忆录、历史书籍，讨厌那些带有公司标志的广告式礼品。

4. 服饰礼节

法国人讲究衣饰，在正式场合，法国人通常要穿西装、套裙或连衣裙，颜色多为蓝色、灰色或黑色，质地则多为纯毛。出席庆典仪式时，一般要穿礼服，男士所穿的多为配以蝴蝶结的燕尾服，或黑色西装套装；女士所穿的则多为连衣裙式的单色大礼服或小礼服。对于穿着打扮，法国人讲究搭配。在选择发型、手袋、帽子、鞋子、手表、眼镜时，都十分强调使之与自己的着装相协调。

（二）餐饮礼仪

（1）法国是世界三大美食王国之一，法国人十分讲究饮食，并且喜欢以美食家自居。他们的看法是：“烹饪是文明的无名先锋”“一顿晚餐比一首诗价值更高”。在西餐之中，法国菜可以说是最讲究的。

（2）法国人爱吃面食。在法国，面包的种类难以计数。他们爱吃牛肉、猪肉、鸡肉、鱼子酱、蜗牛、鹅肝、蛙腿，不吃肥肉、无鳞无鳍的鱼。

（3）法国盛产白兰地、香槟与红白葡萄酒。法国人善饮，几乎餐餐必喝，而且讲究在餐桌上要以不同品种的酒水搭配不同的菜肴。

（4）除酒之外，法国人平时还爱喝咖啡。

（三）礼仪禁忌

（1）法国人忌讳黄色的花，认为是不忠诚的表现；忌黑桃图案，认为不吉利；忌仙鹤图案，认为仙鹤是蠢汉和淫妇的代称；忌给女士送香水等化妆品，因为有过分亲热或图谋不轨之嫌。

（2）法国人对核桃十分厌恶，认为它代表着不吉利。以之招待法国人，将会令其极其不满。

六、德国的习俗和禁忌

（一）日常礼节

1. 见面礼节

德国人通常采用握手礼作为见面礼节。与德国人握手时，务必坦然地注视对方，握手的时间宜稍长一些，晃动的次数宜稍多一些，所用的力度宜稍大一些。与亲朋好友见面时，德国人往往会施拥抱礼。在德国，亲吻礼多用于夫妻、情侣之间。有些上了年纪的人在与人相逢时，往往习惯于脱帽致意。

2. 称呼礼节

德国人在人际交往中的一个鲜明特点就是重视称呼。一般情况下，切勿直呼德国人的名字。称其姓名全称，或仅称其姓，都可以。

德国人对于有职衔、学衔、军衔者，在称呼时一般使用其头衔。这被视为向对方致敬的一种做法。“阁下”这一称呼在德国是不通用的。

与德国人交谈时，切勿疏忽对“您”与“你”这两种人称代词的使用。对于初次见面的成年人以及老年人，务必要使用“您”。对于熟人、朋友、同龄者，方可以用“你”。在德国，称“您”表示尊重，称“你”则表示地位平等、关系密切。

3. 馈赠礼节

向德国人赠送礼品时，不宜选择刀、剑、剪、餐刀和餐叉。以褐色、白色、黑色的包装纸和彩带包装、捆扎礼品，也是不可行的。

4. 服饰礼节

德国人讲究穿着打扮，一般男士穿深色的三件套西装，打领带，并穿深色的鞋袜；女士穿长过膝盖的套裙或连衣裙并配以长筒袜，化淡妆。不允许女士在商务场合穿低胸、紧身、透明的性感上装和超短裙，也不允许佩戴过多的首饰。德国人对发型也比较重视，男士不宜剃光头，少女的发式多为短发或披肩发，烫发的妇女大半都是已婚者。

（二）餐饮礼仪

（1）德国是一个具有深厚饮食文化的国家，对食品的制作及就餐程序十分讲究。德国人饮食口味较重，以面包、土豆为主食，偶尔用大米、面条作主食。德国人爱吃猪肉、牛肉。

（2）在饮料方面，德国人最喜欢啤酒，啤酒杯一般很大，一般情况下不碰杯，一旦碰杯，则需一口气将杯中酒喝光。德国人在用餐时，若同时饮用啤酒与葡萄酒，习惯先饮啤酒后饮葡萄酒。

（3）自助餐源于德国，全国各地的自助餐小店极多。在这种小店就餐，既方便又实惠，所以很受人们欢迎。

（三）礼仪禁忌

（1）德国人喜欢灰色、黑色，忌讳红色；忌讳星期五以及 13 和 666 等数字。

（2）德国人对纳粹党党徽的图案十分忌讳。

（3）与德国人交谈时，不宜涉及纳粹、宗教、党派之争等话题。在公共场合窃窃私语，被德国人认为是十分无礼的。

七、美国的习俗和禁忌

（一）日常礼节

1. 见面礼节

一般情况下，同外人见面时，美国人往往以点头、微笑为礼，或者只是向对方说一声“嗨”。若非特别正式的场合，美国人甚至连国际上最为通行的握手礼也略去不用了。若非亲朋好友，美国人一般不会主动与对方亲吻、拥抱。

2. 称呼礼节

在称呼别人时，美国人极少使用全称。他们更喜欢交往对象之间直呼其名，以示双方关系密切。若非官方的正式交往，美国人一般不喜欢称呼官衔，或是以“阁下”相称。在人际交往中用的称呼是能反映成就与地位的学衔、职称，如“博士”“教授”“律师”“法官”“医生”等。

3. 馈赠礼节

不宜送给美国人的礼品主要有香烟、香水、内衣、药品以及广告用品。

4. 服饰礼节

美国人穿着打扮的基本特征是崇尚自然，偏爱宽松，讲究着装体现个性，同时非常注重着装细节和服装的整洁。拜访美国人时，进门一定要脱帽子和外套，他们认为这是一种礼貌。穿睡衣、拖鞋会客，或是以这身打扮外出，都会被美国人视为失礼。在美国，女性最好不要穿黑色皮裙。

（二）餐饮礼仪

（1）美国人的饮食习惯，一般可以说是因地区而异、因民族而异。就总体而言，其共同特征是：喜食“生”“冷”“淡”的食物，不刻意讲究形式与排场，而强调营养搭配。在一般情况下，美国人以食用肉类为主，牛肉是他们的最爱，鸡肉、鱼肉、火鸡肉亦受欢迎。

（2）美国人不吃的食物主要有：狗肉、猫肉、蛇肉、鸽肉，淡水鱼与无鳞无鳍的鱼，动物的头、爪及内脏，生蒜、韭菜、皮蛋。受快节奏的社会生活影响，美国人的饮食日趋简便与快捷，因此，快餐在美国得以流行。热狗、炸鸡、三明治、汉堡包、面包圈、比萨饼、冰激凌等，在美国可谓老少咸宜，早已成为美国人平日餐桌上的主角。

（3）美国人爱喝的饮料有冰水、矿泉水、红茶、咖啡、可乐、葡萄酒、牛奶、果汁等。

（三）礼仪禁忌

（1）美国人最喜爱的色彩是白色、蓝色、黄色。由于黑色在美国主要用于丧葬活动，因此美国人对它比较忌讳。美国人忌讳星期五以及 13、3 和 666 等数字。

（2）与美国人交谈时，忌问个人收入和财产状况，忌问妇女婚否、年龄及衣饰价格等。

本章回顾

- 涉外礼仪的特点是规范性、严肃性、礼宾性、对等性。
- 涉外礼仪的原则是不卑不亢、尊重为本、信时守约、求同存异、入乡随俗、遵守纪律。
- 中西方文化的差异导致了中西方礼仪的差异。
- 在涉外交往的具体实践中，礼宾次序共有五种常见的排列方法。
- 悬挂国旗要符合礼仪要求。
- 涉外住宿和餐饮也要讲究礼仪。
- 涉外交往中要注意迎来送往、馈赠礼品、见面、谈话、小费的礼仪。
- 尊重各国习俗和禁忌。

中国优秀传统文化传承

中国传统节日

中国的传统节日形式多样，内容丰富多彩，是中华民族悠久的历史文化的重要组成部分。传统节日的形成过程，是一个民族或国家的历史文化长期积淀凝聚的过程。我国的传统节日，无一不具有悠久的历史。从这些流传至今的节日风俗里，还可以清晰地看到古代人民社会生活的精彩画面。自 2008 起，国家法定节假日中，新增加了清明、端午、中秋三个传统节日。

清明节是中国重要的传统节日之一，已有两千多年的历史，古时又叫踏青节、三月节、祭祖节、扫墓节等。它与七月十五的中元节、十月初一的寒衣节，并称为中国三大“鬼节”。清明是二十四节气之一。在二十四个节气中，既是节气又是节日的只有清明。

端午节为每年农历五月初五，又称端阳节、午日节、五月节等。端午节有吃粽子，赛龙舟，挂菖蒲、蒿草、艾叶，薰苍术、白芷，喝雄黄酒的习俗。相传，古时楚国人因舍不得贤臣屈原投江死去，许多人划船追赶拯救。他们争先恐后，追至洞庭湖时不见踪迹。之后，每年五月初五划龙舟以纪念之。

中秋节又称月夕、秋节、仲秋节、八月节、追月节、拜月节、女儿节或团圆节，时在农历八月十五，因其恰值三秋之半，故名。中秋节始于唐朝初年，盛行于宋朝，至明清时，已成为与春节齐名的中国主要节日之一。受中华文化的影响，中秋节也是东亚和东南亚一些国家，尤其是当地的华人华侨的传统节日。中秋节自古便有祭月、赏月、拜月、吃月饼、赏桂花、饮桂花酒等习俗。

课后任务

同学们，如果有机会出国旅游或工作，你最想去哪个国家？收集有关国家的习俗和禁忌的资料，与小组成员交流一下吧。

第七章

求职礼仪

知识目标

了解求职前应做好哪些准备工作

掌握应聘中的礼仪

掌握面试的基本流程

技能目标

能够独立完成个人简历的制作

亲自实践，成功通过面试

思政目标

建立自信和自尊及他尊的求职心态

树立阳光、青春、正确认知自我的理想信念

案例导读

一次，有一位老师带着三个毕业生同时应聘一家公司的业务员岗位。面试前，老师担心学生面试时紧张，同人事部主任商量让三个同学一起面试。三位同学进入人事部主任办公室时，主任上前请三位同学入座。当主任回到办公桌前，抬头一看，只见两位同学坐在沙发上，一个架起二郎腿，而且两腿不停地抖动；另一个身子懒散地斜靠在沙发一角，两手攥握手指咯咯作响。只有一个同学端坐在椅子上等候面试。人事部主任起身非常客气地对两位坐在沙发上的同学说："对不起，你们二位的面试已经结束了，请退出。"两位同学四目相对，不知何故，面试怎么什么都没问就结束了。

启示

这个案例中两位同学面试的失利，说明了招聘单位对应聘者的礼仪修养是非常注重的。所以不管是刚毕业的学生，还是对现有工作不满意而想另谋岗位者，或者失业重新择业者，在求职时都应遵守一定的礼仪。

第一节 求职前的准备

他山之石

某报社招聘记者，应聘者不少。招聘的第一个环节是应聘者轮流到台上进行自我介绍。在正式开始之前，报社的工作人员给每位应聘者发了一份本社的报纸，但是不少应聘者一心准备着自己的讲稿，根本没有注意看。在自我介绍时，一位计算机专业的应聘者表达了自己对记者工作的向往，却说自己写作能力不强，交际能力也比较差，最后被淘汰了。通过第一个环节的十几名应聘者进入面试。主考官问一位文秘专业的应聘者："你了解我们报纸吗？"这位应聘者愣了一下，随口回答说："不了解，我想你们如果录用了我，我就很快会了解的。"结果这位应聘者没有通过面试。

小组讨论

从应聘者面试的失败中可以汲取哪些教训？

孙子云："知己知彼，百战不殆。"这条真理也适用于求职应聘。正确认识自己，了解招聘单位，是求职的第一步。

一、正确认识自己

（一）认识自己的个性

个性也称性格，它是指一个人在对人、对事的态度和行为方式上所表现出来的心理特点。

性格与职业选择有很大的关系，它既是择业的重要影响因素，又是事业成功的基础。如果一个人的性格、气质与所从事的职业很吻合，在职业生涯中就有利于获得事业的成功；反之，则会苦恼不断，甚至导致事业失败。

有人以外向、内向来区分人的性格。

外向型的人，情感丰富，工作能力较强，容易适应新的环境，但注意力不稳定，兴趣容易转移，所以适合于选择能充分发挥自己行动能力、积极性的职业，如做管理者、律师、售货员、新闻记者、警官、公关工作者、社团工作者、广告宣传员、调度员、党团干部、商品批发员、人事工作者、导游、咨询人员、保险工作人员、经纪人、代理人等。

内向型的人，工作中应变力差，接触面往往较窄，所以适合于选择能充分发挥自己计划性、缜密性、逻辑性、规律性等优势的职业，如做自然科学研究人员、技术人员、会计师、速记员、打字员、统计员、商店收款员、银行出纳员、办公室办事员、电话员、美容师、秘书、计算机软件人员等。

平衡性格的人则对职业的适应性更强，适合外向型和内向型性格的职业，企业家往往就是平衡性格的人。

那么，如何判断自己的性格属于哪一类型呢？判断性格的方法很多，现在有一些较流行、较科学、操作较方便的性格测验，可以去做一做。此外，也可以问自己一些问题，如：我喜欢哪一种人？我最高兴、最期盼的是什么事？我哪方面比别人优秀？我的优缺点是什么？父母亲、兄弟和朋友对我有何评价？等等。回答了这些问题，便大体可以知道自己的性格了。那么，如果可能的话，你就可以根据自己的性格特点来选择职业。

当然，性格属于什么类型的并不重要，并不是个性爽朗、善于交际就是好性格，而寡言、不善交际就是不好的性格。而且，性格并不能决定一个人的成才方向和成就高低。性格相同的人，有的可能成才，有的可能庸庸碌碌、一事无成；性格不同的人，也可能在同一领域、同一职业中取得成功。不同的性格只体现不同人的个性特征，认识自己的关键是找出个人的性格特点，以便发挥自己性格的优势。

（二）知道自己的长处

在求职前，要认清自己的长处与短处，弄明白自己的才华所在，自己在知识、体力、技艺等哪方面有专长，并考虑在什么工作领域能把自己的这些长处发挥出来。

所谓长处，在这里一是指天赋特长，二是指业务专长（包括自己的其他长处）。了解自己的长处，有利于在求职时扬己所长、避己所短。

天赋智能是父母给予的，它也是实现职业理想的重要影响因素。不同的人的天赋是不一样的，求职前应了解自己在计划能力、设计能力、组织能力、控制能力、口头表达能力、文字表达能力、领导能力、决策判断能力、预见能力、创造能力、随机应变能力、瞬间判断能力、适应能力等哪个方面有天赋。正确评估自己的能力类型和能力倾向，对于选择职业和取得事业成功有着重要意义。比如，组织能力强的人适合做领导管理工作；语言表达能力强的人适合教学、宣传及律师工作；研究能力强的人适合搞科研；有表演的天赋，瞬间判断能力和随机应变能力强的人，则适合做电视节目主持人。许多人成功的诀窍就在于善于发现自己的长处，选择最能使自己长处得到充分发挥的职业。

经过几年专业训练的大学生，一般都拥有一定的专业基础知识，有的甚至形成了自己的业务专长，所以在确定职业理想、选择职业岗位时，一定要注意选择能够发挥自己专业特长的工作，否则因为种种原因弃长就短，做自己不擅长的事情，就会觉得很痛苦，也难以取得成功。

有人一提“专长”二字，就说“我无一技之长”。其实，正确认识自己既不能夜郎自大，也不能妄自菲薄。没有什么事都不会做的大学生。从高科技到一般行业，在这中间存在着许多技术程度不同的工作，都需要有不同技术程度的人去做。操作精密仪器是一种能力，为慈善社会团体募捐也是一种能力，打字、速记、演奏等都是社会需要的能力。所以，应善于挖掘自己的能力专长，这样不但能明确自己应该找什么样的工作，而且能在应聘时很容易地说出进入这家公司的目的以及如何在公司贡献自己的专长，这样才能在面试中给对方留下好印象。

历史名人故事

钟繇习书

【传统故事】三国时期有个著名的书法家叫钟繇（yáo），他是楷书的创始人。钟繇小时候聪颖好学，酷爱书法艺术。他经常不分白天黑夜、不分地点练习书法。功夫不负有心人，经过坚持不懈的努力，钟繇终于成了一代书法名家。后来，有人登门向钟繇请教书法秘诀，钟繇笑着说：“我哪有什么秘诀啊！我只不过是比别人更加努力一点，付出的心血更多一些罢了。”

【名家介绍】钟繇，三国时期曹魏著名书法家、政治家，被后世尊为“楷书鼻祖”。钟繇对后世书法影响深远，王羲之等后世书法家都曾经潜心钻研学习钟繇书法。他与东晋书法家王羲之并称为“钟王”。

【人生感悟】天道酬勤。看到别人的收获，我们正确的态度应该是“临渊羡鱼，不如退而结网”。在校大学生应把握好青春年华，不负这大好时光，不虚度生命。

（三）清楚自己的兴趣

兴趣是人们积极探究某种事物的认识倾向。职业兴趣是坚信某种职业的正确性，并确立目标、克服困难，努力实现目标的意向。

兴趣爱好是一个人事业成功的重要条件。研究表明，对自己所从事的工作有兴趣的人，不但能发挥出自己才能的80%～90%，并能长时间高效工作而不感到疲劳，从而出色地完成工作。随着经验的丰富、能力的提高，还有可能迸射出灵感的火花，从而在工作中有所发明和创造。反之，如果从事不感兴趣的工作，就不会产生热情，精神与身体都容易疲倦，效率就不高。因此在求职之前，每位毕业生都应该认识自己的兴趣所在。应该避免不顾自己的个性、专长和兴趣，一味地贪求眼前的就业机会的倾向。否则，日后可能会因为对所做工作不感兴趣而产生疲倦感。

当然，我们也应该认识到，兴趣、爱好的广泛性、无限性与社会所提供的职业类别、数量的有限性之间，存在着较大的反差，不可能你有什么样的兴趣、爱好，社会上就有什么样的职业与之相对应。所以，在个人意愿同社会需求两者的关系上，往往不是个人意愿决定社会需求，而是社会需求决定个人意愿。如果忽视这一点，总把“我喜欢干什么”置于社会需求之上，就会陷入择业的误区。

那么，如果你不能得到自己所喜欢的职业，只能暂时从事与自己的兴趣并不吻合的工作，怎么办呢？首先，要树立“先就业、后择业、再创业”的观念。为了生存，要珍惜已经得到的工作。其次，要自觉培养对现有工作的兴趣，不能“身在曹营心在汉”。兴趣是可以培养和改变的，以积极的态度去做那些当初你感到并不可爱的工作，天长日久你就会改变对现有工作的态度，从而认识到从事此项工作对你的意义，兴趣和爱好也就随之而来。所以，我们要记住日本著名企业家松下幸之助先生的话：“真正的幸福就是能在工作中自动培养自己的兴趣和爱好而愉快地工作。”

二、了解拟应聘组织的情况

求职时“知彼”也非常重要。“知彼”就是了解社会需求和拟应聘组织的情况。求职者必须了解就业市场的现状，了解用工单位的招聘要求和企业风格，知道自己是否符合其要求，是否具备该项工作所需的专长，并以此来调整自己，把握自己的长处，使自身条件和用工单位对应聘者的素质要求相吻合。

现在社会组织招聘人才的方式越来越多。面对各种各样的人才市场、洽谈会和招聘广告，大学毕业生应该多加了解，慎重对待。

（一）掌握招聘单位基本情况

作为应聘者，应该尽可能地了解招聘单位的以下情况：

它是什么性质的企业？成立于哪一年？在什么地方？递交应聘申请的地址与以后工作的地点一致吗？有多少雇员？人员的构成情况如何？年营业额是多少？在股票交易所上市了吗？如果是，股票价格是上升还是下降的？它处于扩展的还是缩小的行业？总裁叫什么名字？近期有影响到企业的政治和经济事件吗？最近企业在新闻报道中出现了吗？如果出现，是因为什么？企业对员工进行认真的培训吗？应聘者应该向谁提出申请？等等。

通过了解这些，我们可以对对方的情况有所把握。这样做可以避免费了不少力气被某企业聘用，结果发现这个企业存在这样或那样的问题，很不理想，只能辞职，浪费时间和精力。

（二）选择有发展前途的职业，而不要仅仅看中某个企业

比如一听说现在牌子很响的某个企业招聘，就为了进入该企业而表示“只要能聘用我，干什么都行”。现代社会竞争特别激烈，不可能存在总是红红火火的、能让你工作一辈子的企业，不要为了进入眼前效益很好的企业，而选择一个不适合自己的职业。

（三）树立正确的择业观

社会上可供大学毕业生选择的职业岗位并不少，就所有制结构看，有国有、民营和个体以及外资等；就地域看，有沿海、内地和边疆；就工作性质看，有决策、管理、业务（技术）和服务等。面对这些不同的职业、岗位，要想求职成功，必须更新观念。

要看到在私营、个体经济中选择职业岗位同样大有作为。一般说来，大学生就业往往喜欢进大城市，到国有大企业。的确，国有企业经济基础雄厚，技术密集，管理先进，又大多处在城市，其物质、文化生活条件优越，有利于青年的发展。但是也应看到，那里人才较多，对应届大学毕业生的需求量较小；而且大学毕业生即使能应聘到那里，往往也一时不能发挥很大的作用。私营、个体经济则一般人才较少、技术力量较薄弱，大学生到了那里更容易找到施展才华的舞台，所以，不应放弃在私营经济和个体经济中选择职业岗位的机会。

要到最能发挥自己才智的地方去工作，不应对边疆、农村望而却步。由于历史的原因，一些边疆地区相对于内地、沿海而言，还比较贫穷落后，但那些地区有丰富的自然资源，面积辽阔，待开发的地方很多，对人才的需求较大。尤其现在国家十分重视西部大开发，有志者可以到那里去施展才华。相对于城市而言，农村还比较落后，生活、生产条件比较艰苦。但要想逐步消灭城乡差别，必须大力建设新农村。所以，有胆有识的大学毕业生如果到农村选择职业岗位，从头干起，也有利于自身的发展。

三、做好应聘的准备

求职应聘之前，还应该做好以下准备。

（一）心理准备

1. 有迎接挑战的勇气

这种勇气是以人格的自尊和深刻的自省为前提的。一个人充满自信、懂得自爱，才会在主考官面前临阵不乱，对答如流。

要有遭受挫折的心理承受力。不少人在应聘时过于紧张、怯场，往往是心理压力太大造成的，他们总怕求职失败，使自己丢面子。其实，一次或几次应聘失败是很正常的，即使你在应聘中被一个条件不如你的人挤下去了，也是完全有可

能的，因为这里面有很复杂的原因。所以，既不要在应聘前对成功与否考虑得太多，也不要因为一次失利而沮丧，甚至产生挫折感，失去再次尝试的勇气，而应该百折不挠、锲而不舍。

2. 有应对各种招聘考试手段的精神准备

有些公司在招聘工作人员时，花样翻新，手段百出，以考查应聘者的道德品质、聪明才智、应变能力、管理水平、业务技能等。所以，应聘者事先应了解一些招聘测试方法，做好应对的精神准备，并培养自己的应变能力。

3. 进行“考前预演”

一位颇有经验的求职者说：“面谈前，如果你花上一定时间进行‘考前预演’——认真地研究面谈中招聘者将要提出的种种问题，那么你获得应聘成功的机会就会大大增加。”在进行考前预演时，你应该学会“换位思考”——把自己想象成招聘者，然后问自己：“这个候选人（也就是你）值得考虑吗?”“这个人（你）在哪方面强于我所谈过的其他人呢?”自己回答了之后，再设想面谈中可能会被问到的其他问题及自己该如何回答这些问题。这个过程其实也是你对自己不断深入了解的过程，你对自己了解得越多、越彻底，你就越能及时、有效并充满信心地去面对招聘者，你在面试过程中的心态也会越好。

（二）物质准备

应聘前还应当准备好求职所需要的种种材料。

1. 个人简历

求职材料中最常用的是简历。一份吸引人的简历，是获取面试机会的敲门砖。所以，写一份“动人”的简历，成了求职者首要的工作。

（1）特点。

1）规范性，即格式有一定的规定性和程式化。

2）客观性，即实事求是，不能弄虚作假。

3）简明性，即内容扼要，去除套话，条理清晰，简洁明了。最好压缩成一页纸，即使你的经历很丰富，非写不可，也不要超过两页，而且应该用对开的纸写，使两页的内容展现在一个平面上。

（2）构成要素。

一份好的简历要表明 4 个“W”和 1 个“H”，即 who（你是谁）、where（哪里人）、when（什么时候毕业）、what（你能干什么）、how（你干得怎么样）。

（3）基本结构。

1）标题：个人简历。

2）正文。

基本情况介绍：姓名、性别、年龄、学历、毕业学校、所学专业、家庭地址、电话号码等。

学历情况概述：学习历程、在校期间获奖情况、专业技能、爱好和特长、参加过的社会实践活动、所任职务、承担的任务等。

工作经历：曾经工作过的单位名称、职位、个人工作成绩、培训或深造情况、工作变动情况、职务升迁情况等。

以上各项中自己没有的项目不写。当然，因个人情况不同，个人简历的写法也是多种多样的。

（4）写作技巧。

1）安排好版面。简历制作设计应简短、清晰、美观。在内容安排上，要把招聘主考官想要看的内容写在前面，把不太重要的内容放在后面。要逆着时间顺序列出所有相关的学历和工作经历。经历中的重要内容可以改变字体，如用大号的字体书写你曾经拥有的职位和各种证书的名称，以求醒目，使主考官一眼就能看到。另外，用词和书写要规范。

2）省略代词“我”。简历就是介绍自己的经历，所以句子的主语就是“我”，因而倘若每一句话都加上“我”，就显得多余。

3）侧重点与用人单位的要求一致。分析不同用人单位对求职者考察的侧重点，可以使我们有的放矢地写简历。比如，由于各个国家的经济文化背景不同，欧美人侧重于考察人的学历、专业技能、语言能力；韩国、日本人则侧重于考察求职者的业务能力与敬业精神。再如，生产性的企业，强调求职者的专业技能；贸易性的公司则强调求职者的外贸知识。所以，最好不要把一种简历复印成好几十份，送给不同国家、不同行业的企业，而应具体对象具体对待，灵活机动地写作设计各种侧重点不同的简历。

4）突出实践活动与专业能力。在简历中应列出求职者所参加的社团活动以及所得到的实际锻炼。例如，你曾任某高校学生会的文艺部长，主持过较大型的文艺晚会；你曾利用假期游览祖国的大好河山，实地做了不少考察、调查；你曾到一家单位实习，承担了一部分重要工作，得到了领导的好评，也学到了不少东西；等等。此外，你还可以用描述性语句说明学校培养了自己哪方面的能力，今后自己在什么方面能做得很出色。注意撷取你认为招聘单位可能会感兴趣的部分列出来。

5）用定量化语言。写自己的成就时最好用定量化的语言。简历中的具体数字越多、具体事实越多，和你所求职位越相关，传达的信息就越明确、越有说服力。

个人简历示例：

个人简历

<table>
<tr><td>姓　　名</td><td></td><td>性　　别</td><td></td><td>出生年月</td><td></td><td rowspan="4">（照片）</td></tr>
<tr><td>民　　族</td><td></td><td>籍　　贯</td><td colspan="3"></td></tr>
<tr><td>学　　历</td><td></td><td>毕业学校</td><td colspan="3"></td></tr>
<tr><td>联系电话</td><td colspan="5"></td></tr>
</table>

续表

教育经历	
社会实践	
培训情况	
职业资格证书	
获奖情况	
特长	

2. 自荐信

（1）特点。

自荐信与个人简历的不同之处在于，简历可以同时发给多个单位，而自荐信则只给一个特定的单位，甚至是一位有姓有名的主管人，所以针对性很强。因此，在自荐信中，你必须提及该单位，一方面表明你对其很感兴趣，另一方面也给对方一种亲近感和自豪感。简历的语言一般比较冷静客观，而自荐信的语言则充满感情色彩，所以更富有人情味，能够与对方进行一定程度上的情感沟通。从内容上看，自荐信一般比简历要丰富得多。如在自荐信中，你甚至可以谈谈自己对该单位前景的看法，提出一些建设性意见，说明自己将来能在单位完成什么样的任务。显然，你能承担的任务如果是有创建性的，你便会从众多的应聘者中脱颖而出。

（2）基本结构。

1）标题。在信纸第二行的正中写好标题“自荐信”。

2）称谓。在信纸第四行顶格书写对方单位及主管招聘部门的名称，写给领导个人的可写“尊敬的×经理”。

3）正文。

第一段：简单介绍一下基本情况，如后面已附简历，开头可以说自己从什么地方看到或得知对方的招聘消息，对此很感兴趣；然后说明写信的目的、申请的职务名称或工作类型。

第二段：解释你对这一工作产生兴趣的原因，并具体说明你希望得到该工作的理由（这一段很关键，要描述你的能力、专长和已取得的成绩）。

第三段：再一次表达你的愿望。若你随信附上了一些材料，还可提醒对方去翻阅。

（3）写作技巧。

1）明确求职目标。在信的开头必须明确地告诉对方，你想应聘什么工作或职务，不能模棱两可，或说自己什么都能干。同时，也要在信中表达出你对自己所希望从事的工作的热爱之情。例如你是学文秘的，到一家公司应聘做秘书，就可以在信中表达你对秘书工作的热爱，谈秘书工作既与你的专业相符，又适宜你的性格和爱好；而到一家企业应聘做公关人员，则要谈自己对公关工作的喜爱以及自己已具备的公关方面的知识和能力。这样有的放矢地去写作效果会好些。当然，你对自己所求的职业的这种喜爱应该是发自内心的，因为只有这样你才会对自己所应聘的单位充满热情。如果你根本不喜欢文秘工作，只是因为当时找工作较难而又有单位在招聘文秘人员，你担心找不到其他更好的工作而递上了自己的自荐信，这样你心里自然不会很舒服，自荐信中的措辞也难以激情洋溢，你写出的对文秘工作的喜好可能也是干瘪的，缺乏说服力和感染力。

2）注意书写格式。自荐信实际上是你给招聘者的“第一印象”。一封格式不对、词不达意、逻辑混乱、字迹潦草的自荐信，必然会给招聘者留下不好的印象。如果是到外企应聘，还要按照外国人写信的格式书写。如果你的字不太漂亮，可以把自荐信打印出来，打印时，对标题及正文的安排要规范，使其看上去整洁、清晰、漂亮、大方。如果你能写一手漂亮的书法，不妨自己手写自荐信，一定要用楷体或行书，而不能用龙飞凤舞的狂草。

3）实事求是。在自荐信中介绍自己的学历、爱好、特长、工作经历和所取得的成绩时，既不能自吹自擂，也不必谦虚客气，应该实事求是地介绍自己的长处和成绩，写得有根有据、入情入理。例如：“在老师和同学的帮助下，我成功地举办过几次学术沙龙；在学校的支持下，曾组织同学外出考察，写出的调查报告深得当地政府和学校老师的赞赏。由于同学们的信任，我在竞选学生会主席时，获得了最多的票数。我相信，在未来的工作中，我会依托领导和同事的力量，充分发挥自己的组织能力和号召力……”这样写就会让人觉得你这个人能干而不自傲，踏实而不轻浮。

对于业余爱好方面的长处，最好不要用浓墨重彩，以免喧宾夺主，把你专业上的才能冲淡了。也不能为了应聘成功而说假话。例如你没有当过学生会主席，为了表明你有组织才能，把自己说成是学生会主席，这是一种欺骗，一旦被用人单位发现，对你有百害而无一利。当然，如果你虽然没有直接从事过某项工作，但从事过相关的工作，自认为技术已经接近这项工作所要求的水准，你可以适度提一下。例如："我没有设计过书籍的封面，但曾设计过笔记本的封皮，我想两者应该是相通的。"另外，自己的缺点和现在还不具备的素质，最好不要在自荐信上提及。

4）用词要规范、简洁。自荐信也常常要说明自己的背景和经历，这与个人简历有类似之处，只不过写简历时，重在条理分明，而自荐信如果也这么写就有点像开中药铺了，所以应该用合适的关联词句把各部分内容有机地连接起来。当然，如果自荐信后附简历，就不用再罗列经历，而应重点介绍自己的与所应聘职务相关的突出方面。此外，还要用规范的书面语，避免使用俗语、俏皮话或网络流行语，也不能堆砌辞藻，像写诗歌散文般地抒情，应该使用简洁的语言、简单的词语和客观的语气。

自荐信示例：

自 荐 信

××银行：

我叫×××，男，××省××市人，今年 22 岁，所学专业是国际金融。以本人所学知识及爱好，我想应聘到贵行从事涉外银行业务工作。

××××年我以优异的成绩考入××大学，获新生一等奖学金。在大学期间，我努力学习，积极进取，系统学习了国内外经济理论知识（所学课程列表附后），成绩在班上名列前茅，多次获校三好学生称号。我的英语已通过国家六级考试，专业英语成绩突出，能熟练翻译专业英文资料、书籍，熟悉英文商业书信及电报、电传的使用，口语具有相当水平。选修过日语，并能使用字典翻译日文资料。文字功底扎实，语言表达能力强，通晓经济类写作。

我还有意识地把所学专业理论知识与实践结合起来，参与了中国人民银行组织的《现代金融大辞典》的编写工作；在假期曾多次外出考察，到过四川北部、长江沿岸经济带、广东南部经济开发区、鲁东南等地区，开阔了视野，增加了对社会的感性认识；××××年夏在广东省外贸局实习期间，写出了具有一定水平的报告（实习单位鉴定附后）。

除学好专业课程以外，我还选修了历史、地理、艺术、哲学、管理学等方面的课程并取得优秀成绩。我爱好广泛，身体健康，尤喜远足、运动、摄影。

我热心公务，中学期间便长期担任学生会、团委及班级干部，组织能力较强。大学时期先后在学生会生活部、实践部担任职务，曾多次组织书法、绘画、舞蹈等培训班，并曾计划、组织、安排过外出考察活动。

企盼贵行给我一次施展才华的机会。我的联系电话是：139××××××××。

此致

敬礼

×××

××××年×月×日

附：所学课程列表；实习单位鉴定；各项职业资格证书及荣誉证书复印件；计算机、外语水平证书复印件。

3. 自我介绍稿

大学毕业生求职面试时，经常会遇到被招聘单位要求做1～3分钟自我介绍的情况。招聘者或是把它当成筛选应聘者的第一关，或是作为面试时的第一个问题。无论哪一种情况，其目的都是相同的：既是为了了解应聘者的基本情况，更是为了考查应聘者的综合素质尤其是口语表达能力。所以，在求职前准备好自我介绍是非常重要的。

那么，怎样写好自我介绍呢？一般来讲，应该注意以下方面：

（1）针对性强。

在自我介绍中，既可以写才，也可以写德，如“我有吃苦耐劳、要做就做得最好的实干精神”。才能方面既可介绍专业知识技能，也可涉及其他知识技能及业余爱好等，当然，所写爱好应对自己应聘的工作有利。此外，还可以谈应聘的原因，如：“我的父母是从事商业工作的。受他们的影响，我从小就对市场营销很感兴趣。”要记住一点，一定要针对用人单位所需介绍自己，否则说得太多会适得其反。

（2）突出优势。

在自我介绍时一定要突出自己的优势。即根据应聘职位（务）的需要，谈自己符合招聘要求的最突出之处。如：“我的特长是电脑和外语。电脑方面，精通××、××语言，对××、××等网络编程技术也略知一二。外语方面，能熟练地使用英语和日语与人交流，并且通过了国家日语×级考试。”在应聘某些外企的计算机公司时这样介绍自己，就很可能受到青睐。

（3）条理清楚。

自我介绍的一般顺序是：1）自己的基本情况；2）为何选择此专业或为何应聘该职位；3）认为自己能够胜任这一职位的理由，如学识、经验、成就、爱好等；4）表达任职后的设想或决心，也可再一次表达自己想得到这份工作的愿望等。当然，这一模式并非一成不变的，可以根据具体情况灵活安排。但无论如何都必须条理清晰、逻辑性强。

（4）注意礼貌。

做自我介绍时，开头的称呼要正确。如不知道主考官的身份和姓名，可称“各位主考官”；如已知道，则也可称“×经理”“×先生”等。称呼之后要问“大家好”或“您好”。自我介绍结束时，一定要说“谢谢”。另外，在自我介绍的过程中，用词和态度也应有礼貌，表现出对对方的尊敬。

（5）叙议结合。

自我介绍应以叙为主，但介绍一方面的情况之后（或之前）最好有一句小结式的议论。如：介绍自己担任学生干部，组织过不少活动后，总括一句："这锻炼了我的组织协调能力"（也可先说"我有较强的组织领导能力"，然后再举例说明自己担任过什么干部、组织过什么活动）；参加过辩论赛取得了好名次，则说："这次辩论赛增强了我的语言表达能力，使我更加自信"；介绍自己除学好专业课外还学习了其他方面的知识，取得了一些证书，就总结说"这些为自己成为一个适应各种岗位需要的复合型人才打下了良好的基础"；等等。

（6）不要太长。

单独的自我介绍要求讲 1～3 分钟，一般讲 2 分钟左右（每分钟 150 个字左右）即可；面谈时介绍自己则不要超过 2 分钟。太长容易使人厌倦，效果反而不好。所以，写自我介绍稿时，应选择自己最突出的方面来谈，另外注意语言精练、通俗易懂。

（7）结尾高昂。

单独的自我介绍，既要靠自己的优势打动人，也要靠自己的情绪感染人。尤其在结尾时，更应情绪饱满、感情激昂。如："我认为自己有能力做好这份工作。如果公司聘用我，我将用我的勤奋和智慧为公司多做贡献，通过努力工作实现自己的人生价值。"又如："虽然我没有令人炫目的学历，也没有令人折服的工作经验，但我有积极向上的人生态度，我想，如果给我机会，我一定会为公司贡献出自己的一份光和热！"这样的结尾一般更易给人留下深刻的印象。

（8）目标鲜明。

当招聘单位招聘的是多种岗位的人时，在自我介绍中必须说明自己应聘的是什么职务（职位）。如："我叫×××，毕业于××大学××系，我应聘的是贵公司的经理助理一职。"如对方只招聘一种岗位，也可强调自己的某些优势对从事这一工作非常有利。

（9）处理灵活。

在写自我介绍时，可以先把自我介绍写得稍长一点，把各方面的情况一点不落地介绍出来。然后在实际应聘时，再根据所应聘的职业（或职位）需要对原稿进行删节，以突出做好这一方面工作的优势。

自我介绍示例：

各位主考官：

大家好！

我叫×××，是××职业技术学院××系××专业的应届毕业生，今天来应聘总经理办公室秘书一职。我十分喜爱这个职业，认为自己胜任该职的理由有四点：第一，我有较强的口语表达能力，曾在大学和中学的校级演讲比赛中两次荣获一等奖；第二，我有很强的写作能力，中学时曾三次在省级作文比赛中获奖，上大学后经常给一些报刊投稿，已有两篇稿件被省级报纸采用；第三，大学在校期间，曾任辅导员助理，有做管理和助理的实际工作经验，我曾在我校学生会主办的《××××报》当了两年的记者；第四，我性格外向，交际能力强，在人际交往中能够运用公共关系技巧，持有中级公关员职业资格证书。

我期待着贵公司给我一次实现梦想的机会！

谢谢大家！

（三）应聘形象准备

这里的形象主要是指人的着装打扮。应聘者的着装在开门进去的一瞬间就会给招聘者留下深刻的第一印象。所以说，懂得着装的艺术，其作用绝不亚于一封推荐信。因为一般说来，你的履历只给主考官三分之一的印象；你滔滔不绝的口才也只占他们对你印象的另外三分之一；剩下的三分之一，就是你的着装。要是他给你的装束打了满分，你成功的把握就更大了。所以求职者不可不做好这方面的准备，以期一开始就给招聘者留下美好的印象。

男士着装规范

应聘者的着装无一定之规，应根据自己的身高、体形、气质全面考虑，使服饰得体，这有助于你在心理上产生自信，也表现出对主考官的尊重、对应聘的重视。一般说来，应聘前一周要去剪一款适当的发型。面试时，女士宜着深色制服、套裙、套装、连衣裙，其中尤以西式套裙、套装为佳。男士应选择中、高档次的上下同色同质的西装，并配以与其色调协调的衬衣、领带、皮鞋。总之，要让自己的服饰传达出这样的信息：你谨慎大方、精明能干、办事认真可靠。

当然，由于个人的喜好不同，所应聘的职业不同，要求着装上整齐划一也是行不通的。所以在应聘前，必须了解你要应聘公司的文化或工作环境，然后再根据应聘公司环境及工作性质来选择与其相符合的装束。例如，如果你应聘的是重视传统和规矩的银行、大企业的管理工作，那么，就应该穿传统服装：深灰色西装，白色或蓝色衬衫，单色、条纹或几何图形的领带，乌黑锃亮的皮鞋。相反，如果是推销或技术性工作，那么穿着上不那么传统也无妨。如果你是去广告公司应聘企划工作或设计工作，过于保守的正装可能反而不利于你的成功。

不管穿着传统正规还是随意，有一点要求却是相同的，那就是衣着打扮要端庄、整洁，绝不能衣冠不整、不修边幅。例如，头发乱而长，或染成火红、金黄色；胡子不刮，指甲嵌有黑泥，T恤衫内外不分地穿，外衣扣子没扣全，袖口上纽扣快要掉下来了，裤子上残留着油渍，裤管卷得一长一短，穿与套服颜色不协调的袜子和蒙着灰尘的旧皮鞋，趿拉着拖鞋，等等。任何企业和单位，都不会欢迎这样的应聘者。此外，衣服的质量应该好一点，因为招聘者能通过衣服的质感、衣角袖口的收尾缝合、整体的协调均衡等看出你所穿服装的质量，进而对你形成这样或那样的印象，因此，即使不必穿高级名牌服装，也不能穿特别廉价的衣服。

不能着奇装异服和浓妆艳抹。应聘最好是以一个比较大众化的形象出现在面试考场，不可标新立异、哗众取宠。有的女大学生应聘时穿着打扮太华丽、雍容，浑身珠光宝气，香气四溢，给人一种华而不实的印象。其实刚毕业的学生应该以整洁、干净、得体、让人赏心悦目的形象出现在招聘者面前，如有些女生，留着挺精神的短发或扎着清爽的马尾，面部化恰到好处的淡妆（稍描眉、涂口红），显得精明干练、清新脱俗，这样就很好。有一位长期从事公司人事组织管理的人曾说："在穿着打扮上，大学生有一些误区，比如一些女学生，穿着料子很高档、样式很正规、颜色很老气的职业女装来面试，发型、饰品、妆容等很明显以已工作多年的女性为标准。我都怀疑她们是否能给公司带来清新之气了。"他的话反映了一部分招聘者的喜好，所以也值得大学毕业生们在应聘时注意。

总之，穿着合适、打扮得体也是推销自己的重要方面。

思政园地

毛遂自荐

毛遂在平原君门下已经三年了，一直默默无闻，总得不到施展才能的机会。

一次，碰上秦国大举进攻赵国，秦军将赵国都城邯郸团团围住，情况十分危急，赵王只好派平原君赶紧出使楚国，向楚国求救。

平原君到楚国去之前，召集他所有的门客商议，决定从这千余名门客中挑选出 20 名能文善武、足智多谋的人随同前往。他们挑来挑去最终只有 19 人符合条件，还差一人，却怎么挑也总觉得不满意。

这时，只见毛遂主动站了出来说："我愿随平原君前往楚国，哪怕是凑个数！"

平原君一看，是平常不曾注意的毛遂，便婉转地说："你到我门下已经三年了，却从未听到有人在我面前称赞过你，可见你并无什么过人之处。一个有才能的人在世上，就好像锥子装在口袋里，锥子尖很快就会穿破口袋钻出来，人们很快就能发现他。而你一直未能出头露面显示你的本事，我怎么能够带上没有本事的人同我去楚国行使如此重大的使命呢？"

毛遂并不生气，他心平气和地据理力争说："您说的并不全对。我之所以没有像锥子从口袋里钻出锥尖，是因为我从来就没有像锥子一样放进您的口袋里呀！如果早就将我这把锥子放进口袋，我敢说，我不仅是锥子尖钻出口袋的问题，我会连整个锥子都像麦穗子一样全部露出来。"

平原君觉得毛遂说得很有道理且气度不凡，便答应毛遂作为自己的随从，连夜赶往楚国。

一到楚国，平原君立即拜见楚王，跟他商讨出兵救赵的事情。可是这次商谈很不顺利，从早上一直谈到了中午，还没有一丝进展。面对这种情况，随同前往的 19 个人只知道干着急，在台下直跺脚、摇头、埋怨。唯有毛遂，眼看时间不等人，机会不可错过，只见他一手提剑，大踏步跨到台上，面对盛气凌人的楚王，毫不胆怯。他两眼逼视着楚王，慷慨陈词，申明大义。他从赵楚两国的关系谈到这次救援赵国的意义，对楚王晓之以理、动之以情。他的凛然正气使楚王惊叹佩服，他对两国利害关系的分析深深打动了楚王的心。楚王终于被说服了，当天下午便与平原君缔结盟约。很快，楚王派军队支援赵国，赵国于是解围。

事后，平原君深感愧疚地说："毛遂原来真是了不起的人啊！他的三寸不烂之舌，真抵得过百万大军呀！可是以前我竟没发现他，若不是毛先生挺身而出，我就要埋没一个人才了！"

思政启示

毛遂自荐的故事告诉我们，一个人想要成功，除了自身的刻苦学习之外，还要有信心，善于表现自己的优点，把自己美好的一面展现给别人看。命运决定在自己的手中，有出众的才华，就要展示自己的才华。如果没有机会展示，就要积极创造条件，为自己的脱颖而出做好充分的准备。表现自我，充满自信，定会成功！

资料来源：https：//tv. cctv. com/2020/12/15/VIDECh5IEfR9iB6VOyRqHY Pk201215. shtml.

第二节 应聘中的礼仪与技巧

他山之石

在人才市场的招聘会上，某企业对前来面试的一名个头高挑、容貌俊俏的女孩有好感。面试的最后一个问题是："你最不喜欢做的事情是什么？"那位女孩回答："我最不喜欢做琐碎的事情。"最终这位女孩落选了，被留用的是一位个头不高、相貌普通的女孩。她对这个问题的回答是："对于工作，我没有特别不喜欢做的事情，只要需要，我都愿意去做。"

小组讨论

外貌占优势的女孩落选了，这告诉我们什么道理？

一、面试中的礼仪

在应聘中，要想展示自己的风采，给招聘者留下美好的印象，就不能不注意礼仪。

（一）见面和告别的礼仪

1. 严守时间

即在约定的时间到达，一定不能迟到。一旦不能及时到达，至少要在一个小时前与应聘单位联系。

2. 入室敲门

进屋要敲门，室内的人喊“请进”，才能轻轻推门进去。进门后，侧身将门轻轻关好。有一位求职者去一家公司应聘时，外面等了很多人，面试轮到谁，谁就去经理室。到她时，她在门口敲门问：“我可以进来吗?”经理说：“可以。”她才进去。结果她被录用了。过了一段时间，她与经理熟了，就问他是看中了自己的什么优点。经理回答：“说老实话，当时与你能力相当的应聘者有很多，我看中的，是你进屋时敲了门。敲门说明你懂礼貌，而懂礼貌说明你有教养，有教养的人即使不能在公司大有作为，也不会给公司制造乱子。”这个事例告诉我们在应聘中一定要注意敲门之类的小细节。

3. 进门问好

进门后要问好，有时还应做简明扼要的自我介绍。进门后，应聘者应首先以亲切、自然的语调向对方打招呼：“您好！”“各位好！”或说：“您好！我叫×××，刚从××大学毕业，来应聘销售助理一职。”如有名片，可在简短的自我介绍之后双手递上自己的名片。

4. 非请勿坐

进门后，如果对方说“请坐”，你要先目视对方，微笑着说“谢谢”，然后再走向指定的位置，轻轻落座。如果对方没说“请坐”，即使屋里有椅子，也千万不要径直走过去坐下，而应站着和面试者讲话。

5. 称呼恰当

得体的称呼不仅能体现称呼使用者的内在素质，而且能“诱发”被称呼者对你的关注——这种关注往往能转化成一种鲜明的感情色彩。据说，在应聘中能始终记住招聘者姓名并能得体而频繁地使用“×先生（女士、小姐）”的求职者往往容易博得对方的好感。应聘属于正规而庄重的交际活动，因而应使用正式而规范的称呼，一般对男性称“先生”，对女性则依其年龄、婚否而称其为“小姐”或“女士”；知道姓氏的话可称“×先生”“×小姐”，而不能直呼其名，也不要称“×经理先生”“×秘书小姐”等。

6. 勿先握手

正式面谈时，常见的礼节是点头微笑致意。所以，不管是进门后还是告辞时，应聘者都不应主动伸手与对方握手，而应采用微笑、点头等形式，向对方表示尊敬和友好。当然，如果对方先伸出手来，我们也应该热情相握。

7. 礼貌告别

结束面谈时，无论面谈的结果如何，都应礼貌地向对方说一声“谢谢，再见”，然后走出房间，轻轻把门关好。

（二）其他应注意的问题

1. 站、坐端庄

“站有站相，坐有坐相。”在面试时更要注意姿态。在应聘面谈中，应聘者正确的站姿是：两脚自然分开为两拳左右距离，身体重心落在两脚上，双臂自然垂下（女士也可双手相握，放在腹前），挺胸抬头，两眼平视。这种站姿表现出来的是一种力量、自信与朝气。应聘者正确的坐姿是：轻轻落座后，上身自然挺直，双手五指自然弯曲很随意地放于腿上，也可以把手指轻轻地相交，或一只手轻握着另一只手。身体微微向前，男士双脚对齐两脚分开，双膝保持距离，女士膝盖以上并拢。头正，嘴巴闭上，眼睛注视正前方。起立时要稳重、安静，不能发出声音。这种坐姿显示出的是应聘者的自信、自律与坚定。

2. 面带微笑

微笑是人间最美好的表情，具有打动人心的力量。应聘是在向招聘者推销自己，所以作为应聘者，你可以没有可炫耀的学历，可以没有可自豪的经历，但是你不可以没有笑容。记住，你亲切自然、充满魅力的微笑最能打动对方。

3. 举止得当

在面谈中，主考官锐利的眼光是不会放过你的细微动作的。比如说手的放法，交叉放在胸前，按心理学分析这是一种对抗、傲视的态度；面试不是审讯犯人，不必将手背在椅后这么规矩；垂在身体两侧，这也是紧张的反映。而且，不管面谈时间多长，你都不能做诸如抠指甲、鼻子，抹嘴巴，下意识地玩弄人家桌子上的东西等让人看不顺眼的小动作。此外，面谈时手势宜少不宜多，动作幅度也不宜过大。更不能跷着二郎腿，或把腿伸到主考官桌下去。头要保持端正，在点头表示赞同或摇头表示意见相左时，动作幅度也要适度。要正视对方，神情专注，表现出你的自信，千万不要目光游离，给人一种不踏实或不诚实的感觉。

在应聘中，对方可能因为讨厌你的某个动作，进而否定你这个人。比如一个身高 1.93 米的小伙子，为了使自己在一些不到 1.70 米的考官面前不显得太突出，有意弯了一下腰。可就是这个动作，却让考官们认为是消极的、无精打采的表现。人无精神，何谈其他方面？结果这位小伙子未被录用。所以，我们在面试中应该格外注意自己的姿态举止。

4. 不卑不亢

不要把求职理解成是在“求人”，否则就会产生一种“自卑”感，或曲意逢迎对方，看主考官的脸色说话，或说出很不自信的话，如“我没有经验，干了以后慢慢学吧”。当然，也不可自傲，说话随便、咄咄逼人，甚至打断对方的话，说些显得很傲气的话，如“这个工作你让我干就是找对人了……”“这个问题你问我可问着了……”等。自卑和自傲都是难以给人留下好印象的。

5. 语速适中

一般说来，面谈中的回答可能或是介绍自己的一些基本情况，或是谈谈对公司前景的看法、建议等，所以，中等语速就可以，用不着在语调上慷慨激昂，在语气上抑扬顿挫，在语速上做大的变化。如果是平时说话习惯于快如机枪或慢条斯理的人，面试时就应该调整好语速，就像你平常回答老师问题时那样，做到不快不慢。

6. 答为所问

面谈时一定要听清楚对方的问题，然后紧扣问题干脆、简洁地回答，并能抓住要点。不节外生枝，不寻根探底，并且千万不能答非所问。如，学计算机专业的小杨应聘浙江一家私人公司驻广州办事处营销代表一职。在面谈中，部门经理问："你为什么选择营销行业呢?"小杨回答："其实我也想找个销售计算机的行业，由于至今没有找到，所以我就来到贵公司了。"经理又说："我想问的是，你是学计算机专业的，怎么会喜欢上营销代表这一职位呢?"小杨说："因为，我个人认为贵公司的发展前景很不错。我想多向你们这些前辈学习，毕竟自己还是年轻人，有的是时间和精力。"显然，小杨两次都是答非所问，难怪这位经理说："这个年轻人选择学习理科的原因大概是写作文经常跑题吧。"所以，即使是回答你认为比较容易的问题，也千万不可丧失警惕、忘乎所以。另外，还要注意使你的非语言（如表情、眼神、动作等）所表达的信息与你用语言表达的意思一致。因为，当你的语言和非语言信息表达的意思不一致时，人家更相信你的非语言信息。

小故事

细节即是修养

20 多年前，一位知名企业的总经理想要招聘一名助理。这对于刚刚走出校门的青年们来说是一个非常好的机会，应征者云集。经过严格的初选、复试、面试，总经理最终挑中了一个毫无经验的青年。副总经理对于他的决定有些不理解，于是问他："那个青年胜在哪里呢？他既没带一封介绍信，也没受任何人的推荐，而且毫无经验。"

总经理告诉他："的确，他没带来介绍信，刚刚从大学毕业，一点经验也没有。但他有很多东西更可贵。他进来的时候在门口蹭掉了脚下带的土，进门后又随手关上了门，这说明他做事小心仔细。当看到那位身体有些残疾的面试者时，他立即起身让座，表明他心地善良、体贴别人。进了办公室他先脱去帽子，回答我提出的问题时也是干脆果断，证明他既懂礼貌又有教养。"总经理顿了顿，接着说："面试之前，我在地板上扔了本书，其他人都从书上迈了过去，而这个青年却把它捡起来了，并放回桌子上；当我和他交谈时，我发现他衣着整洁，头发梳得整整齐齐，指甲修得干干净净。在我看来，这些细节就是最好的介绍信，这些修养是一个人最重要的品牌形象。"

【启示】

“泰山不拒细壤，故能成其高；江海不择细流，故能就其深。”诺贝尔曾经说过：“要想获得成功，应当事事从小处着手。”而关注细节的人无疑也是能够捕捉创造力火花的人。一个不经意的细节，往往能够反映出一个人最深层次的修养。

资料来源：https：//yjbys. com/qiuzhiliyi/qzlygs/1305554. html.

二、应聘者回答提问的策略与技巧

在面谈中，当主考官提出一个问题后，你的脑子里应该赶快反应对方提这个问题的意图何在，如何回答符合对方心理。因为对同样一个问题，不同的回答给人的印象是不一样的。所以，应聘者应该掌握一些回答问题的策略与技巧。

（一）具体举例

在主考官问某些问题的时候，只回答一个或几个抽象空洞的形容词，往往会使对方感到单调、乏味，难以对你产生好感；而如果你在抽象的概括之后，能举事例来说明你所具有的能力、素质，或你的优点等，就会使自己变成一个个性突出、富有情趣、充满活力的人，招聘者就会对你留下很深的印象。

例如，主考官问：“你认为自己的长处是什么?”

甲：“头脑灵活。”

乙：“头脑灵活。比如业余时间我曾经做兼职推销产品，一次我到一家公司去推销产品，一进门老板就厌烦地挥手撵我出去：‘不买，什么都不买！快走，快走！’我看到公司门口摊着一堆发黑的香蕉，就说：‘老板，咱们能不能做一个交易？我把你门口的香蕉推销出去，你就买我的产品。’老板不相信地说：‘你能把门口的烂香蕉给卖出去?’‘对。’老板爽快地说：‘行，成交，你卖出去，我就买你的产品。’然后，我和在超市打工的同学联系，商定将香蕉卖到那里去做香蕉干。老板很高兴，买了我不少产品。”

显然，乙的回答比甲更生动有趣、更易打动人。这里的奥妙就如同商品推销术一样，光说商品好是不行的，还要具体地说出商品好在哪里，否则再好的商品也难以打动顾客。

“具体举例”虽好，但一定要用得恰当，不能滥用。像“你最不喜欢什么样的人”这类问题就不适合用“具体实例法”，而应该用抽象概述法：“我不喜欢那些损人利己的人、口是心非的人、待人势利的人。”它也不适合运用在将来或假设情况中，如：“如果我遇到……，则会如何做。”另外，在举例时不要做冗长的表述，也不能不理睬主考官的引导，只顾自己讲。此外，在面试中也不能总用“具体举例”，而应该适当兼顾其他方法。

（二）突出个性

个性鲜明的语言才会给人留下深刻的印象。回答问题如何做到个性鲜明呢？

“具体举例”可以表现个性，此外，还可以艺术地运用袒露自己真实思想的方法，怎样想（做）就怎么说（一些敏感性问题需把握好分寸），但要注意总体给人的感觉要积极向上。例如：在回答“喜欢出差吗？”时，你如果不喜欢出差的话可以直言：“坦率地说，我不喜欢出差，因为从一地到另一地去推销商品并不是一件惬意的事。但我知道，出差是商业活动中的一个重要部分，也是推销员的主要工作之一。所以说，我不会在意出差的艰辛，反而会以此为荣。因为我非常喜欢推销工作。我想这一点更重要。”你这样坦诚而富有个性的回答一定会受到招聘者的赏识。

（三）扬长遮短

在应聘中对方问到可能对自己不利的问题时，可以采用扬长遮短的方法来回答。比如，当被问道：“你做这个工作没有经验啊？”你是刚走出校门的大学生，可以这样回答这一问题：“的确，我没有当经理助理的工作经验，但我却有整整三年的领导系学生会的工作经验。××××年，我被推选为系学生会主席，之后又连任两届。你们可以想象，管理组织近千名大学生，并非易事，没有一定的管理才能和领导艺术，是无法胜任的。所以，我认为，自己虽然刚毕业，但已经具备了作为经理助理的素质和能力，我想这一点是最重要的。”这种张扬自己的长处，并把自己的长处同应聘的工作有机结合起来的回答，常常可以变不利为有利。

如果你没有工作经历，也可以谈一下在学校参加的实践活动。当然学生的实践活动很少与所求职业完全一致，这怎么办呢？办法就是你在列举自己参加的实践活动后，应该重点提一下你从中长了什么见识、增强了什么能力。例如，“我在大二暑假，为××公司推销办公设备，跑了许多单位，推销出了五台计算机和三台复印机。在这个过程中，我学会了与各种人打交道的方法。”或者说：“我是学校旅游协会的主要成员之一，多次组织同学到外地旅游考察。因此，我在设计旅游路线、安排时间、联系住宿和交通、组织宿营及野炊等活动方面都比较熟。这也提高了我的组织能力。”

缺乏工作实践，无疑是许多大学生的“缺陷”。如何弥补这种缺陷呢？一是在求职中要突出你在理论修养上的功底，表明你未发掘的潜能是无限的；二是多参加一些学生社团活动，假期或业余时间出去打打工，这些活动与你以后的工作也许风马牛不相及，但从中也可以锻炼你的组织能力、办事能力。一家企业领导的话值得我们深思：“资历固然重要，但我还是对应聘者的个人特质更有兴趣。这个人外表如何？积极进取心够吗？足够自我肯定吗？这些是更重要的。”

当然，应聘者都有“短处”。如果招聘者确实问到了你的短处，如你由于学历、知识、见识与经历等方面的原因，对某个问题有所不知或根本不会某项技能，也无法用“但是法”来弥补时，怎么办呢？这时最好是勇敢地承认“我不会”或“我不知道”，同时做出必要而合理的解释。尽管你没有“扬长遮短”，但是你的诚实、坦率却为你化短为“长”。

（四）虚实并用

如果把薪水、晋级等叫作“实”的话，其他关于价值观等方面的认识就称为“虚”。在回答主考官的某些问题时采用虚实结合的方法，能收到好的效果。比如当问到“你的工作动力是什么”时，以“虚”带“实”的回答有：“我的动力主要来自以下几个方面：首先是工作本身，即我是否对该工作感兴趣，该工作是否能发挥自己的特长，我是否能胜任，是否能学到新知识与技能，以及是否能得到进一步的自我发展。其次，是自我价值的承认问题，即我是否能得到别人的信任和尊重，是否有进一步晋升的机会。最后是结果，即我是否能得到较高的工资和待遇等。”

（五）诚实坦率

有的应聘者求职心切，在填写申请表、简历时，往往夸大其词、自我吹嘘。其实这是很愚蠢的。有经验的主考官一眼就能看穿，并在面试时会针对疑点不断追问。结果应聘者往往难以自圆其说，搞得非常狼狈。所以最好还是诚实。例如，某三星级酒店招一名保安部部长。当时，应聘的 30 多人中，有警察学校的毕业生、退役军人、大学生。最后入选的却是一位仅有高中文凭的貌不出众的青年。有人问何故，老总说道：“我喜欢他的老实！”原来，老总在那一堆求职信中，发现了这位只有高中文凭的小伙子。约见交谈后，他的朴实憨厚给老总留下了良好的印象，最后录用了他。

如果万一自己在某方面给主考官留下了“不诚实”的印象，应该怎么办呢？最好的办法就是勇敢地承认错误。例如：杜小姐到某外企面试，她的英语口语不是很好，于是她请人把自己的简历翻译成英语，然后背下来。面试时，主考官要杜小姐用英语自我介绍。经验丰富的主考官盯着杜小姐看了一眼，问：“你是不是事先背好的？”杜小姐一下子紧张得直冒虚汗，是否认还是承认呢？最后，杜小姐勇敢地承认了：“对不起，我是背下来的。我的英语口语不是很好，但我有足够的信心和能力把它学好！”杜小姐被留下来了，而且做得相当不错，英语也很快就非常流畅了。

在招聘者问到自己的缺点时，最好坦率地回答。这里有个反面的例子：某公司对求职者进行面试，主考官问一位求职者：“你觉得自己有什么缺点？”他回答：“我工作过于投入，人家都说我是工作狂。”主考官笑了笑：“工作投入可是优点啊，说说你的缺点吧。”他继续颇为自得地说：“我是个急性子，为人古板，又好坚持原则，所以容易得罪人。另外，我还……”主考官“嘿”了一声，手一挥，终止了他的谈话。这位求职者的结果不言而喻，有谁会喜欢一个自作聪明、耍滑头、浪费别人时间的人呢？实际上，诚实地适当透露自己的缺点、正视自己，往往是取胜的技巧之一。

（六）运用反问

一般来说，应该尽量避免让主考官重复提问，或做出说明解释。当然，如果实在没有听清楚或不理解，也不能信口开河，应委婉地反问一句："您是问我……吗"或"不知道您想知道的是不是……"这样往往能澄清对方所问问题，同时也充分表达了你对问题的认真态度，所以会收到好的效果。例如：郭小姐到一家市场调查公司应聘研究部人员。面试时，主考官问："你认为其他人如何看市场调查？"这个问题相当模糊："其他人"是指什么人？"如何看"是指认识还是评价？"市场调查"是指这一行业还是这项行为？郭小姐有点为难，于是她平静地反问道："您是问我行外人士对市场调查这一行业的看法吗？"主考官连忙说："正是这个意思。"于是，一个本来不太清楚的问题明确了。而且，郭小姐在主考官心目中留下了头脑清晰、领悟力强、善于抓住重点的印象。

本章回顾

●求职前首先要做好心理准备、物质准备和形象准备。

●应聘时要遵守严守时间、入室敲门、进门问好、非请勿坐、称呼恰当、勿先握手以及礼貌告别等礼仪，还应做到站坐端庄、面带微笑、举止得当、不卑不亢、语速适中和答为所问。

●了解应聘中招聘者经常会问到的一些问题，掌握具体举例、突出个性、扬长遮短、虚实并用、诚实坦率、运用反问等回答的策略与技巧。

中国优秀传统文化传承

中国古代的科举制度

科举制度，是中国古代通过考试选拔官吏的一种制度。它渊源于汉朝，开始于隋朝，确立于唐朝，完备于宋朝，兴盛于明、清两朝，废除于清朝末年，持续了1 300多年。科举制度改善了之前的用人制度，彻底打破血缘世袭关系和世族的垄断。"朝为田舍郎，暮登天子堂"，部分社会中下层有能力的读书人进入社会上层，获得施展才智的机会。

科举考试分为乡试、会试、殿试几个阶段。而殿试通常是由钦命大臣或皇帝亲自主持。殿试结果分为三甲，其中一甲只有三人，赐"进士及第"，唤作进士一甲第一名、进士一甲第二名、进士一甲第三名，也就是所谓的状元、榜眼、探花，合称为殿试"三鼎甲"。

科举制度对于世界文明可谓贡献巨大，受中国影响，日本、朝鲜、越南等国也先后建立了科举制度。

不论是古代的科举还是今天的高考，其为国家选拔人才的基本精神内涵是不变的。辩证地看待古代科举制度对中国社会、历史和传统文化造成的影响，从中提炼出对我们民族和国家的当代发展有积极作用的成分，以滋养、完善我们现今的考试选拔制度，无疑具有重要的历史和现实意义。

课后任务

河北某职业院校高职毕业生张东东参加天津卫视大型求职节目《非你莫属》的现场求职，赢得了11家知名企业CEO的肯定。她较高的综合素质、机敏的应变能力、准确的职业定位、执着的求职态度和强烈的自信心，表现出职业院校学生良好的风貌。请同学们自行收看节目，展开讨论。

参考文献

［1］陈刚平，周晓梅．旅游社交礼仪．4版．北京：旅游教育出版社，2015.

［2］钟蔚．形象设计与表达．北京：中国纺织出版社，2015.

［3］刘伟．前厅与客房管理．4版．北京：高等教育出版社，2018.

［4］金正昆．社交礼仪教程．6版．北京：中国人民大学出版社，2019.

［5］陈玉．礼仪规范教程．2版．北京：高等教育出版社，2005.

［6］王烨．中国古代礼仪．北京：中国商业出版社，2015.

［7］李荣建．中国优秀礼仪文化．南京：江苏人民出版社，2015.

［8］单铭磊．中国人的礼仪文化．北京：化学工业出版社，2021.

［9］王虹，雷子．这就是中华传统礼仪．石家庄：河北科学技术出版社，2020.

［10］金正昆．礼仪金说：商务礼仪．2版．北京：北京联合出版公司，2019.